Jura
Juristische Ausbildung

Übungen

herausgegeben von
Prof. Dr. Dagmar Coester-Waltjen, München
Prof. Dr. Hans-Uwe Erichsen, Münster
Prof. Dr. Klaus Geppert, Berlin
Prof. Dr. Philip Kunig, Berlin
Prof. Dr. Dr. h. c. Harro Otto, Bayreuth
Prof. Dr. Klaus Schreiber, Bochum

Walter de Gruyter · Berlin · New York

Übungen im Handels- und Gesellschaftsrecht I:

Handelsrecht

von
Lutz Michalski

Walter de Gruyter · Berlin · New York 1995

Dr. Lutz Michalski
o. Professor für Bürgerliches Recht, Handels-, Gesellschafts-
und Wirtschaftsrecht an der Universität Bayreuth

∞ Gedruckt auf säurefreiem Papier,
das die US-ANSI-Norm über Haltbarkeit erfüllt.

Die Deutsche Bibliothek – CIP-Einheitsaufnahme

Michalski, Lutz:
Übungen im Handels- und Gesellschaftsrecht / Lutz Michalski. –
Berlin ; New York : de Gruyter.
(Jura : Übungen)
1. Handelsrecht. – 1995
ISBN 3-11-009914-4

© Copyright 1995 by Walter de Gruyter & Co., D-10785 Berlin
Dieses Werk einschließlich aller seiner Teile ist urheberrechtlich geschützt. Jede Verwertung außerhalb der engen Grenzen des Urheberrechtsgesetzes ist ohne Zustimmung des Verlages unzulässig und strafbar. Das gilt insbesondere für Vervielfältigungen, Übersetzungen, Mikroverfilmungen und die Einspeicherung und Verarbeitung in elektronischen Systemen.
Printed in Germany
Satz: Datenkonvertierung durch Knipp Satz + Bild digital, Dortmund
Druck: Ratzlow Druck, Berlin
Bindearbeiten: Lüderitz & Bauer GmbH, Berlin

Vorwort

Üblicherweise wird das Handelsrecht, ebenso wie das Gesellschaftsrecht, in einem frühen Semester, regelmäßig im dritten, als nur zweistündige Vorlesung angeboten. Spezialveranstaltungen zum Internationalen Handels- und Gesellschaftsrecht, zum Kapitalgesellschafts- und zum Konzernrecht sind dagegen, sofern sie überhaupt stattfinden, Studierenden der entsprechenden Wahlfachgruppe vorbehalten. An sie richtet sich dieses Buch nur noch insofern, als es um die Wiederholung der handelsrechtlichen Grundlagen geht. Für Studierende dagegen, die in ihrem Studium erstmals mit dem Handelsrecht konfrontiert werden, ist es als Leitfaden für die wichtigsten Problemkreise konzipiert, die Gegenstand einer zivilrechtlichen Klausur im Rahmen einer HGB-Übung oder im Referendarexamen sein können. Dabei steht der Aspekt der Anschaulichkeit im Vordergrund, wie allein schon die zahlreichen Übersichten und Skizzen dokumentieren. Durch ergänzende Fälle sowie Fragen zur Wiederholung und Vertiefung wird darüber hinaus die Möglichkeit geschaffen, den vorangegangenen Text zu wiederholen, was zugleich als Lernzielkontrolle gedacht ist.

Aufgrund der Betonung und vertieften Behandlung der in der kaufmännischen Praxis relevanten Fragestellung ist die Darstellung aber auch für Wirtschaftswissenschaftler im Rahmen ihrer Rechtsausbildung in der Vordiplomsphase und für Studierende an Verwaltungs- und Wirtschaftsakademien uneingeschränkt geeignet.

Dem vorliegenden Band zum Handelsrecht werden in Kürze die in derselben Weise konzipierten Übungen im Gesellschaftsrecht folgen.

Bayreuth im Dezember 1994 *Lutz Michalski*

Inhaltsübersicht

	Abkürzungsverzeichnis	XV
	Literaturverzeichnis	XVII
§ 1	Rechtssystematischer Standort des Handels- und Gesellschaftsrechts	1
§ 2	Regelungsbereiche des HGB	4
§ 3	Kaufmannseigenschaft (§§ 1 – 6)	6
I.	Überblick	6
II.	Arten des Kaufmanns	8
III.	Erforderlichkeit eines in kaufmännischer Weise eingerichteten Geschäftsbetriebes	9
	1. Erläuterungen	10
	2. Rechtsprechungsbeispiele	12
IV.	Der Warenkaufmann und die Lohnfabrikation	13
V.	Der Übergang vom minder- zum vollkaufmännischen Handelsgewerbe (und umgekehrt)	14
V.	Fälle mit Kurzlösungen zum Kaufmannsbegriff	15
VI.	Fragen zur Wiederholung und Vertiefung	24
§ 4	Das Handelsregister (§§ 8 – 16)	32
I.	Allgemeines	32
II.	Die Publizitätswirkung des Handelsregisters (§ 15)	34
III.	Fälle mit Kurzlösungen	38
IV.	Fragen zur Wiederholung und Vertiefung	44
§ 5	Grundsätze der Firmenbildung	47
A.	Begriff	47
B.	Abgrenzung	47
C.	Arten der Firma (Begriffe)	48
D.	Grundsätze des Firmenrechts	48
I.	Firmenwahrheit (§ 18 Abs. 2)	49
II.	Firmenausschließlichkeit (§ 30)	50
III.	Firmeneinheit	50

IV.	Firmenöffentlichkeit (§ 29)	51
V.	Firmenbeständigkeit (§§ 21, 22, 24)	52
	1. § 21: Namensänderung	52
	2. § 22: Erwerb unter Lebenden oder von Todes wegen	53
	3. § 24: Firma bei Änderungen im Gesellschafterbestand	55

§ 6 Haftung/Gläubigerstellung bei Erwerb und Fortführung eines Handelsgeschäftes ... 56

I.	§ 25	56
	1. Altgläubigerschutz (§ 25 Abs. 1 Satz 1, Abs. 2 und 3)	56
	2. Altschuldnerschutz (§ 25 Abs. 1 Satz 2)	57
II.	§ 28	58
III.	Eintritt in eine bestehende OHG/KG	58
IV.	§ 27	58

§ 7 Handelsfirma ... 60

I.	Überblick	60
	1. Einzelfirma (§ 18)	60
	2. Firma einer OHG/KG (§ 19)	60
	3. Firma der AG (§ 4 AktG)	60
	4. Firma der GmbH (§ 4 GmbH)	61
	5. Firma der KGaA (§ 279 AktG)	61
	6. Firma der eG (§ 3 GenG)	61
II.	Die Firma der OHG (§ 19 Abs. 1, 3 und 4)	61
III.	Die Firma der KG (§ 19 Abs. 2 – 4)	62
IV.	OHG/KG ohne natürliche Person als persönlich haftende Gesellschafter (§ 19 Abs. 5)	64

§ 8 Schutz der Firma ... 67

I.	Überblick	67
	1. Öffentlich-rechtlich (§ 37 Abs. 1)	67
	2. Zivilrechtlich	67
II.	Einzelfälle	68
	1. Firmengebrauch	68
	2. Unzulässiger Gebrauch	68
III.	Rechtsfolgen	68
	1. § 37 I	68
	2. § 37 II 1	69

Inhaltsübersicht IX

§ 9	Fälle/Fragen zum Firmenrecht zur Wiederholung und Vertiefung	76
I.	Fälle	76
II.	Fragen zur Wiederholung und Vertiefung	78
§ 10	Unselbständige Hilfspersonen des Kaufmanns	83
A.	Einleitung	83
B.	Der Handlungsgehilfe	84
I.	Begriff und Abgrenzung	84
II.	Rechte und Pflichten des Handlungsgehilfen (§§ 59 – 73)	85
	1. Pflichten des Handlungsgehilfen	85
	2. Pflichten des Prinzipals	88
III.	Nachvertragliches Wettbewerbsverbot (§§ 74 – 75 a)	90
	1. Vertragliches Wettbewerbsverbot (§ 74)	90
	2. Ausschluß der Entschädigungspflicht	92
	3. Unwirksamwerden des Wettbewerbsverbots	92
	4. Vertragsstrafe (§ 75 c)	93
	5. Folgen der Verletzung der Wettbewerbsabrede	93
IV.	Drittbeziehungen	93
	1. Sperrabrede unter Arbeitgebern (§ 75 f)	93
	2. Vertretungsmacht des Handlungsgehilfen	94
C.	Die besonderen handelsrechtlichen Vollmachten	95
I.	Arten und Umfang der Vertretungsmacht (allgemein)	95
	1. Gesetzliche Vertretungsmacht	95
	2. Organschaftliche Vertretungsmacht (Organ hat die Stellung eines gesetzlichen Vertreters)	95
	3. Rechtsgeschäftliche Vertretungsmacht	96
II.	Überblick über die Voraussetzungen und den Umfang der besonderen handelsrechtlichen Vollmachten	97
III.	Der gesetzliche Umfang der Handlungsvollmacht (HVM)	98
	1. Arten der Handlungsvollmacht	98
	2. Allgemeine Unterschiede zwischen Vollmacht (§ 167 Abs. 1 BGB) und Handlungsvollmacht (§ 54 Abs, 1)	99
	3. Übersicht	101
IV.	Musterklausuren	102
V.	Fälle	106
VI.	Fragen zur Wiederholung und Vertiefung	113

§ 11	Selbständige Hilfspersonen des Kaufmanns	120
A.	Einleitung	120
B.	Handelsvertreter (§§ 84 – 92 c)	121
I.	Rechtliche Ausgestaltung	121
II.	Generalvertreter	122
III.	Die Charakteristika des Handelsvertreters	122
IV.	Rechte und Pflichten der Parteien aus dem Handelsvertretervertrag	123
V.	Weitere Probleme im Überblick	124
	1. Innenverhältnis des Handelsvertretervertrages	124
	2. Beendigung des Handelsvertretervertrages	125
	3. Sondervorschriften	125
	4. Verhältnis zu kartellrechtlichen Vorschriften	125
VI.	Die Vergütung der Leistungen des Handelsvertreters	126
	1. Erfolgsabhängige Provision	126
	2. Garantieprovision	126
	3. Fixum	126
	4. Überhangprovision	126
	5. Nachträglicher Provisionsanspruch nach § 87 III	127
	6. Provision aus künftig zustande kommenden Geschäften (§ 89 b)	127
	7. Inkassoprovision (§ 87 IV/§ 55 III)	127
	8. Delkredereprovision (§ 86 b)	127
VII.	Der Provisionsanspruch nach §§ 87 – 87 c	127
VIII.	Wegfall des Provisionsanspruchs bei Feststehen der Nichtleistung durch den Dritten (§ 87 a II, 1. Hs)	128
IX.	Wettbewerbsverbote für Handelsvertreter – Vergleich mit Handlungsgehilfen	129
X.	(Un-)selbständige Hilfspersonen des Kaufmanns als Abschluß- und/oder Vermittlungsvertreter mit rechtsgeschäftlicher Vollmacht	130
C.	Handelsmakler (§§ 93 – 104)	131
I.	Rechtliche Ausgestaltung	131
	1. Auftraggeber-Makler	132
	2. Makler-Dritter	133
	3. Dritter – Auftraggeber	133
II.	Rechte und Pflichten aus dem Handelsmaklervertrag	133
	1. Handelsmakler	133
	2. Auftraggeber	134

III.	Voraussetzungen für den Provisionsanspruch	134
IV.	Der Alleinauftrag	136
D.	Einkaufs-/Verkaufskommissionär (§§ 383 – 406)	136
I.	Rechtliche Ausgestaltung	136
II.	Rechtliche Beziehungen der Beteiligten	137
	1. Der Kommissionsvertrag	137
	2. Das Ausführungsgeschäft	138
	3. Das Abwicklungsgeschäft	139
	4. Die dingliche Übertragung	139
E.	Vertrags-/Eigenhändler	140
I.	Rechtliche Ausgestaltung	140
II.	Pflichten aus dem Vertragshändlervertrag	140
III.	Vertragsbeendigung	141
IV.	Anwendung der Handelsvertreter-Vorschriften auf den Vertragshändler	141
F.	Unterscheidungskriterien für die vier selbständigen Hilfspersonen des Kaufmanns	142
G.	Gegenstand und Art des Geschäfts bei den vier selbständigen Hilfspersonen des Kaufmanns	143
H.	Fälle	143
I.	Fragen zur Wiederholung und Vertiefung	149
§ 12	Speditions-, Fracht- und Lagergeschäft	151
A.	Das Speditionsgeschäft (§§ 407 – 415)	151
I.	Rechtliche Beziehungen	151
II.	Der Speditionsvertrag	152
III.	Sonderfälle des Speditionsvertrages	153
	1. Fixkostenspedition nach § 413 Abs. 1	153
	2. Sammelladung nach § 413 Abs. 2	153
IV.	Rechte und Pflichten des Spediteurs	154
V.	Fälle	155
B.	Das Lagergeschäft (§§ 416 – 424)	156
I.	Rechtliche Beziehungen	156
II.	Der Lagervertrag	157
III.	Rechte und Pflichten des Lagerhalters	157
IV.	Fall	158
C.	Das Frachtgeschäft (§§ 425 – 452)	159
I.	Rechtliche Beziehungen	159
II.	Der Frachtvertrag	159

III.	Rechte und Pflichten des Frachtführers	160
IV.	Haftung des Frachtführers (§§ 429 – 432)	161
	1. Haftungsbegründung (§ 429 Abs. 1)	161
	2. Haftung für Hilfspersonen (§ 431)	162
	3. Haftungsumfang (§ 430)	162
	4. Haftung für den Unterfrachtführer (§ 432)	163
	5. Haftung aus §§ 823 und 831 BGB	163
V.	Fälle	163
§ 13	Allgemeine Vorschriften für Handelsgeschäfte (§§ 343 – 372)	165
A.	Einführung	165
B.	Handelsbrauch	166
I.	Typische Handelsklauseln	166
II.	Schweigen im kaufmännischen Verkehr	168
	1. Grundsatz	168
	2. Rechtlich relevantes Schweigen	168
	3. Genehmigungs-/Annahmefiktion	170
	4. Erklärungsfiktionen im HGB	171
	5. Genehmigungsfiktionen nach §§ 377 Abs. 2 und 3, 378	173
	6. Erklärungsfiktionen nach Treu und Glauben	174
C.	Laufende Rechnung/Kontokorrent (§ 355)	177
I.	Voraussetzungen	178
II.	Arten	178
III.	Wirkung der Saldierung	179
IV.	Verjährung	179
D.	Gutgläubiger Erwerb (§ 366)	180
I.	Der Gutglaubensschutz im Zivilrecht	180
II.	Gutgläubiger Erwerb im Handelsrecht	180
	1. Zweck und Anwendungsbereich	180
	2. Voraussetzungen	181
	3. Anwendung bei fehlender Vertretungsmacht	181
	4. Gutglaubensschutz bei gesetzlichem Pfandrecht (§ 366 Abs. 3)	182
E.	Das kaufmännische Zurückbehaltungsrecht (§§ 369 – 371)	182
I.	ZbR nach § 273 BGB	182
	1. Gegenseitigkeit	182

Inhaltsübersicht XIII

	2. Konnexität der Forderungen	183
	3. Durchsetzbarkeit	184
	4. Anwendbarkeit	185
	5. Ausschluß des ZbR	185
	6. Rechtsfolgen	185
II.	Kaufmännisches ZbR	185
F.	Fälle mit Kurzlösungen	186
G.	Fragen zur Wiederholung und Vertiefung	193
§ 14	Handelskauf (§§ 373 – 382)	196
A.	Einführung	196
B.	Annahmeverzug des Käufers (§§ 373, 374)	196
C.	Der Bestimmungskauf (§ 375)	197
I.	Anwendungsbereich	197
II.	Voraussetzungen für die Ausübung der Rechte aus § 375	197
III.	Die Rechte des Verkäufers	198
	1. Selbstspezifikation	198
	2. Schadensersatz wegen Nichterfüllung oder Rücktritt	198
D.	Fixhandelskauf (§ 376)	199
E.	Gewährleistung (§§ 377, 378)	202
I.	Einführung	202
II.	Schlechtleistung und Falschlieferung beim beiderseitigen Handelskauf	204
III.	Untersuchungsobliegenheit bei § 377	204
	1. Umfang der Rügepflicht	204
	2. Ordnungsgemäße Untersuchung	205
	3. Einzelfälle	207
	4. Beispiele aus der Rechtsprechung	209
IV.	Genehmigungsfähigkeit einer qualitativen/quantitativen Falschlieferung	211
V.	Übersicht über die Rechtsfolgen bei Schlecht-, Falsch- und Minderlieferung nach BGB und HGB	212
VI.	Übersicht über die Rechtsfolgen bei Mehrlieferung nach BGB und HGB	213
F.	Musterklausuren zum Handelskauf (§§ 377, 378)	214
G.	Fälle mit Kurzlösungen	219

H.	Fragen zur Wiederholung und Vertiefung	225
§ 15	Musterklausuren (Referendarexamen)	229
	Stichwortverzeichnis	258

Abkürzungsverzeichnis

a.A.	andere Ansicht
a.E.	am Ende
aaO	am angegebenen Ort
Abs.	Absatz
AcP	Archiv für die civilistische Praxis
AGB	Allgemeine Geschäftsbedingungen
AGBG	Gesetz zur Regelung des Rechts der Allgemeinen Geschäftsbedingungen
anf.	anfänglich
BB	Betriebs-Berater
BGB	Bürgerliches Gesetzbuch
BGH	Bundesgerichtshof
BGHZ	Entscheidungen des Bundesgerichtshofs in Zivilsachen
bzw.	beziehungsweise
cic	culpa in contrahendo
d.h.	das heißt
DAR	Deutsches Autorecht
DB	Der Betrieb
DJZ	Deutsche Juristen-Zeitung
f, ff	(fort)folgende
GmbHG	Gesetz betreffend die Gesellschaften mit beschränkter Haftung
h.M.	herrschende Meinung
HGB	Handelsgesetzbuch
HR	Handelsregister
Hs.	Halbsatz
HTWG	Gesetz über den Widerruf von Haustürgeschäften und ähnlichen Geschäften
HV	Handelsvertreter
HVM	Handlungsvollmacht
i.e.S.	im engeren Sinne
i.S.d.	im Sinne des
i.V.m.	in Verbindung mit
idR	in der Regel
JuS	Juristische Schulung
JW	Juristische Wochenschrift
Kfz	Kraftfahrzeug
KO	Konkursordnung
LG	Landgericht

LM	Lindenmaier-Möhring, Nachschlagewerk des Bundesgerichtshofs in Zivilsachen
LZ	Leipziger Zeitschrift
MDR	Monatsschrift für Deutsches Recht
NJW	Neue Juristische Wochenschrift
NJW-RR	Neue Juristische Wochenschrift – Rechtsprechungs-Report
Nr.	Nummer
oä	oder ähnlich(e)
OLG	Oberlandesgericht
OLGE	Entscheidungen der Oberlandesgerichte
PHG	Produkthaftungsgesetz
pVV	positive Vertragsverletzung
RG	Reichsgericht, Rechtsgeschäft
RGZ	Entscheidungen des Reichsgerichts in Zivilsachen
Rn	Randnummer
Rspr.	Rechtsprechung
s.	siehe
S.	Seite, Satz
s.o.	siehe oben
ScheckG	Scheckgesetz
sog.	sogenannt(e)
st. Rspr.	ständige Rechtsprechung
str.	strittig
UHG	Umwelthaftungsgesetz
uU	unter Umständen
VerbrKrG	Verbraucherkreditgesetz
VersR	Versicherungsrecht
vgl.	vergleiche
VM	Vollmacht
Vor.	Vorbemerkung
Warn(Rspr.)	Rechtsprechung des Reichsgerichts, gesammelt von Warneyer
WE	Willenserklärung
WettbAbrede	Wettberwerbsabrede
WG	Wechselgesetz
z.B.	zum Beispiel
ZbR	Zurückbehaltungsrecht
ZHR	Zeitschrift für das gesamte Handels- und Wirtschaftsrecht
ZPO	Zivilprozeßordnung

Literaturverzeichnis

Baumbach, Adolf/Duden, Konrad/Hopt, Klaus: Handelsgesetzbuch mit Nebengesetzen ohne Seerecht (Kommentar), 29. Auflage, München 1995 (zitiert: Baumbach/Duden/Hopt)
Baumbach, Adolf/Hefermehl, Werner: Wechsel- und Scheckgesetz, 17. Auflage, München 1990 (zitiert: Baumbach/Hefermehl)
Canaris, Claus-Wilhelm: Die Vertrauenshaftung im deutschen Privatrecht, Habilitation München 1970
Canaris, Claus-Wilhelm: Festschrift für Wilburg, 1975
Capelle, Karl-Hermann/Canaris, Claus-Wilhelm: Handelsrecht, 21. Auflage, München 1989
Heymann, Ernst: Handelsgesetzbuch (Kommentar), Berlin – New York 1989 ff. (zitiert: Heymann/Bearbeiter)
HGB-RGRK: Großkommentar zum Handelsgesetzbuch, begründet von Hermann Staub, weitergeführt von den Mitgliedern des Reichsgerichts, 4. Auflage, Berlin 1983 ff. (zitiert: Staub/Bearbeiter)
Medicus, Dieter: Bürgerliches Recht, 16. Auflage, Köln – Berlin – Bonn – München 1993
Münchener Kommentar: Bürgerliches Gesetzbuch, 2. Auflage, München 1984 ff., 3. Auflage, München 1993 ff. (zitiert: MüKo/Bearbeiter)
Schlegerbergel: Handelsgesetzbuch (Kommentar), 5. Auflage, München 1973 ff. (zitiert: Schlegelberger/Bearbeiter)
Schmidt, Karsten: Handelsrecht, 4. Auflage, Köln – Berlin – Bonn – München 1994

§ 1 Rechtssystematischer Standort des Handels- und Gesellschaftsrechts

I. Das grundsätzlich für alle natürlichen und juristischen Personen gleichermaßen geltende allgemeine Gesetz (= lex generalis) ist das Bürgerliche Gesetzbuch (BGB). Es wird durch bestimmte Nebengesetze ergänzt, wie z.b. Verfahrensgesetze (ZPO, FGG, GBO) und Verbraucherschutzgesetze (AGBG, HTWG, VerbrKrG, PHG, UHG). Aber schon dieser generelle Bereich weist zwei für den rechtssystematischen Standort des Handels- und Gesellschaftsrechts wichtige Besonderheiten auf, nämlich:

1. Das BGB enthält dem Gesellschaftsrecht zugeordnete Rechtsmaterien:
a. §§ 21 ff: rechtsfähiger/nicht rechtsfähiger Verein
b. §§ 705 ff: Gesellschaft bürgerlichen Rechts (GbR) oder BGB-Gesellschaft

2. Bestimmte Nebengesetze gelten nicht für Kaufleute bzw. sind auf diese besondere Personengruppe aus dem Bereich der natürlichen und juristischen Personen nur eingeschränkt anwendbar.
a. Nach § 24 Satz 1 Nr. 1 AGBG gelten dessen §§ 2, 10-12 nicht für gegenüber einem Kaufmann im Betriebe seines Handelsgewerbes (§§ 343, 344 Abs. 1) verwendete Allgemeine Geschäftsbedingungen.
b. Für die Nichtanwendbarkeit des HTWG reicht es nach § 6 Nr. 1 dagegen schon aus, daß „der Kunde den Vertrag in Ausübung einer selbständigen Erwerbstätigkeit abschließt oder die andere Vertragspartei nicht geschäftsmäßig handelt." Es wird also nicht erst an die engere Voraussetzungen erfordernde Kaufmannseigenschaft angeknüpft. Entsprechendes gilt für das VerbrKrG.
c. Nach § 1 Abs. 1 VerbrKrG ist dieses Gesetz nur auf Kredit(vermittlungs)verträge anwendbar, die in Ausübung einer gewerblichen oder beruflichen Tätigkeit mit einer natürlichen Person abgeschlossen worden sind, sofern diese den Vertrag nicht für ihre bereits ausgeübte gewerbliche oder selbständige berufliche Tätigkeit abschließt.

II. Soweit das BGB und seine Nebengesetze für Kaufleute nicht für unanwendbar erklärt worden sind, gelten sie auch im kaufmännischen Verkehr, es sei denn, sie werden durch speziellere Gesetze (leges speciales) verdrängt. Derartige ein Sonderprivatrecht für Kaufleute schaffende Gesetze sind neben dem HGB insbesondere das GmbHG und das AktG. Weiterhin zählen dazu das regelmäßig an ein Handeln im kaufmännischen Verkehr anknüpfende UWG und das die Unternehmenseigenschaft voraussetzende GWB, während das ScheckG und WG zwar für den kaufmännischen Verkehr geschaffen worden sind, zumindest aber der Wechsel auch unter Nichtkaufleuten vorkommt. Ein Scheck dagegen soll nur auf einen Bankier gezogen werden (Art. 3 Satz 1, 54 ScheckG), was allerdings keine Gültigkeitsvoraussetzung für die Scheckverpflichtung ist (Art. 3 Satz 2 ScheckG).

Das „Grundgesetz des Kaufmanns", das HGB, enthält das BGB und einzelne Nebengesetze ergänzende oder auch (nur) modifizierende Regelungen, die den Kaufmann entweder günstiger oder schlechter stellen. Soweit ein im allgemeinen Gesetz normiertes Rechtsproblem allerdings nicht auch Gegenstand des Sonderprivatrechts ist, gelten für Kaufleute die leges generales. Sie finden, wie es in Art. 2 Abs. 1 EGHGB ausdrücklich niedergelegt worden ist, im kaufmännischen Verkehr subsidiäre Anwendung. Die Anzahl solcher Regelungsbereiche ist groß, dennoch gibt es nicht wenige Rechtsmaterien, die im BGB, also unter Privaten, anders geregelt sind als für den kaufmännischen Verkehr, was durch die nachfolgende *Übersicht* veranschaulicht wird.

Übersicht: Modifizierung des BGB durch das HGB

Prinzip	Privatleute (BGB)	Kaufleute (HGB)	Regelungsbereich
1. Prinzip der Entgeltlichkeit	§§ 612 I, 632 I, 653 I, 689	354 (bei jeder Geschäftsbesorgung)	Provision
	§ 288 I 1 (Verzugszinsen)	§ 353 (ab Fälligkeit)	Zinsen
	§ 288 I 1: 4 % II: § 286 I	§ 352: 5 %	Zinssatz
	§ 675	§ 87: Handelsvertreter § 99: Handelsmakler	entgeltliche Tätigkeit kaufmännischer Hilfspersonen
2. Verzicht auf Schutzvorschriften des BGB	§ 343 (+) § 771 (+)	§ 348 (−) § 349 (−) (§ 351)	Herabsetzung einer Vertragsstrafe Einrede der Vorausklage
	Bürgschaft: § 766 Schuldversprechen: § 780 Schuldanerkenntnis: § 781 VerbrKrG AGB-Gesetz (AGBG) HTWG	§ 350 (−)	Schriftform
		§ 1 I VerbKrG § 24 Nr. 1 AGB-Gesetz (AGBG) § 6 Nr. 1 HTWG	Anwendbarkeit von Verbraucherschutzgesetzen
3. Typisierung von Rechtsinstituten	§ 167 (wird durch das Innenverhältnis bestimmt)	§§ 49, 50 I: Prokura § 54: Handlungsvollmacht	Umfang der Vertretungsmacht
4. Transparenz kaufmännischer Organisationsakte		§§ 8 ff (einzutragen z.B.: §§ 29, 53, 106, 107, 125 IV, 143, 148, 157)	Einrichtung eines Handelsregisters
		§ 15	Publizität des Handelsregisters
5. Erweiterung des Vertrauensschutzes	§§ 932 ff §§ 892 f (s. aber §§ 2365 f)	§ 366	Gutgläubiger Erwerb
6. Zügigkeit des kaufmännischen Geschäftsverkehrs	§§ 326, 361	§§ 377, 378 § 376 § 373	Rügepflicht Fixhandelskauf Selbsthilfeverkauf bei Annahmeverzug
	§ 273	§§ 369 ff	Zurückbehaltungsrecht
	Schweigen ist grundsätzlich keine WE	§ 362 kaufmännisches Bestätigungsschreiben	Schweigen im kaufmännischen Verkehr

§ 2 Regelungsbereiche des HGB

Entsprechend der in der Einleitung schon erfolgten Ankündigung ist die nachfolgende Darstellung auf die für die Ausbildung und das Referendarexamen wichtigen Regelungsmaterien beschränkt worden. Nicht behandelt werden das 3. Buch (Handelsbücher), das Gegenstand spezieller Veranstaltungen zur Buchführung und Bilanzierung ist, sowie das 5. Buch (Seehandel). Aus den verbleibenden 3 Büchern, nämlich dem

1. Buch: Handelsstand
2. Buch: Handelsgesellschaften und Stille Gesellschaft
4. Buch: Handelsgeschäfte

werden Schwerpunkte gesetzt, was dazu führt, daß einzelne Gebiete (wesentlich) kürzer dargestellt werden. Betroffen davon sind der Handlungslehrling/Auszubildende sowie die Spedition, das Lager- und das Frachtgeschäft. Das 2. Buch wird allerdings im Zusammenhang mit den anderen im BGB und einzelnen Sondergesetzen geregelten Gesellschaftsformen erst im 2. Teilband (Gesellschaftsrecht) dargestellt.

Regelungsbereiche des HGB 5

Handelsgesetzbuch (HGB)

1. Buch (§§ 1–104) „Handelsstand"

- Kaufleute §§ 1–7
- Handelsregister §§ 8–16
- Handelsfirma §§ 17–37
- kfm. Hilfspersonen

unselbständige Hilfspersonen:
- Prokurist §§ 48–53
- Handlungsbevollmächtigter §§ 54–58
- Handlungsgehilfe §§ 59 ff
- Handlungslehrling/Auszubildender §§ 76 ff a.F/ BerufsbildG
- Volontär: § 82a

selbständige Hilfspersonen:
- Handelsvertreter §§ 84–92c
- Handelsmakler §§ 93–104
- Vertrags-/Eigenhändler §§ 84 ff analog?

2. Buch „Handelsgesellschaften und stille Gesellschaft" §§ 105–237

- OHG §§ 105–160
- KG §§ 161–177a
- StG §§ 230–237

3. Buch „Handelsbücher" §§ 238–339

- Vorschriften für alle Kaufleute §§ 238–263
- ergänzende Vorschriften für Kapitalgesellschaften §§ 264–335
- ergänzende Vorschriften für eingetragene Genossenschaften §§ 336–339

4. Buch „Handelsgeschäfte" §§ 343–460

- Allgemeine Vorschriften §§ 343–372
- besondere Typen von Handelsgeschäften §§ 373–460
  - Handelskauf §§ 373–382
  - Kommission §§ 383–406
  - Spedition §§ 407–415
  - Lagergeschäft §§ 416–424
  - Frachtgeschäft §§ 425–452
  - Beförderung von Gütern und Personen auf den Eisenbahnen des öffentlichen Verkehrs §§ 453–460

5. Buch „Seehandel" §§ 474–905

Übersicht: Regelungsbereiche des HGB

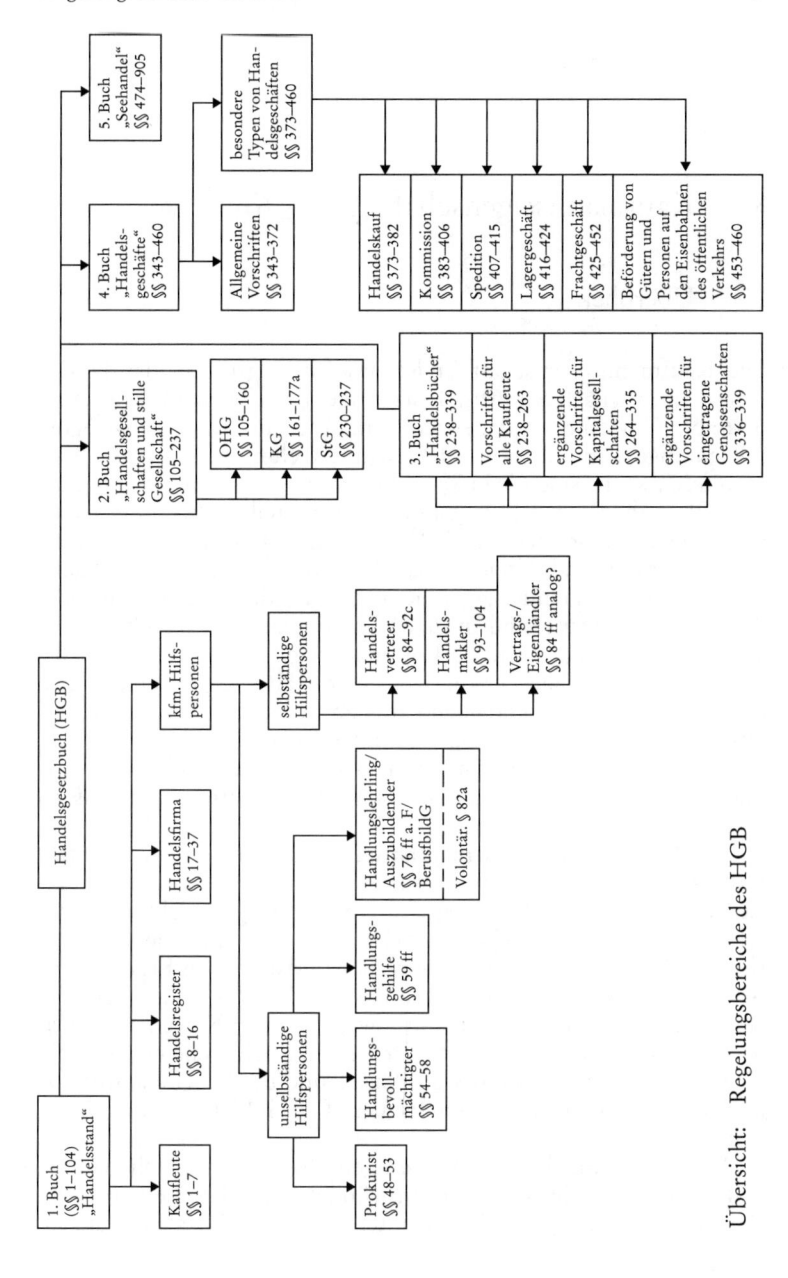

§3 Kaufmannseigenschaft (§§ 1 – 6)

I. Überblick

Die Kaufmannseigenschaft bildet das Einstiegstor in das HGB. Kaufmann ist nach § 1 Abs. 1 derjenige, der ein Handelsgewerbe betreibt. Gewerbe ist dabei jede erlaubte, auf Dauer angelegte, selbständige Tätigkeit, die auf Gewinnerzielung gerichtet ist, und *Handels*gewerbe sind die in §§ 1 Abs. 2; 2-6 geregelten Tatbestände. Das „Betreiben" erfaßt nicht nur die unmittelbare Ausübung des Unternehmens, sondern auch Vorbereitungsgeschäfte, und endet erst bei dessen endgültiger Einstellung oder Löschung im Handelsregister. Die Handelsgewerbe und damit die unterschiedlichen Arten der Kaufleute sind in den §§ 1 Abs. 2; 2-6 geregelt. Dabei ist zu beachten, daß sich die Kaufmannseigenschaft einer natürlichen oder juristischen Person bzw. einer OHG/KG kumulativ aus mehreren Vorschriften ergeben kann. Zwar kann jemand entweder nur Muß- (§ 1), Soll- (§ 2) oder Kannkaufmann (§ 3) sein. Es kann jedoch gleichzeitig die Formkaufmannseigenschaft nach § 6 Abs. 2 und/oder die des Fiktivkaufmanns nach § 5 (Kaufmann kraft Eintragung) begründet sein.

Üblicherweise prüft man im praktischen Fall zunächst den einfach festzustellenden Begriff des Formkaufmanns und, falls dieser erfüllt ist, ergänzend die §§ 1-3. Liegt § 6 Abs. 2 dagegen nicht vor, sind schwerpunktmäßig die §§ 1-3 zu prüfen. Bei umfangreicher, schwieriger Prüfung kann man diese abbrechen und damit das Ergebnis insoweit offenlassen, wenn § 5 HGB vorliegt. Der Fiktivkaufmann ist ein Unterfall des Scheinkaufmanns i.w.S. Zu dieser Kategorie gehört weiterhin der Kaufmann kraft allgemeinen Rechtsscheins, der sich in die beiden Gruppen des § 15 Abs. 1 und des Scheinkaufmanns i.e.S. untergliedern läßt. Jedenfalls diese Fälle bilden stets erst die 3. Prüfungsstufe.

Die Feststellung der Kaufmannseigenschaft gestaltet sich manchmal recht schwierig, was darin begründet liegt, daß die einzelnen Vorschriften der §§ 1-3, 5 + 6 unterschiedliche Voraussetzungen aufstellen und entweder eine Eintragungspflicht oder nur das Recht zur Eintragung bei konstitutiv (rechtsbegründend) oder nur deklaratorisch (rechtserklärend) wirkender Eintragung normieren. Zudem besteht das oft verkannte Problem der Zuordnung des Minderkaufmanns (§ 4 Abs. 1), der keine weitere Alternative zum Form-, Muß-, Soll-, Kann- und Scheinkaufmann darstellt, sondern lediglich im Rahmen des § 1, also beim Mußkaufmann, anwendbar ist. Der Mußkaufmann ist damit entweder Voll- oder Minderkaufmann, während alle anderen Arten des Kaufmanns zwingend Vollkaufleute sind, allerdings mit einer weiteren Einschränkung: Der Scheinkaufmann i.e.S. ist auch nur Minderkaufmann, wenn der Handelnde als solcher und nicht, was natürlich auch möglich ist, als Vollkaufmann auftritt.

Die Differenzierung nach Voll- und Minderkaufleuten ist aber deshalb von erheblicher Bedeutung, weil einzelne Vorschriften des HGB auf Minderkaufleute nicht anwendbar sind.

Beispiele:
Nach § 4 Abs. 1 führen nur Vollkaufleute eine Firma und Handelsbücher und können einen Prokuristen bestellen.

Eine OHG/KG kann nach §§ 4 Abs. 1 und 2, 105 Abs. 1 nur auf vollkaufmännischer Basis errichtet werden.

Die §§ 348 – 350 sind wegen § 351 auf Minderkaufleute nicht anwendbar.

Eine weitere Unterscheidung ist im Hinblick auf den Anwendungsbereich des HGB noch zu beachten. Nach § 345 gelten die Vorschriften über Handelsgeschäfte (§§ 343 ff, 373 ff) schon dann, wenn das Rechtsgeschäft für einen Vertragspartner ein Handelsgeschäft ist, also eine Partei Kaufmann ist und das Geschäft zum Betriebe ihres Handelsgewerbes gehört (§ 343 Abs. 1), sofern das HGB nicht ausdrücklich, wie bei §§ 377, 378, ein beiderseitiges Handelsgeschäft voraussetzt. Bei dem gesetzlichen Regelfall des einseitigen Handelsgeschäfts kommt es mangels gesetzlicher Festlegung nicht darauf an, welche der Parteien Kaufmann ist und das Rechtsgeschäft als zum Betriebe ihres Handelsgewerbes gehörend abschließt.

Von diesen beiden Differenzierungen nach Voll- und Minderkaufmann bzw. einseitigem und zweiseitigem Handelsgeschäft abgesehen, gelten die HGB-Vorschriften für alle Kaufleute, setzen also die Kaufmannseigenschaften voraus, die in der folgenden Übersicht schematisch dargestellt wird.

II. Arten des Kaufmanns

Art des Kaufmanns	Voraussetzung für den Erwerb der Kaufmannseigenschaft	Eintragungsrecht/-pflicht
Formkaufmann: (§ 6 II)	Verein: GmbH (§ 13 III GmbHG) AG/KGaA (§§ 3, 278 AktG) eGen (§ 17 II GenG) (wegen § 4 II nicht OHG/KG)	§ 7 I GmbHG: Pflicht §§ 36 I, 278 III AktG: Pflicht § 10 I GenG: Pflicht
Mußkaufmann: § 1	Betrieb eines Grundhandelsgewerbes isd § 1 II Nr. 1 - 9 *nicht* die Eintragung: wirkt nur *deklaratorisch* wenn nach Art *oder* Umfang kaufmännische Einrichtungen *nicht* erforderlich sind: Minderkaufmann (§ 4 I)	§ 29: Pflicht (Ausnahme: § 36, 1) nicht eintragungsfähig: §§ 4 I, 29
Sollkaufmann: § 2	1. Handwerk oder Gewerbe, das kein Grundhandelsgewerbe ist mit Ausnahme der Land- und Forstwirtschaft und Urproduktion 2. nach Art *und* Umfang sind kaufmännische Einrichtungen erforderlich = in kaufmännischer Weise eingerichteter Gewerbebetrieb 3. Eintragung in das Handelsregister (*konstitutive* Wirkung)	§ 2 I 2: Pflicht (folgt nicht aus § 29, der die Kaufmannseigenschaft *vor* der Eintragung voraussetzt)
Kannkaufmann: § 3	1. Betrieb der Land- und Forstwirtschaft oder Urproduktion 2. nach Art und Umfang sind kaufmännische Einrichtungen erforderlich 3 Eintragung in das Handelsregister (*konstitutive* Wirkung)	§ 3 II 1: Recht
Fiktivkaufmann: § 5 (Scheinkaufmann iwS)	Eintragung im Handelsregister *Wirkung:* 1. *Ausschluß folgender Einwendungen* a. das Gewerbe ist weder Grundhandelsgewerbe noch verlangt es kaufmännische Einrichtungen b. das Gewerbe ist zwar Grundhandelsgewerbe, verlangt aber keine kaufmännischen Einrichtungen 2. *Zulassung folgender Einwendungen* a. Eingetragener betreibt kein Gewerbe (mehr) b. eingetragene Gesellschaft besteht nicht oder nicht mehr	(–)

Kaufmannseigenschaft (§§ 1 – 6)

Scheinkaufmann iwS nach § 15 I	Anknüpfung an nach § 5 zulässigerweise erhobene Einwendung: nach § 31 II 1 erforderliche Löschung der Eintragung ist nicht erfolgt *Rechtsfolge:* § 15 I Die eintragungspflichtige Löschung der Firma kann von dem noch Eingetragenen einem Dritten, dem diese Tatsache nicht bekannt ist, nicht entgegengesetzt werden, so daß er weiterhin ihm gegenüber als Kaufmann behandelt wird (= negative Publizität des Handelsregisters)	(–)

Scheinkaufmann ieS (Handelsvertreter ist nicht oder nicht mehr im Handelsregister eingetragen; §§ 5, 15 I greifen nicht ein)	1. Rechtsschein
	  a. sich als Kaufmann ausgeben
	  b. konkludentes Verhalten: jemand bedient sich einer Einrichtung, die Vollkaufleuten vorbehalten ist (zB: Angestellter wird als Prokurist eingestellt)
	  c. Geschäftsbezeichnung, die eine Firma vortäuscht
	2. Scheinkaufmann muß den Rechtsschein in ihm *zurechenbarer* Weise gesetzt haben (Verschulden nicht erforderlich).
	3. Dritter muß bezüglich des Rechtsscheins gutgläubig sein (and. bei § 5); notfalls besteht eine Nachforschungspflicht.
	4. Rechtsschein muß für das Verhalten des Dritten *ursächlich* sein.
	Beachte: Rechtsschein wirkt, soweit er reicht, nur *zugunsten* Dritter und damit zulasten des Scheinkaufmanns (also nur von Bedeutung bei den HGB-Vorschriften, die den Kaufmann schlechter stellen).
		(–)

III. Erforderlichkeit eines in kaufmännischer Weise eingerichteten Geschäftsbetriebes

Das Merkmal der Erforderlichkeit eines in kaufmännischer Weise eingerichteten Geschäftsbetriebs ist Tatbestandsvoraussetzung für den Erwerb der Soll- (§ 2) und Kaufmannseigenschaft (§ 3), nicht dagegen für den lediglich den Betrieb eines Grundhandelsgewerbes voraussetzenden Mußkaufmann. Bei § 1 spielt dieses Kriterium aber insofern eine Rolle, als der Mußkaufmann dann nicht Voll-, sondern nach § 4 I nur Minderkaufmann ist, wenn sein Handelsgewerbe nach

Art *oder* Umfang (*alternativ, nicht*, wie bei §§ 2, 3, *kumulativ*) einen in kaufmännischer Weise eingericheten Geschäftsbetrieb erfordert. Insofern kommt es im Einzelfall darauf an, bestimmte Kriterien festzustellen, von denen nicht bereits jedes für sich ausreicht, sondern vielmehr eine Gesamtbildbetrachtung erforderlich ist.

Anhaltspunkte

Art	*Umfang*
Arbeit mit Krediten	Umsatzvolumen
Notwendigkeit einer kaufmännischen Buchführung/Trennung von Anlage- und Umlaufvermögen in der Buchführung	Anlage- und Betriebskapital
	Kreditausstattung
	Größe des Maschinen- und Fuhrparks
Verwendung einer Firma	Zahl der Beschäftigten
Art der Korrespondenz/ Kassenführung/Zahlungsleistung	Ausmaß der betätigten Werbung
	Zahl und Wert der einzelnen Geschäftsabschlüsse
Einsatz von kaufmännisch geschultem Personal (Ausbildung der Mitarbeiter)	Vielzahl der Geschäftsbeziehungen = Lieferanten- und Kundenzahl
unter verschiedenen Tarifbedingungen beschäftigtes Personal/eigene Lohnbuchhaltung	Zahl der Betriebsstätten
Vielfalt der Erzeugnisse	

1. Erläuterungen

a. Bezüglich der Art

aa. Arbeit mit Krediten

Zum einen fällt hierunter der Betriebskredit, zum anderen aber auch die unbare Geschäftsabwicklung, z.B. eingeräumte Teilzahlungskredite, und zwar auch, wenn diese durch besondere angegliederte Kundenkreditorganisationen abgewickelt werden. Weiterhin gehört hierzu der Kontokorrentverkehr sowie die Teilnahme am Scheck- und Wechselverkehr.

bb. Trennung von Anlage- und Umlaufvermögen

Die Ausstattung mit betrieblichem Areal und Betriebseinrichtungen ist so geartet, daß sie eine in der Buchführung ersichtliche Trennung von Anlage- und Umlaufvermögen notwendig macht. Dies wiederum ermöglicht eine geordnete Abschreibungspolitik.

cc. Ausbildung der Mitarbeiter
Organisatorisch zeigt ein Unternehmen einen kaufmännischen Betriebsstil, wenn es als Ausdruck betriebswirtschaftlicher Notwendigkeit kaufmännisch vorgebildetes Personal beschäftigt und für dessen geordnete Beaufsichtigung Sorge trägt.

dd. Unter verschiedenen Tarifbedingungen beschäftigtes Personal

Hauptkennzeichen: Es ist eine eigene Lohnbuchhaltung erforderlich, die mit den zahlreichen Fragen der tariflichen Eingruppierung, des Überstundenausgleichs, der Abzüge für Sozialabgaben und Lohnsteuer, der Lohn- und Gehaltspfändungen befaßt werden muß.

b. Bezüglich des Umfanges

aa. Mit seinem Umfang weist das Unternehmen auf die Notwendigkeit kaufmännischer Betriebsführung hin, wenn es eine Größenordnung erreicht, mit der, von außen gesehen, Gläubigerschaft und Publikum die Vorstellung von betrieblicher Ordnung und betrieblichem Überblick nach kaufmännischen Grundsätzen als unabdingbar zu verbinden pflegen.

bb. Umsatzvolumen

Trotz gelegentlicher gegenläufiger Tendenzen ist davon abzusehen, bestimmte Umsatzzahlen schematisch für die Abgrenzung von voll- und minderkaufmännischen Unternehmen zugrundzulegen (100.000 DM Jahresumsatz: OLG Schleswig SchLHA 1958, 81; 17.200 DM steuerpflichtiger Jahresgewerbeertrag: Vorschlag des DIHT). So vermag der Umsatz für sich genommen noch keine kaufmännische Eigenschaft zu begründen. Auch Unternehmen mit großem Umsatz können minderkaufmännisch betrieben werden. Bsp.: Bundeswehrkantine mit 500.000 DM Jahresumsatz, OLG Celle BB 1963, 324; Süßwaren-Großhandel, ca. 180.000 DM Jahresumsatz, OLG Karlsruhe BB 1963, 324.

Die Erforderlichkeit des kaufmännischen Geschäftsbetriebs setzt eine kumulative Bewertung „nach Art und Umfang" voraus. Dabei muß nicht jedes der o.a. Kriterien vorliegen. Entscheidend ist vielmehr das sich aus einer umfassenden Würdigung aller Merkmale ergebende Gesamtbild (BGH DB 1960, 917).

2. Rechtsprechungsbeispiele

	Art	Umfang
AG Melsungen BB 1961, 1025	selbst. Textilkaufmann, Kredit an Kunden: jährl. 5.000 DM	Jahresumsatz 182.000 DM, 2 Angestellte
AG Oldenburg BB 1963, 324	Optikermeister, gelernte Gehilfen, Teilzahlungsgeschäfte	Jahresumsatz > 150.000 DM 2-3 Mitarbeiter
AG Vechta BB 1964, 1194	Bäckerei/Konditorei verbunden mit einem kleinen Lebensmittelgeschäft, Inanspruchnahme von Kredit	Jahresumsatz 234.000 DM 5 Angestellte, 3 Lieferanten
LG Schweinfurt BB 1964, 1194	Bäckerei/Lebensmittelgeschäft, Inanspruchnahme von Kredit	Jahresumsatz 450.000 DM 8 Angestellte, 77 Lieferanten
AG Nürnberg BB 1964, 1194	Bäckerei/Lebensmittelgeschäft, Personal z.T. kaufmännisch geschult, Bankkredit, Zahlungen z.T. unbar	Jahresumsatz 280.000 DM 9 Angestellte
LG Kassel BB 1964, 1192	Molkereibesitzer, unbarer Zahlungsverkehr, Kontokorrente	Jahresumsatz 800.000 DM
LG Lübeck BB 1964, 1192	Gaststättenbereich, regelmäßige Inanspruchnahme von Kredit, kaufmännische Buchführung	Jahresumsatz 243.000 DM, in der Saison 6 Angestellte, 8-10 Lieferanten
LG Ravensburg BB 1964, 1193	Gastwirtschaft und Übernachtungsbetrieb 2 Girokonten, doppelte Buchführung	Jahresumsatz 500.000 DM, 17 Angestellte
LG Darmstadt BB 1964, 1194	Maurerbetrieb/Baugeschäft mit Baumaterialienhandlung, gelegentlich Bankkredit, keine Wechselgeschäfte	Jahresumsatz > 500.000 DM, 15 Beschäftigte, 10 Lieferanten, 65-70 Kunden, Anlagevermögen 55.000 DM, Umlaufvermögen 141.000 DM
BayObLG BB 1965, 517	Bäckerei/Lebensmittelgeschäft Inanspruchnahme von Kredit	Jahresumsatz 450.000 DM 2 Haupt-, 75 weitere Lieferanten, Anlage-/Betriebskapital: 40.000 DM
OLG Celle BB 1983, 658	Gemischter Betrieb eines Schmiedemeisters, Lieferanten- und Überziehungskredite, Stundung von Kundenforderungen, umfangreiche Buchführung	Jahresumsatz 1,2 Mill. DM 17 Mitarbeiter
OLG Koblenz BB 1988, 2408	Damenoberbekleidungsgeschäft, z. T. Kreditverkäufe	Jahresumsatz 232.256 DM, Lieferantenverbindlichkeiten i. H. v. 77.600 DM, 1 Filiale

IV. Der Warenkaufmann und die Lohnfabrikation

Die zahlenmäßig größte Bedeutung haben neben den Formkaufleuten (§ 6 II) die Mußkaufleute isd § 1 II Nr. 1 und 2.

§ 1 II Nr. 1 HGB
(Warenkaufmann)

1. *Anschaffung* = jeder abgeleitete *entgeltliche* Erwerb beweglicher Sachen zu Eigentum durch Rechtsgeschäft unter Lebenden

Hauptbeispiele

Berufsgruppen	*Vertragstypen*
Fabrikanten, Gastwirte, Hoteliers, Apotheken, Baustofflieferanten	Kauf: §§ 433 ff BGB
	Tausch: § 515 BGB
	Werklieferung: § 651 BGB

nicht:

Bauunternehmer/Bauhandwerker (Werkleistung steht im Vordergrund), Weinbauern, Kinobesitzer, Ziegeleien, Zimmervermieter	– unentgeltlicher Erwerb unter Lebenden (§ 516 BGB-Schenkung) – Erwerb von Todes wegen – Miete/Pacht (Leihbibliothek) – Leasing – Urproduktion (§ 3)

2. *Weiterveräußerung*: wenn die angeschafften Waren – unverändert oder verändert – aufgrund von schuldrechtlichen Verträgen an Dritte übereignet werden sollen
3. Anschaffung *zum Zwecke der Weiterveräußerung* (zwischen beiden Elementen muß ein *innerer Zusammenhang* bestehen)

§ 1 II Nr. 2 HGB
(Lohnfabrikation)

Übernahme der Bearbeitung oder Verarbeitung von Waren für andere, sofern das Gewerbe *nicht handwerksmäßig* betrieben wird.

Problem: Abgrenzung zwischen
Industrie
und
Handwerk
(§ 2)
aufgrund einer Gesamtbildbetrachtung

Abgrenzungskriterien

1. *persönliche Mitarbeit des Inhabers*
Handwerk: Inhaber/Betriebsleiter arbeitet aufgrund handwerksmäßiger Ausbildung und Befähigung mit
Industrie: er beschränkt sich auf kaufmännische/organisatorische Leitung

2. *Qualifikation der Mitarbeiter*
Handwerk: überwiegender Einsatz von fachlich ausgebildeten Mitarbeitern
Industrie: maschinelle Produktion steht im Vordergrund

3. *Größe und Umfang des Betriebes*
Unsicheres Abgrenzungskriterium, weil es auch handwerkliche Großbetriebe gibt; Industrie ist aber anzunehmen, wenn, wie bei Umsatzmillionären mit ausgedehnten Anlagen, die kaufmännische Organisation des Betriebs im Vordergrund steht.

4. Einzelanfertigung auf Bestellung – Serien-/Massenproduktion standardisierter Güter auf Vorrat

5. überwiegend Handarbeit – Mechanisierung (s. auch 2.)

V. Der Übergang vom minder- zum vollkaufmännischen Handelsgewerbe (und umgekehrt)

Auch wenn es den Minderkaufmann (§ 4 Abs. 1) nur im Rahmen des § 1, also beim Mußkaufmann gibt, ist die Kenntnis dieser Materie von erheblicher praktischer Bedeutung. Dies gilt um so mehr, als wegen §§ 4 Abs. 2, Abs. 1, 105 Abs. 1 (161 Abs. 2) eine OHG (KG) nur auf vollkaufmännischer Basis gegründet werden kann. Eine Personengesellschaft, deren Geschäftsbetrieb lediglich auf ein minderkaufmännisches Gewerbe gerichtet ist, kann folglich grundsätzlich keine Personenhandelsgesellschaft = OHG/KG, sondern nur der Grundtyp der Personengesellschaften, nämlich eine

BGB-Gesellschaft = Gesellschaft bürgerlichen Rechts (GbR) iSd §§ 705 ff BGB sein.
Schwieriger ist die Rechtslage dagegen dann zu beurteilen, wenn trotz minderkaufmännischen Geschäftsbetriebs dennoch entgegen §§ 4 Abs. 1, 29 eine Eintragung im Handelsregister erfolgt ist oder bei zunächst vollkaufmännischem Gewerbe zwischenzeitlich eine Herabstufung zum minderkaufmännischen Geschäftsbetrieb erfolgt ist. Diese Problematik wird nachfolgend anhand eines Einzelkaufmanns (EK) und einer Personengesellschaft in zwei Übersichten dargestellt.

V. Fälle mit Kurzlösungen zum Kaufmannsbegriff

Fall 1:
Der Bauunternehmer B hat einen Betrieb mit über 200 Leuten und einen großen Maschinenpark. B war nicht im Handelsregister eingetragen. Bei einer Besprechung zwischen B, dem Bauherrn S und dem Elektriker G hatte G geäußert, er werde die Arbeiten am Bau einstellen, wenn S nicht die vereinbarten Teilzahlungen erbringe. Um den Baufortschritt nicht zu gefährden, erklärte B mündlich gegenüber G, er verbürge sich für die Verbindlichkeiten des S. G setzte daraufhin seine Arbeiten fort und verlangte, als S seinen Verpflichtungen nicht nachkam, von B Zahlung.
Kann G von B Zahlung verlangen?

Lösung
Der Anspruch des G gegenüber B könnte bestehen, wenn zwischen beiden Parteien ein wirksamer Bürgschaftsvertrag (§§ 765 ff BGB) zustande gekommen ist.
1. Zwei übereinstimmende Willenserklärungen, §§ 145 ff BGB, liegen vor. Fraglich erscheint, ob der Bürgschaftsvertrag auch wirksam ist, da § 766 Satz 1 BGB die *Schriftlichkeit* der Bürgschaftserklärung verlangt.
a. hier: (-), da G und B *mündlich* übereingekommen sind. Somit ist der Bürgschaftsvertrag gem. § 125 Satz 1 BGB grundsätzlich nichtig.
b. Die Nichtigkeit gem. § 125 Satz 1 BGB tritt jedoch dann nicht ein, wenn sich der G gegenüber B auf § 350 berufen kann.
§ 350 HGB bestimmt die *Formfreiheit* der Bürgschaftserklärung, wenn der Bürgschaftsvertrag auf Seiten des Bürgen ein *Handelsgeschäft* ist.
aa. Gem. § 343 Abs. 1 HGB sind Handelsgeschäfte alle Geschäfte

2. *tatsächliche Verhältnisse* (voll-/minderkaufmännisch)	MinderK	VollK	VollK	MinderK	kein Kaufmann mehr
1. *Ereignis*	Einzelhandels-kaufmann eröffnet Grundhandels-gewerbe	nach Art und Umfang werden kaufmännische Einrichtungen erforderlich	Eintragung ins Handelsregister (§ 29 !)	nach Art oder Umfang keine kaufmännischen Einrichtungen mehr erforderlich	Aufgabe des Gewerbes
Zeitachse	X	X_1	X_2	X_3	X_4
3. *rechtliche Verhältnisse* (Art der Kaufmannseigen-schaft)	§§ 1 II, Nr. 1, 4 I	§ 1 II Nr. 1 (+) § 4 I (−)	a. § 1 II Nr.1 (+) § 4 I (−) b. § 5	§ 5	§ 5 (−) § 15 I, II
	MinderK	VollK auch ohne Eintragung im Handelsregister	VollK	VollK *aber:* § 31 II 1 Verpflichtung zur Löschung der Firma im Han-delsregister	VollK, solange § 15 I eingreift und § 15 II (evtl. nur wegen dessen Satz 2) noch nicht gilt

Übersicht: Übergang vom minder- zum vollkaufmännischen Handelsgewerbe und umgekehrt (Einzelkaufmann)

Kaufmannseigenschaft (§§ 1 – 6)

2. *tatsächliche Verhältnisse* (voll-/minder-kaufmännisch)	minder-kaufmännisch	voll-kaufmännisch	voll-kaufmännisch	minder-kaufmännisch	kein Kaufmann mehr
1. *Ereignis*	A, B + C nehmen Grundhandels-gewerbe auf	nach Art und Umfang werden kaufmännische Einrichtungen erforderlich	Eintragung ins Handelsregister (§ 106 I)	nach Art oder Umfang keine kaufmännischen Einrichtungen mehr erforderlich	Einstellung des Betriebes
Zeitachse	X	X_1	X_2	X_3	X_4
3. *rechtliche Verhältnisse*	§§ 1 II, Nr. 1 (+) 4 II, I (+)	§ 1 II Nr. 1 (+) § 4 II, I (−) −>	§ 5 § 6 II (−)	§ 4 II, I (+) § 5	§ 5 (−) § 15 I, II
(Gesellschaftsform)	GbR	OHG (§123 II) § 6 II (−)	OHG	OHG (GbR erst mit Löschung im Handelsregister)	OHG, solange § 15 I, II 2 (+) und § 15 II 1 (−)

Übersicht: Übergang vom minder- zum vollkaufmännischen Gewerbe und umgekehrt (Personengesellschaft)

des Kaufmanns, die zum Betriebe eines Handelsgewerbes gehören (beachte: § 345).

bb. *Voraussetzungen des § 343 Abs. 1*
(1) Derjenige, der das Geschäft tätigt, muß *Kaufmann* sein.
(2) Das Geschäft muß zum Betrieb des Handelsgewerbes gehören (beachte: § 344).
cc. Fraglich erscheint, ob B Kaufmann ist, wobei nicht ausreicht, wenn er nur Minderkaufmann ist (§§ 350, 351).
1. B könnte Kaufmann iSd § 1 Abs. 2 Nr. 1 sein.
Da er als Bauunternehmer ein fertiges Bauwerk als Ganzes herzustellen hat, verwendet er die angeschafften Baustoffe lediglich als Hilfs- und Arbeitsmittel für die von ihm geschuldete Leistung. Er ist deshalb nicht Kaufmann iSd § 1 Abs. 2 Nr. 1 .
2. B könnte Kaufmann iSd § 1 Abs. 2 Nr. 2 sein.
Danach ist Kaufmann, wer als Gewerbe die Übernahme der Be- oder Verarbeitung von Waren für andere betreibt, sofern dies nicht handwerksmäßig geschieht.
Die Voraussetzungen der Nr. 2 sind jedoch dann nicht gegeben, wenn der Be- oder Verarbeiter Waren für eigene Rechnung anschafft oder selbst produziert. Bauunternehmer B kauft jedoch in der Regel die Baustoffe auf eigene Rechnung von den Baustoffhändlern und beliefert damit seine Baustellen. Auch be- oder verarbeitet er nicht Waren, sondern er führt seine Arbeiten regelmäßig an Grundstücken aus.
Somit kann festgestellt werden, daß B nicht Kaufmann iSd § 1 Abs. 2 Nr. 2 ist.
3. Da B nicht Kaufmann iSd § 1 Abs. 2 ist, könnte seine Kaufmannseigenschaft aus § 2 hergeleitet werden.
Gem. § 2 muß der Gewerbebetrieb des B einen nach Art und Umfang in kaufmännischer Weise eingerichteten Gewerbebetrieb erfordern.
Beide Merkmale zusammen müssen im Unternehmen vorliegen; es genügt daher nicht, wenn nur eines dieser Merkmale die kaufmännische Einrichtung erfordert.
Aufgrund der hohen Beschäftigungszahl und des großen Maschinenparks im Unternehmen des B sowie der damit verbundenen Art und Weise der betrieblichen Organisation, der Inanspruchnahme von Krediten und Teilzahlungen und des erheblichen Umfangs der Geschäftskorrespondenz kann bei Würdigung des Gesamtbildes darauf geschlossen werden, daß Art und Umfang des Unternehmens

des B einen in kaufmännischer Weise eingerichteten Geschäftsbetrieb erfordern.
Als weitere Voraussetzung des § 2 wird jedoch gefordert, daß die Firma in das Handelsregister eingetragen ist.
Die Eintragung in das Handelsregister ist – im Gegensatz zu § 1 – konstitutiv. Der Unternehmer wird also bei § 2 Satz 1 erst durch die Eintragung zum Kaufmann. Liegt eine Eintragung vor, so sind Art und Umfang des Unternehmens unerheblich; allein dadurch könnte keine Kaufmannseigenschaft begründet werden.
Mangels Eintragung im Handelsregister ist B kein Sollkaufmann. Muß er sich, wofür nach dem Sachverhalt keine Anhaltspunkte bestehen, auch nicht als Rechtsscheinkaufmann i.e.S. behandeln lassen, ist folglich die nur mündliche Bürgschaftserklärung wegen fehlender Vollkaufmannseigenschaft des B (§§ 350, 351) formunwirksam (§§ 766 Satz 1, 125 Satz 1 BGB).
Ergebnis: G kann von B keine Zahlung verlangen.

Fall 2:
Die X-AG bestellt bei der im Handelsregister eingetragenen S-OHG 10.000 Osterhasen aus Schokolade nach näherer Spezifikation. Sie werden pünktlich geliefert, jedoch sind allen Osterhasen die Schokoladenschlappohren abgebrochen.
Ansprüche der X-AG?

Lösung:
Die X-AG konnte von der S-OHG Nachlieferung verlangen (§§ 459 Abs. 1, 480 Abs. 1 BGB) oder den Kaufvertrag nach §§ 459 Abs. 1, 462, 465, 467 Satz 1, 346 Satz 1 BGB wandeln. Ob derartige Ansprüche bestehen, hängt nicht nur vom Vorliegen der tatbestandlichen Voraussetzungen des § 459 Abs. 1 BGB (Fehler zum Zeitpunkt des Gefahrübergangs – idR § 446 Abs. 1 BGB – bei wirksamem Kaufvertrag) und zusätzlich des § 480 Abs. 1 BGB (Gattungskauf) ab, die im übrigen sämtlich vorliegen. Bei beiderseitigem Handelsgeschäft muß der Käufer, um sich seine Sachmängelgewährleistungsrechte zu erhalten (§ 377 Abs. 2), den bei Übergabe erkennbaren Mangel unverzüglich rügen (§ 377 Abs. 1). Ein Handelsgeschäft setzt zwei Umstände voraus:
1. Kaufmannseigenschaft
a. X-AG: §§ 6 Abs. 2 HGB, 3 AktG
b. S-OHG:
aa. Grundhandelsgewerbe gemäß § 1 Abs. 2 Nr. 1
bb. vollkaufmännisch schon wegen nach Art und Umfang erfor-

derlicher kaufmännischer Einrichtungen (§ 4 Abs. 2 !), was sich aber nicht ausdrücklich aus dem Sachverhalt ergibt, zumindest aber nach § 5.
2. zum Betrieb des Handelsgeschäfts gehörend (§ 343), wofür nach § 344 Abs. 1 eine widerlegbare Vermutung spricht.
Ergebnis: Die X-AG muß unverzüglich rügen, damit die Ansprüche durchsetzbar bleiben.

Fall 3:
Eusebius Dimpflmoser hat einen kleinen Bauchladen. Er verkauft Schnürsenkel, Tabakwaren, Spirituosen u.ä.. Als er sich nach dem Genuß einiger „Flachmänner" sterbenskrank fühlt, will er seiner Nichte Eulalia Prokura erteilen, damit sie ihn bis zu seiner Genesung vertreten kann.
Kann Prokura erteilt werden?

Lösung:
1. Gem. §§ 48 Abs. 1, 4 Abs. 1 kann nur ein Vollkaufmann Prokura erteilen.
2. Eusebius betreibt ein Grundhandelsgewerbe i.S.d. § 1 Abs. 2 Nr. 1 HGB.

Jedoch: Ein Bauchladen erfordert keine Bilanzen und keine doppelte Buchführung, also keinen in kaufmännischer Weise eingerichteten Geschäftsbetrieb.

Ergebnis: Eusebius ist Minderkaufmann, § 4 Abs. 1, und kann keine Prokura erteilen. Die unwirksam erteilte Prokura kann jedoch umgedeutet werden (§ 140 BGB), und zwar in eine Handlungsvollmacht (§ 54 HGB) als eine mindere Form der handelsrechtlichen Vollmacht; sie wird auch als „kleine Prokura" bezeichnet.

Fall 4:
A verkaufte seine unter der Bezeichnung „Bäckerei Johannes Adam" betriebene *kleine* Bäckerei am 1.6.1993 an den B. B war nach dem Kaufvertrag berechtigt, die Bäckerei unter der bisherigen Geschäftsbezeichnung weiterzubetreiben. Der Mehlhändler F hatte gegen A aus mehreren Lieferungen *vor* dem 1.6.1993 noch offene Forderungen in Höhe von DM 2.000,–.
Kann F sich wegen dieses Betrages an B halten?

Lösung:
Anspruchsgrundlage könnte § 25 Abs. 1 sein.

Voraussetzungen: Fortführung eines
1. unter Lebenden erworbenen (+)
2. unter der bisherigen Firma fortgeführten (+); s. § 18 Abs. 1 (Vorname + Zuname)
3. Handelsgeschäfts.
§ 25 Abs. 1 HGB setzt ein Handelsgewerbe, d.h. nach h.M. und Rspr. ein „vollkaufmännisches Gewerbe" voraus, vgl. §§ 4 Abs. 1, 17 ff. Es kann davon ausgegangen werden, daß es sich bei der kleinen Bäckerei um ein minderkaufmännisches Gewerbe handelt.

Ergebnis: B kann die Bezahlung der Rechnung für vor dem 1.6.1993 begründete Verbindlichkeiten grundsätzlich verweigern. Auch aus einer möglichen Rechtsscheinshaftung ergibt sich nichts anderes. Denn der Rechtsschein wirkt nur gegen denjenigen, der ihn gesetzt hat, nicht aber gegen B als unbeteiligten Dritten.

Fall 5: Fortsetzung von Fall 4
A war als Vollkaufmann im Handelsregister eingetragen, obwohl er Minderkaufmann war, und hat mit B einen Pachtvertrag abgeschlossen.

Lösung:
Gem. § 5 HGB muß sich der Pächter eines minderkaufmännischen Geschäfts diesen Tatbestand entgegenhalten lassen. Der Pächter haftet gemäß § 25 Abs. 1 Satz 1 HGB.

Variante:
A war nicht mehr im Handelsregister eingetragen (wie Fall 4)

Lösung:
1. Anspruch aus § 433 Abs. 2 BGB (-), weil B nicht unmittelbarer Vertragspartner des F ist.
2. Anspruch aus § 25 Abs. 3 (-), da eine handelsübliche Bekanntmachung der Übernahme der Verbindlichkeiten als besonderer Verpflichtungsgrund nicht vorliegt. Im übrigen wird die Firma fortgeführt.
3. Anspruch aus § 25 Abs. 1 Satz 1
   Danach würde B für die im Betrieb der „Bäckerei Johannes Adam" entstandenen Verbindlichkeiten des früheren Inhabers A haften, wenn er das Geschäft unter Lebenden erworben, weitergeführt und die Firma beibehalten hätte.
a. Die Bäckerei ist gem. § 1 Abs. 2 Nr. 1 ein Handelsgeschäft (sog. Warenhandwerker), so daß deren Inhaber gemäß § 1 Abs. 1 kraft Gesetzes Kaufmann ist.

Er ist jedoch dann kein Vollkaufmann, wenn der Gewerbebetrieb nach Art oder Umfang einen in kaufmännischer Weise eingerichteten Geschäftsbetrieb nicht erfordert, § 4 Abs. 1 (Minderkaufmann).

Da vorliegend eine „kleine Bäckerei" verpachtet wurde, kann davon ausgegangen werden, daß die Voraussetzungen des § 4 Abs. 1 vorliegen, so daß die „Bäckerei Johannes Adam" einen minderkaufmännischen Gewerbebetrieb darstellt, auf den nach § 4 Abs. 1 die Vorschriften über die Firmen, die Handelsbücher und die Prokura keine Anwendung finden.

b. Fraglich erscheint daher, ob die Haftung des Erwerbers bei Firmenfortführung gemäß § 25 Abs. 1 Satz 1 auch dann gilt, wenn nur das Geschäft eines Minderkaufmanns übernommen wird.

aa. Dagegen spricht, daß die Firma, die gemäß § 17 Abs. 1 der Name des Kaufmanns ist, nur dann berechtigterweise geführt werden darf, wenn ein vollkaufmännisches Handelsgewerbe vorliegt, § 4 Abs. 1.

bb. Auch § 25 geht insoweit von einer *Firmen*fortführung aus, die aber gem. §§ 17 Abs. 1, 4 Abs. 1 nur von einem Vollkaufmann geführt werden darf.

c. Eine Haftung des Erwerbers eines Handelsgeschäfts eines Minderkaufmanns nach § 25 Abs. 1 Satz 1 ist demnach nicht möglich.

Ergebnis: F hat gegen den B keinen Anspruch auf Zahlung der DM 2.000, – . (Etwas anderes würde nur dann gelten, wenn B im Geschäftsverkehr als Vollkaufmann aufgetreten wäre; dann wäre er Scheinkaufmann i.e.S.)

Fall 6:

Der im Handelsregister eingetragene Baumaterialienhändler A hatte schlechte Geschäfte gemacht, so daß sein Betrieb zu einem *Kleinbetrieb* herabgesunken war. Dem Bauunternehmer B hatte er Lieferung von 10.000 Frankfurter Dachpfannen spätestens zum 1.4.1993 versprochen. Bei Überschreitung des Termins wurde eine Vertragsstrafe in Höhe von DM 10.000, – zugesagt.

Da A nicht rechtzeitig lieferte, verlangte B Zahlung der Vertragsstrafe und erhob, als A sich weigerte, Klage.

Muß A die volle Vertragsstrafe – auch wenn sie unverhältnismäßig hoch ist – zahlen?

Lösung

1. Eine unverhältnismäßig hohe Vertragsstrafe kann grundsätzlich gemäß § 343 Abs. 1 Satz 1 BGB durch Urteil herabgesetzt werden.
2. *Ausnahme*: Gemäß § 348 gilt dies nicht für eine Vertragsstrafe,

die von einem Vollkaufmann im Betrieb seines Handelsgeschäfts versprochen wurde, § 351.
a. Ist A Kaufmann?
aa. Ein Baumaterialienhändler betreibt zwar ein Gewerbe gemäß § 1 Abs. 1 Nr. 1. Laut Sachverhalt lag jedoch nur ein minderkaufmännisches Gewerbe vor.
bb. Allerdings war A noch im Handelsregister eingetragen, d.h., er war „fiktiver" Vollkaufmann, § 5
b. Zum Betrieb seines Handelsgeschäftes gehörend?
Dies kann bejaht werden, da ein innerer Zusammenhang gegeben ist, folgt aber zumindest aus § 344 Abs. 1.

Ergebnis: Eine Herabsetzung der Vertragsstrafe ist nicht nach § 343 Abs. 1 Satz 1 BGB möglich, sondern allenfalls nach § 138 Abs. 1 BGB oder den Grundsätzen über den Wegfall der Geschäftsgrundlage (§ 242 BGB).

Fall 7: (Ausgangsfall 5)
X war als Angestellter der Fa. C, die allein seiner Frau gehörte, tätig. Er wußte, daß A die von B nicht abgenommenen Ziegel loshaben wollte. X suchte daher den A auf, gab sich als vertretungsberechtigter Teilhaber der Fa. C-OHG aus und veranlaßte den A nach längeren Verhandlungen dazu, die Ziegel mit drei Monaten Zahlungsziel (= Stundung) an die Fa. C zu liefern. Eine Zahlung erfolgte nicht, da die Fa. C in Konkurs fiel.
Kann A von X die Zahlung der Ziegel verlangen?

Lösung:
Anspruchsgrundlage: § 128 Satz 1
Voraussetzung: Besteht ein wirksamer Kaufvertrag zwischen der Fa. C und A?
1. Fa. C hat nicht mit A selbst kontrahiert, sondern mit X.
2. X müßte mit Vertretungsmacht gehandelt haben. Hier: (-)
3. X könnte jedoch den Anschein bei A hervorgerufen haben, daß er Vertretungsmacht besitzt.
X gab sich bei Vertragsabschluß als vertretungsberechtigter Gesellschafter der Fa. C aus. Nach der gesetzlichen Regelung bei OHG und KG ist der vertretungsberechtigte Gesellschafter immer der persönlich haftende Gesellschafter (§§ 125 Abs. 1, 161 Abs. 2). X trat als persönlich haftender Gesellschafter auf. Als solcher hätte er gem. §§ 128 Abs. 1, 161 Abs. 2 persönlich haften müssen. A hat auch auf diesen Anschein vertraut, der von X in zurechenbarer Weise gesetzt worden ist.

Ergebnis: X haftet kraft Rechtsschein als Scheinkaufmann.
A kann Zahlung der Ziegel verlangen.

VI. Fragen zur Wiederholung und Vertiefung

1. Prüfen Sie die Kaufmannseigenschaft folgender Personen und Gesellschaften:
   a. Der Inhaber eines großen Metzgereibetriebes, der aber im Handelsregister nicht eingetragen ist.
   b. Ein Gastwirt, dessen Lokal wegen schlechter Geschäfte nur mehr einen Kleinbetrieb darstellt, der aber noch im Handelsregister eingetragen ist.
   c. Der Inhaber einer Autovermietung, der ständig etwa 70 Fahrzeuge zur Verfügung hat, 30 Angestellte beschäftigt und im Jahr etwa 1,5 Millionen DM Umsatz erwirtschaftet. Im Handelsregister ist er aber nicht eingetragen.
   d. Die Meier-GmbH, deren Gesellschaftszweck im Schutz der tropischen Regenwälder vor Abholzung liegt.
   e. Ein Gebrauchtwagenhändler, der nicht im Handelsregister eingetragen ist.
   f. Ein Kinobesitzer, der 20 Lichtspielhäuser mit 60 Angestellten betreibt, jährlich 2 Millionen DM Umsatz erwirtschaftet und auch im Handelsregister eingetragen ist.
   g. Ein Feinkosthändler, der nur mehr ein kleines Geschäft betreibt, aber gleichwohl noch im Handelsregister eingetragen ist.
   h. Ein Rechtsanwalt, der sich darauf spezialisiert hat, Kaufleute in Rechtsstreitigkeiten zu vertreten.
   i. X kauft jeden Tag von einem Blumengeschäft 20 Rosen, die er abends in Gastwirtschaften zum Preis von 2,50 DM/Stück wieder zu verkaufen versucht.
   j. Die Moritz Hinterhuber-OHG betreibt eine große Bank in Südbayern.
   k. Kommissionär K hat sein Geschäft vollständig aufgegeben, ist aber noch im Handelsregister eingetragen.
   l. Die XY-GmbH hat sich als Gesellschaftszweck den Schutz aussterbender Tierarten gewählt.
   m. Anton ist Inhaber einer kleinen Konditorei. Er ist im Handelsregister nicht eingetragen.
   n. Bertram ist Dachdeckermeister. Er beschäftigt 50 Mitarbeiter,

darunter einen Buchhalter und zwei Sekretärinnen für das Büro. Er erwirtschaftet im Jahr etwa 2 Mio.DM Umsatz. Im Handelsregister ist er eingetragen.
o. Cäsar ist Prokurist des Großhändlers Huber.
2. Betreiben
a. der gewerbsmäßige Grundstücksspekulant,
b. der Bauunternehmer, der Rohbauten erstellt,
c. der Baustofflieferant,
d. ein Bauhandwerker
ein Grundhandelsgewerbe im Sinne des § 1 Abs. 2 Nr. 1?
3. Willi Winzig (W) betreibt mit einigen Gesellen eine Buchbinderei, in der er tatkräftig mitarbeitet. Ist er Vollkaufmann nach § 1 Abs. 2 oder Minderkaufmann nach § 4 Abs. 1 HGB?
4. Durch welche Kriterien läßt sich die Industrie von dem Handwerk im Rahmen des § 1 Abs. 2 Nr. 2 HGB abgrenzen?
5. Kunibert Stolz (K) betreibt allein ein kaufmännisches Gewerbe iSv § 2 HGB mit 120 Mitarbeitern. Er führt auch im Geschäftsverkehr eine Firma nach § 18 HGB, ist aber im Handelsregister nicht eingetragen.
Wird K wirksam verpflichtet, wenn er für einen Geschäftsfreund mündlich ein Bürgschaftsversprechen abgibt?
6. Welche Bedeutung hat die Eintragung in das Handelsregister für den Muß-, Soll- und Kannkaufmann?
7. Nennen Sie *Kriterien,* anhand deren sich ein *Voll-*Mußkaufmann von einem Minderkaufmann unterscheiden läßt.
8. Welche Vorschriften des HGB sind auf Minderkaufleute nicht anwendbar (6 Beispiele genügen)?
9. Welche Einwendungen sind durch § 5 HGB ausgeschlossen bzw. zugelassen? Welche Bedeutung kommt dem § 15 Abs. 1/Abs. 2 dabei zu?
10. Wer ist Vollkaufmann kraft Gesetzes?
11. Welche Funktion hat § 6 HGB?
12. Nennen Sie zwei Vorschriften außerhalb des HGB, in denen es auf die Kaufmannseigenschaft von Personen ankommt!

Antworten

1.a. Der Metzger betreibt unzweifelhaft ein Gewerbe i.S. des § 1 Abs. 1. Er kauft Fleisch an, portioniert es oder verarbeitet es zu Wurst und verkauft es weiter. Damit liegt auch ein Handelsgewerbe nach § 1 Abs. 2 Nr. 1 vor, da er bewegliche Sachen (Waren) ankauft und auch weiterveräußert. Da es sich auch um einen Großbetrieb handelt, ist er kein Minderkaufmann i.S. des § 4 Abs. 1. Die fehlende Handelsregistereintragung steht der Kaufmannseigenschaft nicht entgegen, da diese lediglich deklaratorisch wirkt.

b. Ein Gastwirt verkauft in seinem Lokal Speisen und Getränke; somit ist er ebenfalls Kaufmann nach § 1 Abs. 1, Abs. 2 Nr. 1.

Da sein Lokal aber nur mehr einen Kleinbetrieb darstellt, ist er Minderkaufmann nach § 4 Abs. 1. Aufgrund der noch bestehenden Eintragung im Handelsregister kann er sich aber nach § 5 nicht darauf berufen; er ist daher ein Fiktivkaufmann und als solcher Vollkaufmann.

c. Ein Autovermieter fällt unter keinen der Tatbestände des § 1 Abs. 2. Er betreibt aber ein sonstiges gewerbliches Unternehmen i.S. des § 2. Bei einem Bestand von 70 Fahrzeugen, der Anzahl von 30 Angestellten und einem Jahresumsatz von 1,5 Millionen DM erfordert sein Gewerbebetrieb nach Art und Umfang auch einen in kaufmännischer Weise eingerichteten Geschäftsbetrieb. Da es aber an einer Eintragung im Handelsregister fehlt, ist er nicht Kaufmann nach § 2, denn die Eintragung wirkt konstitutiv.

d. Eine GmbH ist Formkaufmann nach § 6 Abs. 2 HGB i.V.m. § 13 Abs. 3 GmbHG. Die Tatsache, daß kein Gewerbe betrieben wird, ist unerheblich, da eine GmbH nach § 1 GmbHG zu jedem gesetzlich zulässigen Zweck errichtet werden kann.

e. Ein Gebrauchtwagenhändler ist Kaufmann nach § 1 Abs. 1 i.V.m. Abs. 2 Nr. 1. Er betreibt unzweifelhaft ein Gewerbe (§ 1 Abs. 1). Es handelt sich auch um ein Handelsgewerbe nach § 1 Abs. 2 Nr. 1, da er sich mit dem Ankauf und Verkauf von gebrauchten Kraftfahrzeugen beschäftigt und daher die Anschaffung und Veräußerung von beweglichen Sachen (Waren) vorliegt (§ 1 Abs. 2 Nr. 1).

Die Tatsache, daß eine Eintragung im Handelsregister fehlt, ist unschädlich, denn diese wirkt nur deklaratorisch.

f. Ein Kinobesitzer fällt unter keinen der Tatbestände des § 1 Abs. 2.

Er ist aber Kaufmann nach § 2: Ein sonstiges gewerbliches Unternehmen, das nicht bereits von § 1 Abs. 2 erfaßt wird, liegt dabei vor. Bei einem Umsatz von 2 Millionen, 20 Filialen und 60 Angstellten ist auch nach Art und Umfang ein in kaufmännischer Weise eingerichteter Geschäftsbetrieb erforderlich. Da auch eine Eintragung ins Handelsregister vorgenommen wurde, die insoweit konstitutiv wirkt, liegt der Tatbestand des § 2 vor.

g. Ein Feinkosthändler ist ein Warenkaufmann nach § 1 Abs. 1 iVm Abs. 2 Nr. 1, da er mit der Anschaffung und Veräußerung von beweglichen Sachen (Waren) befaßt ist. Da er aber nur mehr ein kleines Geschäft betreibt, handelt es sich um einen Minderkaufmann nach § 4 Abs. 1. Denn ein solcher Gewerbebetrieb erfordert nach Art oder Umfang keinen in kaufmännischer Weise eingerichteten Geschäftsbetrieb. Durch die noch bestehende Eintragung im Handelsregister ist es ihm aber verwehrt, sich auf § 4 Abs. 1 zu berufen; er ist vielmehr Fiktivkaufmann nach § 5 und damit Vollkaufmann.

h. Ein Rechtsanwalt ist kein Kaufmann, da es am Merkmal eines Gewerbes i.S. des § 1 Abs. 1 fehlt (§ 2 Abs. 2 BRAO). Ein Rechtsanwalt erbringt vielmehr Dienste höherer Art (§ 2 Abs. 1 BRAO: Angehöriger eines freien Berufs).

i. X betreibt ein Handelsgewerbe nach § 1 Abs. 2 Nr. 1, er ist aber angesichts des Umfanges seiner Geschäfte nach § 4 Abs. 1 nur Minderkaufmann.

j. Die Moritz Hinterhuber-OHG ist eine Handelsgesellschaft iSd § 6 Abs. 1, für die auch Kaufmannsrecht gilt; sie ist Mußkaufmann nach § 1 Abs. 2 Nr. 4 und betreibt auch ein vollkaufmännisches Handelsgewerbe (vgl. § 4 Abs. 2).

k. Kommissionär K fällt nicht mehr unter § 1 Nr. 2 Nr. 6, da er sein Geschäft eingestellt hat und damit kein Gewerbe mehr betreibt; auch § 5 gilt nicht bei Einstellung des Geschäfts; er muß sich aber nach § 15 Abs. 1 von gutgläubigen Dritten noch wie ein Kaufmann behandeln lassen.

l. Die XY-GmbH ist kraft Gesetzes Kaufmann, § 6 Abs. 2 (iVm § 13 Abs. 3 GmbHG). Ihr ideeller Zweck ist unschädlich (§ 1 GmbHG).

m. Als Konditor betreibt A ein Gewerbe nach § 1 Abs. 1. Dabei handelt es sich auch um ein Grundhandelsgewerbe nach § 1 Abs. 2, da A in Einklang mit § 1 Abs. 2 Nr. 1 Waren (Zucker, Mehl etc.) ankauft, um dann Torten und Gebäck zu verkaufen. Die Tatsache, daß es dabei zu einer Verarbeitung kommt, ist unschädlich. Da er aber nur eine kleine Konditorei betreibt, ist er Minderkaufmann nach § 4 Abs. 1. § 5 und damit die Eigenschaft als Fiktivkaufmann kommt mangels einer Handelsregistereintragung nicht in Betracht.

n. Als Dachdecker betreibt B ein Gewerbe i.S. des § 1 Abs. 1. Es handelt sich dabei aber um kein Grundhandelsgewerbe nach § 1 Abs. 2. § 1 Abs. 2 Nr. 1 ist nicht einschlägig, da ein etwaiger Ankauf von Schindeln, Nägeln, Holz etc. nur die Besorgung von Hilfsmitteln für die Herstellung oder Reparatur eines Daches darstellt. § 1 Abs. 2 Nr. 2 entfällt, da B Dächer deckt, die als solche Bestandteil eines Hauses sind oder werden; damit fehlt es hier an der Bearbeitung von Waren als bewegliche Gegenstände.

B ist aber Kaufmann nach § 2, da er ein handwerkliches Unternehmen führt, das angesichts der Umsatzgröße, der Anzahl der Mitarbeiter und des Einsatzes von kaufmännisch geschultem Personal nach Art und Umfang einen in kaufmännischer Weise eingerichteten Geschäftsbetrieb erfordert. Da auch die konstitutive Eintragung zum Handelsregister vorliegt, ist § 2 damit erfüllt.

o. Cäsar ist kein Kaufmann, da er als Prokurist nur im Namen des Huber Geschäfte macht und bei diesem angestellt ist. Er ist damit weder selbständig, noch betreibt er die Geschäfte im eigenen Namen, so daß er kein Gewerbe i.S. des § 1 Abs. 1 betreibt.

2.a. Ein Grundstücksspekulant betreibt kein Handelsgewerbe nach § 1 Abs. 2 Nr. 1, weil es an einer Weiterveräußerung beweglicher Sachen fehlt.

b. Bauunternehmer, die Rohbauten erstellen, sind ebenfalls keine Mußkaufleute nach § 1 Abs. 2 Nr. 1, weil die für den Bau verwendeten Materialien nicht durch rechtsgeschäftliche Übereignung, sondern kraft Gesetzes durch Verbindung mit dem Grundstück in das Eigentum des Bauherrn übergehen (§§ 946, 94 Abs. 1 BGB). Bei den Bauunternehmern steht nicht der Warenumsatz, sondern die plan- und werkgerechte Erstellung eines Gebäudes im Vordergrund, wozu die verwendeten Baustoffe nur Hilfs- und Arbeitsmittel sind.

c. Der Betrieb eines Baustofflieferanten ist demgegenüber eindeutig auf Warenhandel angelegt und somit ein Handelsgewerbe nach § 1 Abs. 2 Nr. 1.

d. Die Stellung der Bauhandwerker ist umstritten. Verwenden sie die angeschafften Baustoffe vorwiegend zur Herstellung eines Werkes, so wird die Rechtslage wie bei den Unternehmern zu beurteilen sein. Liegt demgegenüber das Schwergewicht des Betriebes nicht auf dem Einbau und der Montage, sondern auf der katalogmäßigen Lieferung von vorgefertigten Baustoffen, also auf einem Umsatzgeschäft, so betreiben die Bauhandwerker ebenso wie die Baustofflieferanten ein Grundhandelsgewerbe.

3. § 1 Abs. 2 Nr. 1 liegt nicht vor, weil W sich nicht mit der Anschaffung und Weiterveräußerung beweglicher Sachen beschäftigt; der verwendete Leim etc. sind nur Hilfsmittel.

§ 1 Abs. 2 Nr. 2 scheidet aus, weil er zwar eine Bearbeitung von Waren für andere vornimmt, jedoch handwerksmäßig; denn er arbeitet selbst als Inhaber mit, und bei „einigen Gesellen" liegt kein Industriebetrieb vor.

Da auch keine andere Ziffer des § 1 Abs. 2 eingreift, hat W keine Kaufmannseigenschaft nach § 1, kann folglich auch kein Minderkaufmann sein.

4. Die Abgrenzung zwischen Industrie und Handwerk erfolgt aufgrund einer Gesamtbildbetrachtung, wobei folgende Abgrenzungskriterien zu berücksichtigen sind: Persönliche Mitarbeit des Handwerkers, Qualifikation der Mitarbeiter sowie Größe und Umsatz des Betriebs. Für jedes dieser drei Kriterien gibt es Umstände, die entweder für eine handwerkliche oder industrielle Fertigung sprechen. *Persönliche Mitarbeit des Inhabers*: Für Handwerk – Inhaber/Betriebsleiter arbeitet aufgrund handwerksmäßiger Ausbildung und Befähigung mit, für Industrie – er beschränkt sich auf kaufmännische/organisatorische Leitung. *Qualifikation der Mitarbeiter*: Für Handwerk – überwiegender Einsatz von fachlich ausgebildeten Mitarbeitern; für Industrie – maschinelle Produktion steht im Vordergrund. *Größe und Umsatz des Betriebes*: Hier handelt es sich um ein äußerst unsicheres Abgrenzungskriterium, weil es auch handwerkliche Großbetriebe gibt; Industrie ist aber anzunehmen, wenn, wie bei Umsatzmillionären mit ausgedehnten Anlagen, die kaufmännische Organisation des Betriebes im Vordergrund steht.

5. K ist mangels konstitutiver Eintragung kein Kaufmann nach § 2. Er ist vielmehr ein Scheinkaufmann, weil er sich durch das Führen der Firma wie ein Vollkaufmann ausgibt (Hinweis: er ist insbesondere auch kein Fiktivkaufmann nach § 5, da er nicht eingetragen ist).

K kann sich mündlich verbürgen, wenn er Vollkaufmann ist bzw. wenn er wie ein solcher zu behandeln ist, so daß §§ 350, 351 zutrifft (§§ 343 f ist dann nach dem Sachverhalt ohne weiteres gegeben, braucht also nicht besonders erwähnt zu werden).

Auf K als Scheinkaufmann ist auch § 350 anwendbar, so daß er sich wirksam mündlich verbürgen kann.

6. Die Eintragung ist für den Soll- und Kannkaufmann konstitutiv (= rechtsbegründend), für den Mußkaufmann nur deklaratorisch (= rechtserklärend). Eine Eintragungspflicht besteht für den Muß- (§ 29) und den Sollkaufmann (§ 2 Satz 2). Die Land- und Forstwirte sind dagegen lediglich berechtigt (§ 3 Abs. 2 Satz 1), die – konstitutiv wirkende – Eintragung herbeizuführen.

7. Das Gesetz unterscheidet in § 4 Abs. 1 den Voll-Mußkaufmann von dem Minder(muß)kaufmann danach, ob nach Art oder (genauer „und") Umfang für den jeweiligen Gewerbebetrieb ein in kaufmännischer Weise eingerichteter Geschäftsbetrieb erforderlich ist.

Es kommt damit auf eine Gesamtbetrachtung verschiedener Indizien/Anhaltspunkte an:

Nach der *Art* des Unternehmens sprechen folgende Kriterien für ein vollkaufmännisches Unternehmen: Notwendigkeit einer kaufmännischen Buchführung, Verwendung einer Firma, Art der Korrespondenz bzw. Kassenführung oder Zahlungsleistungen sowie der Einsatz von kaufmännisch geschultem Personal. Nach dem *Umfang* des Unternehmens sind zB die Umsatzgröße sowie der Kapitaleinsatz maßgeblich.

Weitere Kriterien, die noch genannt werden können: Anzahl der Mitarbeiter bzw. der abgeschlossenen Geschäfte, großer Fuhrpark, EDV-gestützte Bürokommunikation (wenn auch wohl bereits im Merkmal des Kapitaleinsatzes bzw. der Umsatzgröße enthalten).

8. Nicht anwendbar sind auf Minderkaufleute:
– Vorschriften über das Führen einer Firma, § 4 Abs. 1
– Prokura, § 4 Abs. 1
– Handelsbücher, § 4 Abs. 1
– §§ 348, 351
– §§ 349, 351
– §§ 350, 351
– § 25

9.a. Ausschluß folgender Einwendungen:
aa. das Gewerbe sei weder Grundhandelsgewerbe noch verlange es kaufmännischen Einrichtungen

bb.	das Gewerbe sei zwar Grundhandelsgewerbe, verlange aber keine kaufmännischen Einrichtungen
b.	Zulassung folgender Einwendungen:
aa.	Eingetragener betreibt kein Gewerbe
bb.	eingetragene Gesellschaft besteht nicht oder nicht mehr
c.	§ 15 Abs. 1/Abs. 2 ist gerade als Ergänzung für die zugelassenen Einwendungen anwendbar!
10.	Vollkaufmann kraft Gesetzes ist neben dem Kaufmann kraft Eintragung (= Fiktivkaufmann, § 5) der Formkaufmann nach § 6 Abs. 2. Dazu gehören die GmbH, die AG, die KGaA, die eingetragene Genossenschaft, und zwar grundsätzlich (s. § 1 GenG) unabhängig davon, ob überhaupt ein Gewerbe betrieben wird; es können auch ideelle Ziele verfolgt werden. Nicht zu den Formkaufleuten gehören dagegen die OHG/KG, weil sie zwingend ein vollkaufmännisches Handelsgewerbe betreiben müssen, was aus § 4 Abs. 2 folgt, sich aber auch bereits aus §§ 105 Abs. 1, 4 Abs. 1 ergibt.
11.	Nach § 6 Abs. 1 gilt das Kaufmannsrecht auch für Handelsgesellschaften (OHG, KG, GmbH, AG, KGaA, EWIV sowie die nach § 33 eintragungspflichtigen juristischen Personen, wie zB e.V., Stiftung), was bedeutet, daß sie Kaufleute sind und damit dem gesamten Handelsrecht unterliegen. Genossenschaften gelten nach § 17 Abs. 2 GenG ebenfalls als Kaufleute. Formkaufleute (§ 6 Abs. 2) sind „besondere Vereine" (nicht der e.V., es sei denn, § 33 liegt vor), denen das Gesetz ohne Rücksicht auf den Gegenstand des Unternehmens die Kaufmannseigenschaft beilegt, also die GmbH (§ 13 Abs. 3 GmbHG), die AG (§ 3 AktG), die KGaA (§§ 278 Abs. 3; 3 AktG) und die Genossenschaft (§ 17 Abs. 2 GenG). Sie sind damit Vollkaufleute kraft Gesetzes, und zwar unabhängig davon, ob überhaupt ein Gewerbe betrieben wird. OHG und KG müssen dagegen zwingend ein vollkaufmännisches Handelsgewerbe betreiben (§ 4 Abs. 2).
12.	Beispiele sind § 24 S. 1 Nr. 1 AGBG, § 6 Nr. 1 HTWG (andere Möglichkeiten etwa §§ 38 Abs. 1 oder Abs. 2 ZPO).

§ 4 Das Handelsregister (§§ 8 – 16)

I. Allgemeines

Der Zweck des Handelsregisters (HR), das von den Amtsgerichten geführt wird (§ 125 Abs. 1 FGG), besteht darin, Firmen sowie bestimmte Rechtsverhältnisse von Einzelkaufleuten und Handelsgesellschaften für Interessenten erkennbar zu machen. Zwar ist das HR, anders als das Grundbuch, nicht mit öffentlichem Glauben ausgestattet, dafür entfaltet es jedoch bestimmte Publizitätswirkungen (§ 15).

Das HR besteht aus den Abteilungen A und B. In Abteilung A werden die Einzelkaufleute und die Personenhandelsgesellschaften (OHG, KG), in Abteilung B die Kapitalgesellschaften (GmbH, AG, KGaA) eingetragen (für Vereine und Genossenschaften sind mit dem Vereins- und Genossenschaftsregister besondere Verlautbarungsmöglichkeiten geschaffen worden). Vermerkt werden nur diejenigen Tatsachen und Rechtsverhältnisse, die kraft Gesetzes eintragungsfähig sind.

In das HR und die dazu eingereichten Schriftstücke kann jedermann, ohne daß dafür – anders als beim Grundbuch (§ 12 Abs. 1 Satz 1 GBO) – ein besonderer Grund dargelegt werden muß, Einblick nehmen (§ 9 Abs.1). Auf Verlangen werden Abschriften/Fotokopien angefertigt, deren Zahl nicht beschränkt ist (§ 9 Abs. 2 Satz 1). Daher kann auch das gesamte HR vervielfältigt, nicht jedoch gefilmt werden (BGH NJW 1989, 2818). Diese Einschränkung ist jedoch angesichts des Umstandes, daß Fotokopien auch beliebig vervielfältigt und damit kommerzialisiert werden können, kaum noch verständlich. Mit der Einführung eines Computer-HR würde sich dieses Problem von selbst lösen.

Auf Wunsch bescheinigt das Registergericht auch, daß bezüglich des Gegenstands einer Eintragung weitere Eintragungen nicht vorhanden sind oder daß eine bestimmte Eintragung nicht erfolgt ist (sog. Negativattest, § 9 Abs. 4). Der Nachweis der Inhaberschaft einer eingetragenen Einzelfirma sowie der Vertretungsbefugnis eines

Einzelkaufmanns kann Behörden gegenüber durch ein Zeugnis des Registergerichts über die Eintragung geführt werden (§ 9 Abs. 3). Die Eintragungen werden im Bundesanzeiger und in einer weiteren Zeitung, die vom Gericht bestimmt wird, bekanntgemacht (§§ 10, 11). Die Anmeldungen zur Eintragung in das Handelsregister sowie die zur Aufbewahrung beim Registergericht bestimmten Zeichnungen von Unterschriften sind in öffentlich beglaubigter Form einzureichen; das bedeutet, daß die Unterschrift des Erklärenden von einem Notar beglaubigt sein muß (§ 12 HGB, § 129 BGB). Die gleiche Form ist für eine Vollmacht zur Anmeldung notwendig. Gesetzliche Vertreter haben bei der Anmeldung ihre Vertretungsmacht durch Vorlage der betreffenden Urkunden (z.B. der vormundschaftsgerichtlichen Bestellung) nachzuweisen. Erben haben ihre Eigenschaft als Rechtsnachfolger des Erblassers möglichst durch eine öffentliche Urkunde (z.B. einen Erbschein) darzutun.

Formelles Registerrecht (Überblick)

Handelsregister*

Eintragung
- eintragungspflichtiger Tatsachen
- eintragungsfähiger Tatsachen

auf Antrag!
Ausn.: Eintragungen, die von Amts wegen vorzunehmen sind; z.B. Erlöschen einer Firma (§ 31 II HGB, 141 FGG)
oder: Konkurs einer Firma (§ 32)

→ *vgl. auch:* §§ 125 a, 126 FGG; §§ 142, 143 FGG

Prüfung des RegG (§ 8):
→ FGG-Verfahren!
1. *Zuständigkeit*
a. *sachlich:* AG als RegG (§ 125 FGG)

Bekanntmachung (§ 10)
jede Eintragung ist durch das RegG bekanntzumachen

Ausn.: § 32 S. 3; § 34 V bzgl. Konkurs!

Publikationsorgan:
1. Bundesanzeiger
2. mind. ein weiteres Blatt (§§ 10, 11 HGB)

→ Bestimmung durch RegG mittels Aushang an Gerichtstafel und Mitteilung an IHK und Handwerkskammern (§ 11 HRV)
→ das gilt auch für GmbH *und* AG

Besonderheiten bzgl. GmbH und AG
GmbH
Mit der Eintragung entsteht die GmbH als jur. Person (§ 11 GmbHG). Bekanntmachung ist dafür nicht notwendig.

b. *örtlich:* Sitz der Niederlassung (§ 29 HGB)
Beachte: Besonderheiten bzgl. (Zweig-)Niederlassungen (§§ 13 – 13 c HGB)
c. *funktionell:* Aufteilung der Aufgaben zwischen Rechtspfleger (§ 3 II Nr. 2 RpflG) und Richter (§ 17 RpflG)
2. *Form (der Anmeldung):* § 12
3. Eintragungsfähigkeit der Tatsache
4. *Sachliche (inhaltliche) Prüfung* (sofern konkrete Anhaltspunkte auf die Unrichtigkeit der Anmeldung hindeuten)

Inhalt der Eintragung:
§ 10 I, II GmbHG (vgl. dazu i.e. Lutter/Hommelhoff, GmbHG, § 10 Rn 2-4)
Bekanntmachung der Eintragung
§ 10 III GmbH

AG
Mit der Eintragung entsteht AG als jur. Person (§ 41 AktG).
Inhalt der Eintragung:
§ 39 AktG
Bekanntmachung der Eintragung:
§ 40 I AktG; Inhalt der Eintragung sowie der weiteren Angaben

* Die Einzelheiten der Errichtung und Führung des Handelsregisters regelt die aufgrund § 125 III FGG erlassene Handelsregisterverfügung (HRV); § 3 HRV bestimmt, daß das Handelsregister aus 2 Abteilungen besteht: Abteilung A für Einzelkaufleute, OHG und KG sowie Abteilung B für Kapitalgesellschaften (GmbH, AG, KGaA.).

II. Die Publizitätswirkung des Handelsregisters (§ 15)

§ 15 knüpft an die (Nicht-)Eintragung bzw. (Nicht-)Bekanntmachung bestimmter Tatsachen die Rechtsfolge, daß die eingetragene und bekanntgemachte Tatsache einem Dritten grundsätzlich entgegengehalten werden kann (§ 15 Abs. 2 Satz 1), sofern nicht die Ausnahme des § 15 Abs. 2 Satz 2 vorliegt, während bei noch nicht erfolgter Eintragung oder zumindest Bekanntmachung ein gutgläubiger Dritter sich auf den alten, mit der materiellen Rechtslage nicht mehr in Einklang stehenden Inhalt der Eintragung berufen kann (§ 15 Abs. 1). Die Wirkung einer unrichtigen Bekanntmachung ist in § 15 Abs. 3 geregelt, der über den Wortlaut hinaus auch dann gilt, wenn bereits die Eintragung unrichtig ist.

Eine wichtige Besonderheit ist jedoch bei § 15 noch zu beachten: Die Vorschrift gilt nur für bestimmte Tatsachen, nämlich die eintragungspflichtigen Tatsachen die zusammen mit den eintragungsmöglichen Tatsachen die Gruppe der eintragungsfähigen Tatsachen bildet. Ihr stehen die nicht eintragungsfähigen Tatsachen

Das Handelsregister (§§ 8 – 16)

gegenüber. Ob eine Tatsache eintragungsfähig ist, ist an der Formulierung im Gesetz erkennbar. Es heißt dann üblicherweise: „... ist zur Eintragung in das HR anzumelden ..." oder „... ist eine einzutragende Tatsache." Nur für solche Tatsachen gilt § 15, und zwar unabhängig von der konstitutiven (rechtsbegründenden) oder deklaratorischen (rechtserklärenden) Wirkung der Tatsache.

Tatsachen

eintragungsfähige Tatsachen	nicht eintragungsfähige Tatsachen

eintragungspflichtige Tatsachen z.B. §§ 2 S. 2, 29, 31 II 1, 53 I, III, 125 III, 143	eintragungsmögliche Tatsachen z.B. §§ 3 II 1, 25 II, 28 II

konstitutive Eintragungen	deklaratorische Eintragungen

Obwohl eintragungspflichtige Tatsachen anhand des Gesetzeswortlauts leicht erkennbar sind, ist es wichtig, die weiteren Tatsachen zu kennen, die im HR verlautbart werden können/dürfen, aber nicht müssen, und, was schwieriger ist, von den nicht eintragungsfähigen Tatsachen abzugrenzen. Der Kreis solcher Tatsachen ist zunächst durch allgemeine Kriterien zu umschreiben und danach durch die Auflistung einzelner Tatsachen zu konkretisieren.

Nicht eintragungsfähige Tatsachen

spezielle Publikationsmöglichkeit (zB Grundbuch, Güterrechtsregister)	Zügigkeit des kaufmännischen Verkehrs würde andernfalls leiden	Entbehrlichkeit des mit der Eintragung verbundenen Vertrauensschutzes

*Diesen allgemeinen Kriterien sind bestimmte
Arten von Tatsachen zuzuordnen*

Güterrechtliche Tatsachen	Erbrechtliche Tatsachen	Persönliche Tatsachen
diese gehören in das Güterrechtsregister, zB die Gütertrennung	Vertretungsbefugnis eines Miterben bei ungeteilter Miterbengemeinschaft	Berufsbezeichnung
	Anordnung einer Testamentsvollstreckung für zum Nachlaß gehörendes Handelsgeschäft oder einen Kommanditanteil	Betreuung (früher Entmündigung)
		gesetzliche Vertreter eines Minderjährigen
	Nacherbenvermerk	andere handelsrechtliche Vollmachten außer der Prokura, selbst wenn die Handlungsvollmacht zur gemeinsamen Vertretung mit einem Prokuristen berechtigen soll
		Gegenstand eines Unternehmens, soweit nicht in der Firma enthalten
		Haftungskapital eines Kaufmanns oder einer Personenhandelsgesellschaft
		Minderkaufmannseigenschaft
		Tatsache, daß ein Kommanditist seine Einlage tatsächlich geleistet hat

Das Handelsregister (§§ 8 – 16)

> **§ 15**
>
> *Welche Wirkung hat die (Nicht-)Eintragung und/oder (Nicht-)Bekanntmachung einer eintragungspflichtigen Tatsache?*

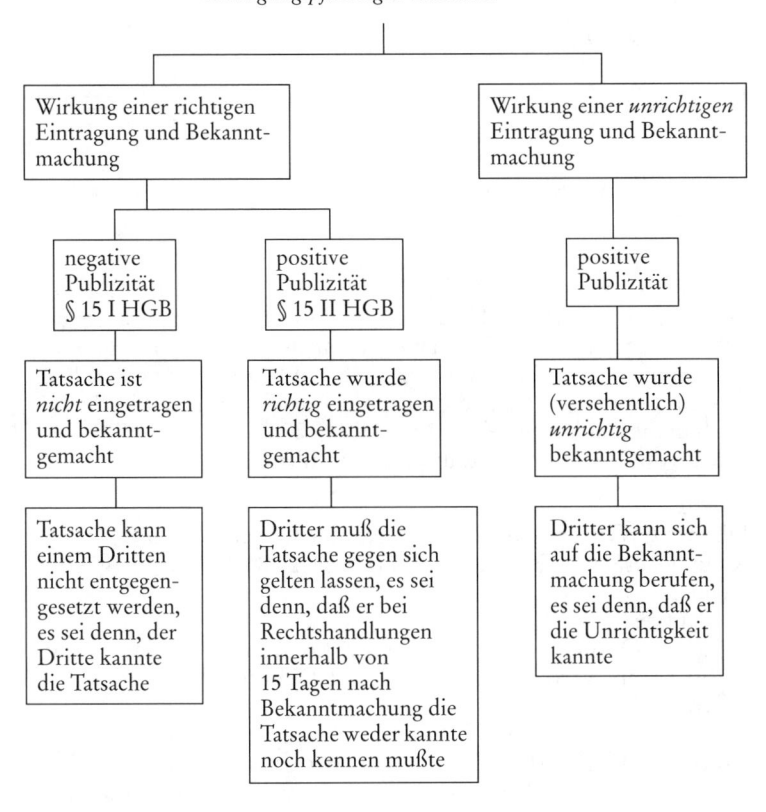

- **Wirkung einer richtigen Eintragung und Bekanntmachung**
  - **negative Publizität § 15 I HGB**
    - Tatsache ist *nicht* eingetragen und bekanntgemacht
    - Tatsache kann einem Dritten nicht entgegengesetzt werden, es sei denn, der Dritte kannte die Tatsache
  - **positive Publizität § 15 II HGB**
    - Tatsache wurde *richtig* eingetragen und bekanntgemacht
    - Dritter muß die Tatsache gegen sich gelten lassen, es sei denn, daß er bei Rechtshandlungen innerhalb von 15 Tagen nach Bekanntmachung die Tatsache weder kannte noch kennen mußte
- **Wirkung einer *unrichtigen* Eintragung und Bekanntmachung**
  - **positive Publizität**
    - Tatsache wurde (versehentlich) *unrichtig* bekanntgemacht
    - Dritter kann sich auf die Bekanntmachung berufen, es sei denn, daß er die Unrichtigkeit kannte

Übersicht: § 15

Übersicht: Anwendung des § 15 auf das Erteilen /Erlöschen der Prokura

				§ 15 I	§ 15 II 2	§15 II 1
Erteilung der Prokura (§ 15 I, str.)	Eintragung § 15 III	Bekanntmachung	Erlöschen der Prokura (*Widerruf* gem. § 52 I)	Eintragung	Bekanntmachung	15 Tage
§ 15 I (bzw. III?) (+)	*Anfechtung*					

III. Fälle mit Kurzlösungen

Fall 1:
Dem Prokuristen P der X-OHG wurde die Prokura am 10.2. entzogen, dies wurde am 15.2. ins Handelsregister eingetragen und bekanntgemacht. Am 20.2. schloß P mit K einen Vertrag über die Lieferung von 100 Computern an die X-OHG im Namen derselben. K kann beweisen, daß er die Löschung der Prokura weder kannte noch in diesem kurzen Zeitraum (15.2. – 20.2.) kennen mußte.
   Muß die X-OHG den Kaufpreis bezahlen?

Lösung:
Die X-OHG muß den Kaufpreis bezahlen, wenn zwischen ihr und K ein wirksamer Kaufvertrag, § 433 Abs. 2 BGB, zustande gekommen ist.
1. Kaufvertrag (+)
2. Die X-OHG hat nicht selbst mit K kontrahiert, sondern mit P.
3. Wirksame Vertretungsmacht des P, §§ 48ff HGB, 164 Abs. 1 BGB?
a. Am 10.2. wurde dem P die Prokura entzogen. Die Entziehung wurde gemäß § 53 Abs. 3 in das Handelsregister eingetragen und bekanntgemacht. Die Wirkung der Eintragung in das Handelsregister ist aber nur deklaratorisch. Somit hatte P am 10.2. keine Vertretungsmacht mehr.
b. Da die Löschung der Prokura am 15.2. bekanntgemacht wurde, muß der K sich diese Tatsache gemäß § 15 Abs. 2 Satz 1 zurechnen lassen.
c. *Ausnahme*: Zugunsten des K könnte jedoch § 15 Abs. 2 Satz 2 eingreifen.
   Die Regelung des § 15 Abs. 2 Satz 2 knüpft an den Tatbestand

des S. 1 an und macht eine Ausnahme von der Wirkung einer eingetragenen und bekanntgemachten Tatsache gegenüber Dritten bei Rechtshandlungen, die *innerhalb von fünfzehn Tagen* nach der Bekanntmachung vorgenommen werden. Jedoch muß der Dritte (hier der K) beweisen, daß er die Tatsache weder kannte noch kennen mußte. Ihm schadet nicht nur die positive Kenntnis, *sondern auch fahrlässige Unkenntnis* (§ 122 Abs. 2 BGB). Er muß bei Unkenntnis deshalb auch Tatsachen darlegen und beweisen, die den Vorwurf der Fahrlässigkeit beseitigen. Der Haftungsmaßstab ergibt sich aus § 276 Abs. 1 Satz 2 BGB. Für Kaufleute ist § 347 HGB maßgebend. Ein ordentlicher Kaufmann handelt grundsätzlich fahrlässig, wenn er sich über ordnungsgemäß bekanntgemachte Eintragungen im Handelsregister nicht unterrichtet (BGH NJW 1972, 1418, 1419). Ihn trifft eine allgemeine Informationspflicht hinsichtlich der Verhältnisse aller anderen Kaufleute. Diese weitgehende Informationspflicht wird im allgemeinen auch Nichtkaufleuten auferlegt. Mehr als die ordnungsgemäße Eintragung und Bekanntmachung kann von den Betroffenen nicht erwartet werden, um den guten Glauben Dritter zu beseitigen.

Im vorliegenden Fall konnte K beweisen, daß er die Löschung der Prokura nicht kannte und auch nicht kennen mußte. Der K kann sich somit auf die Schutzfrist von 15 Tagen berufen.

Ergebnis: Die X-OHG muß den Kaufpreis bezahlen.

Fall 1 (Abwandlung):
Wie wäre es, wenn P den Vertrag mit K erst am 15.3. getätigt hätte.

Lösung:
Eine Entlastung des K ist hier auf keinen Fall mehr möglich, da die Frist gemäß § 15 Abs. 2 Satz 2 abgelaufen ist. Die X-OHG braucht nicht zahlen.

Fall 2:
Dem Prokuristen P wurde die ordnungsgemäß erteilte Prokura am 1.2. widerrufen. Am 1.4. schließt P im Namen der X-OHG mit D einen Kaufvertrag. Als D Erfüllung verlangt, macht die X-OHG geltend, P habe keine Prokura gehabt. D wendet ein, er habe vom Widerruf nichts gewußt, dieser sei auch nicht eingetragen (was stimmt).
Muß die X-OHG den Kaufpreis bezahlen?

Lösung:
Anspruch entstanden?

Zwischen der X-OHG, vertreten durch P, müßte mit dem D ein Kaufvertrag, § 433 Abs. 2 BGB, wirksam zustande gekommen sein.
A. Kaufvertrag (+)
B. Wirksame Vertretung durch P?
1. Die Prokura des P war bei Geschäftsabschluß bereits erloschen. Die Eintragung des Widerrufs wirkt nur deklaratorisch.
2. Anwendbarkeit des § 15 Abs. 1 HGB?
a. Widerruf ist eine eintragungspflichtige Tatsache, § 53 Abs. 3.
b. Widerruf war nicht eingetragen und bekanntgemacht.
c. Gutgläubigkeit des D: Es würde nur positive Kenntnis schaden, die unstreitig nicht vorliegt.
d. Ursächlichkeit des guten Glaubens für den Vertragsschluß ist gegeben.

Ergebnis: Die X-OHG muß den Kaufpreis an den D zahlen, da sie sich gegenüber D nicht gem. § 15 Abs. 1 auf den Widerruf der Prokura berufen kann. (D könnte es aber, da § 15 HGB nicht zu seinen Lasten wirkt).

Fall 3:

A verkauft sein Einzelhandelsunternehmen an Herrn P unter Fortführung der Firma, jedoch mit der Abrede, daß dieser für seine Geschäftsschulden nicht zu haften habe. Die Eintragung dieser Vereinbarung ins Handelsregister unterbleibt. Der Gläubiger G kennt diese Vereinbarung (aber nicht von A oder P), verlangt jedoch von P Bezahlung für ein noch von A getätigtes Geschäft.
Kann G Zahlung von P verlangen?

Lösung:
1. Die Voraussetzungen des § 25 Abs. 1 für eine Haftung des P sind grundsätzlich gegeben, da P ein Einzelhandelsgeschäft durch Vertrag unter Lebenden übernahm und auch die Firma fortführte.
2. Die abweichende Vereinbarung zwischen A und P gemäß § 25 Abs. 2 HGB ist mangels Eintragung und Bekanntmachung gegenüber G unwirksam; auch eine Mitteilung durch A oder P ist nicht erfolgt.
3. Anwendbarkeit des § 15 Abs. 1?
Folge: Wenn § 15 Abs. 1 anwendbar wäre, brauchte P nicht zu zahlen, weil dem G die Vereinbarung bekannt war.
Nach h.M. ist § 25 Abs. 1 jedoch nicht ausgeschlossen, da § 25 Abs. 2 keine eintragungspflichtige, sondern eine eintragungsfähige Tatsache ist, auf die § 15 keine Anwendung findet.

Ergebnis: Der Haftungsausschluß wirkt mangels Eintragung und Bekanntmachung auch nicht gegen solche Gläubiger, die ihn kennen, sofern die Kenntnis nicht von A/P erlangt worden ist. G kann von P Zahlung verlangen.

Fall 4:
Der Fabrikant K hatte seinem Prokuristen P zum 31.3. fristgerecht gekündigt. Das Erlöschen der Prokura wurde am 5.4. in das Handelsregister eingetragen und am 8.4. bekanntgemacht. P tätigte aus Rache am 19.4. bei der Maschinenfabrik Huber, bei der das Erlöschen der Prokura noch nicht bekannt war, einen für K nutzlosen Maschinenkauf.
Kann Huber von K Zahlung der Maschine verlangen?

Lösung:
K muß gem. § 433 Abs. 2 BGB den Kaufpreis bezahlen, wenn ein wirksamer Vertrag zwischen ihm und Huber zustande gekommen ist. Da K bei Vertragsschluß nicht selbst handelte, kann ein Vertrag nur dann wirksam zustande gekommen sein, wenn K durch P wirksam vertreten wurde, §§ 48ff HGB, 164 Abs. 1 BGB.
1. Mit Ablauf des 31.3. erlosch die Prokura des P, denn die Eintragung wirkt nur deklaratorisch, § 53 Abs. 3.
2. § 15 Abs. 1 ändert daran nichts, denn bei Vertragsschluß war das Erlöschen schon eingetragen und bekanntgemacht.
3. Gemäß § 15 Abs. 2 Satz 1 muß sich der Huber die eingetragene und bekanntgemachte Tatsache zurechnen lassen.
4. Huber könnte jedoch die gemäß § 15 Abs. 2 Satz 2 vorgesehene 15-Tage-Schutzfrist in Anspruch nehmen.
Er müßte beweisen, daß er die Tatsache weder kannte noch kennen mußte. Ob dies hier der Fall ist, ist *Tatfrage*.
(s. auch die in Fall 1 ausführlich behandelte Problematik).

Fall 4 (Abwandlung):
Muß K den Kaufpreis bezahlen, wenn zwischen K und der Firma Huber eine Vereinbarung bestand, wonach Änderungen der Vertretungsverhältnisse umgehend mitzuteilen sind, eine Mitteilung aber unterblieben ist?

Lösung:
Auch hier würde § 15 Abs. 2 Satz 2 eingreifen. Aufgrund der zwischen K und Huber bestehenden Vereinbarung durfte sich letzterer darauf verlassen, daß er eine Mitteilung vom Widerruf der Prokura des P erhalten würde. Da am 19.4. seit der Bekanntmachung vom

8.4. noch keine 15-Tage verstrichen waren, ist K zur Zahlung verpflichtet.

Fall 5:
K hatte zum 1.4. Herrn Müller eingestellt und diesem Prokura erteilt. Nachdem die Erteilung der Prokura in das Handelsregister eingetragen und bekanntgemacht worden war, stellte K fest, daß Müller wegen Betrug und Unterschlagung vorbestraft war. Im Rahmen des Bewerbungsgesprächs hatte dieser – trotz Befragens – dazu geschwiegen. K machte von seinem Anfechtungsrecht Gebrauch und ficht den Anstellungsvertrag sowie die Prokuraerteilung wegen arglistiger Täuschung an. Müller hatte jedoch in der Zwischenzeit bei der C-Bank namens des K einen Kredit aufgenommen und sich in bar auszahlen lassen.

Haftet K der C-Bank auf Rückzahlung des von Müller aufgenommenen Kredits?

Lösung:
Ein Anspruch der C-Bank gegen K besteht gem. § 607 BGB, wenn K von Müller wirksam vertreten wurde, §§ 48ff HGB, 164 Abs. 1 BGB.
1. Die Prokura wurde wirksam erteilt.
2. Bei Abschluß des Darlehensvertrags, § 607 BGB, hatte Müller noch Vertretungsmacht.
3. K hat die Prokuraerteilung jedoch später wegen arglistiger Täuschung angefochten, § 123 Abs. 1 BGB. Diese Anfechtung wirkt ex tunc, d.h. rückwirkend, auf die Erteilung zurück, § 142 Abs. 1 BGB. Danach hätte er den K nicht wirksam vertreten können.
Ausnahme: Anwendbarkeit des § 15 Abs. 1?
Da das Erlöschen der Prokura durch die Anfechtung bei Abschluß des Vertrages im Handelsregister noch nicht eingetragen und bekanntgemacht war, kann K dies der C-Bank nicht gemäß § 15 Abs. 1 entgegenhalten. Die C-Bank hatte darüber hinaus auch keine positive Kenntnis.
4. Die C-Bank könnte sich aber auch auf § 15 Abs. 3 berufen.
Aufgrund der Rückwirkung der Anfechtung hatte Müller nie Prokura, d.h. die Prokuraerteilung als eintragungspflichtige Tatsache (§ 53 Abs. 1) war als Tatsache unrichtig – da nicht bestehend – eingetragen und demgemäß auch unrichtig bekanntgemacht. Auch auf diesen Fall ist § 15 Abs. 3 über seinen Wortlaut hinaus – Anknüpfung an eine unrichtige Bekanntmachung – anwendbar. Die C-Bank war

gutgläubig und ihr guter Glaube war ursächlich für den Abschluß des Darlehensvertrages.

Ergebnis: Die C-Bank kann die Rückzahlung des Darlehens von K verlangen.

Fall 6:
K ernennt den P zum Prokuristen. Dieser wird richtig eingetragen, in der Bekanntmachung jedoch der X genannt. X schließt mit D im Namen des K einen Kaufvertrag ab.
Muß K den Kaufpreis zahlen?

Lösung:
Ein Anspruch des D auf den Kaufpreis aus § 433 Abs. 2 BGB besteht, wenn K wirksam von X vertreten wurde.
1. K hatte nicht dem X Prokura erteilt, sondern dem P.
   Grundsätzlich muß sich der K das Handeln des X nicht zurechnen lassen.
2. Es liegen jedoch die Voraussetzungen des § 15 Abs. 3 vor. Die Eintragung der Prokura für P ist eine Tatsache, die unrichtig bekanntgemacht wurde.

Ergebnis: Falls sich D auf die Vorschrift des § 15 Abs. 3 beruft (was er aber auch unterlassen kann), muß K den Kaufpreis bezahlen.

Fall 7:
K ernennt P zum Prokuristen, eingetragen wird dieser aber im Handelsregisterblatt des Kaufmanns Meyer. Es erfolgt eine entsprechende Bekanntmachung. P schließt einen Vertrag im Namen des Meyer mit D.
Muß Meyer den Kaufpreis bezahlen?

Lösung:
Anspruchsgrundlage: § 433 Abs. 2 BGB.
Wirksamer Kaufvertrag zwischen Meyer und D?
1. Kaufvertrag (+)
2. Meyer hat nicht selbst kontrahiert, sondern P.
3. Wirksame Vertretungsmacht des P?
   P hat von Meyer keine Prokura erteilt bekommen.
4. Positiver Gutglaubensschutz, § 15 Abs. 3?
   Nach h.M. muß das Tatbestandsmerkmal „in dessen Angelegenheiten" iSv § 15 Abs. 3 so verstanden werden, daß derjenige, auf dessen Handelsregisterblatt eine Eintragung erfolgt, den Rechts-

schein auch *veranlaßt*, also einen Antrag gestellt haben muß. Dieses war bei Meyer nicht der Fall.

Ergebnis: Meyer muß den Kaufpreis nicht bezahlen.

IV. Fragen zur Wiederholung und Vertiefung

1. Was bedeuten die Begriffe der positiven und negativen Publizität?
2. In welcher Form müssen Eintragungen zum Handelsregister bei welcher Behörde angemeldet werden?
3. Muß für die Einsichtnahme in das Handelsregister ein besonderes Interesse dargetan werden? Können Abschriften verlangt werden? Auch für das gesamte Handelsregister eines jeden Registergerichts?
4. Geben Sie jeweils nur mit „ja" bzw. „nein" an, für welche der folgenden Handelsregistereintragungen der § 15 anwendbar bzw. nicht anwendbar ist:
a. Widerruf einer Prokura
b. Eintragung einer Vereinbarung nach § 25 Abs. 2
c. Ausscheiden eines Gesellschafters (§ 143 Abs. 2)
d. Eintragung einer Vereinbarung nach § 28 Abs. 2
e. Eintragung als Kaufmann im Sinne von § 2
f. Erteilung einer Prokura
5. Welche Arten von Tatsachen unterscheidet man und für welche gilt § 15?
6. Ist das Haftungskapital einer OHG (Einlageleistungen der Gesellschafter) eine eintragungspflichtige Tatsache?
7. Nennen Sie drei Beispiele für eine eintragungsmögliche Tatsache?
8. Die Erteilung einer Prokura an P durch den Vollkaufmann V wird im Handelsregister richtig eingetragen, in der Bekanntmachung wird jedoch fälschlich eine andere Person, der X, als Prokurist genannt. Muß V einen Kaufvertrag erfüllen, den X mit einem Dritten im Namen des V abgeschlossen hat, wenn der Dritte die Unrichtigkeit der Bekanntmachung fahrlässig nicht kannte?
9. Der Kaufmann K erteilt eine Prokura an P. Die Eintragung dieser Prokura ins Handelsregister erfolgt ordnungsgemäß,

Das Handelsregister (§§ 8 – 16)

bei der Bekanntmachung der Eintragung durch das Registergericht wird aber versehentlich der T als Prokurist genannt.
a. Muß K einen Vertrag erfüllen, den T in seinem Namen mit V abgeschlossen hat? Ändert sich etwas am Ergebnis, wenn V weiß, daß die Bekanntmachung falsch ist?
b. Angenommen, V meint, das mit T abgeschlossene Geschäft sei für ihn nachteilig. Muß er den Vertrag trotzdem erfüllen?

Antworten

1. Publizität bedeutet, daß die im Handelsregister bestehende und bekanntgemachte Eintragung einer eintragungspflichtigen Tatsache grundsätzlich gilt (§ 15 Abs. 2 Satz 1 – positive Publizität). Daraus folgt, daß eine nach materiellem Recht eingetretene Änderung vor ihrer Eintragung und Bekanntmachung einem Dritten nur bei dessen positiver Kenntnis entgegengesetzt werden kann (§ 15 Abs. 1 – negative Publizität).
2. Die Anmeldungen zur Eintragung in das Handelsregister sind in öffentlich beglaubigter Form einzureichen, § 12 Abs. 1. Zuständig ist das Amtsgericht, §§ 8 HGB, 125 Abs. 1 FGG.
3. Anders als für die Einsichtnahme in das Grundbuch (s. § 12 Abs. 1 Satz 1 GBO) muß für die Einsichtnahme in das Handelsregister kein besonderes Interesse dargetan werden. Nach § 9 Abs. 1 ist dies jedermann – ohne Angabe von Gründen – gestattet. Abschriften/Kopien können nach § 9 Abs. 2 Satz 1 gefordert werden. Nach neuester BGH-Rechtsprechung erstreckt sich dieses Recht auf das gesamte Handelsregister.
4.a. ja
b. nein
c. ja
d. nein
e. ja
f. ja
5. Man unterscheidet eintragungsunfähige und eintragungsfähige Tatsachen; letztere sind entweder eintragungsmöglich oder, worauf § 15 unabhängig von einer konstitutiven oder deklaratorischen Wirkung allein anwendbar ist, eintragungspflichtig.
6. Nein, da aufgrund der unbeschränkten persönlichen Haftung (§ 128 HGB) ein ausreichender Verkehrsschutz besteht.

7. § 3 – Eintragung eines Land- oder Forstwirts, die die Kannkaufmannseigenschaft begründet
   § 25 Abs. 2 – Haftungsausschluß oder -beschränkung des Erwerbers eines Handelsgeschäfts, dessen Firma er fortführt, bzw. Übergang/Nichtübergang der Altschulden
   § 28 Abs. 2 – Vorschrift erfaßt die beiden Fälle des § 25 Abs. 2, Abs. 1 für den Fall des Eintritts eines Komplementärs oder eines Kommanditisten in eine OHG/KG unabhängig von der Frage der Firmenfortführung
8. Trotz fehlender Prokuraerteilung an X könnte V das von diesem abgeschlossene Geschäft gegen sich gelten lassen müssen, wenn hier § 15 Abs. 3 eingreift.
   Die Prokuraerteilung an P ist eine gemäß § 53 Abs. 1 eintragungspflichtige Tatsache, die hier unrichtig bekanntgemacht wurde.
   Nach § 15 Abs. 3 würde nur positive Kenntnis des D von der Unrichtigkeit schaden, nicht die hier gegebene fahrlässige Unkenntnis. Wenn sich D daher auf die Bekanntmachung der Prokuraerteilung beruft (was er nicht muß), muß V den Kaufvertrag erfüllen.
9.a. K hat zwar T keine Prokura erteilt. Auf die Prokura als eintragungspflichtige Tatsache ist jedoch § 15 anwendbar.
   Nach § 15 Abs. 3 muß daher K die unrichtige Bekanntmachung grundsätzlich gegen sich gelten lassen (d.h. er ist dann so zu behandeln, als wenn er T Prokura erteilt hätte), so daß er aus dem Vertrag verpflichtet wird.
   Bei Kenntnis des V von der Unrichtigkeit der Bekanntmachung kann er K dagegen nicht in Anspruch nehmen, weil nach § 15 Abs. 3 die positive Kenntnis gerade zur Nichtanwendung dieser Vorschrift führt.
b. § 15 Abs. 3 gibt dem Dritten (hier also dem V) ein Wahlrecht, ob er sich auf die Eintragung oder auf die tatsächliche Rechtslage berufen will („Rosinentheorie"); V kann also ohne weiteres geltend machen, daß T keine Prokura für K hatte, so daß V an diesen Vertrag nicht gebunden ist.

§5 Grundsätze der Firmenbildung

A. Begriff

Die Firma ist nach § 17 Abs. 1 der Name, unter dem ein Vollkaufmann, Handelsgesellschaften (OHG, KG, AG, KGaA, GmbH) und eingetragene Genossenschaften im rechtsgeschäftlichen Verkehr auftreten, d.h. ihre Geschäfte betreiben und ihre Unterschriften abgeben (vgl. zur Unterschrift auch § 29, 2. Hs.).
Unter diesem Namen können sie nach § 17 Abs. 2 selber klagen und verklagt werden (sog. Aktiv- und Passivlegitimation). Partei in einem Zivilprozeß ist aber nicht die Firma, sondern der Inhaber des Unternehmens.
Firmen können nur von Vollkaufleuten, Handelsgesellschaften und Genossenschaften gebildet werden.
Keine Firma dürfen daher Minderkaufleute führen (§ 4 Abs. 1), Freiberufler und Gesellschaften des Bürgerlichen Rechts, die, sofern sie keinen ideellen Zweck verfolgen, minderkaufmännisch tätig sein müssen; bei vollkaufmännischem Geschäftsbetrieb handelt es sich um eine OHG (§ 105 Abs. 1, 4 Abs. 2).

B. Abgrenzung

Von der Firma zu unterscheiden sind sog. Geschäftsbezeichnungen (früher Etablissementsbezeichnungen).
Bsp.: Hotel Goldener Löwe, Eis-Cafe Venezia
Solche Bezeichnungen des Unternehmens dürfen diejenigen führen, die nicht zur Firmierung berechtigt sind (z.B. Minderkaufleute), sofern durch die Bezeichnung keine Firmenähnlichkeit entsteht (z.B. unzulässig: Anton A, Inhaber Bert B, Dachdeckergeschäft), und Vollkaufleute als Zusatz zur Firma (z.B. Eis-Café Venezia, Inhaber Antonio Gelatti).
Geschäftsbezeichnungen unterscheiden sich von der Firma dadurch, daß sie nicht den Inhaber der Firma individualisieren, son-

dern auf das Unternehmen selbst hinweisen. Um eine Verwechslung zu verhindern, dürfen Geschäftsbezeichnungen daher nicht firmenähnlich sein (Bsp.: „Gebrüder Müller", „... & Co", „... & Cie"), weil sonst der Eindruck des Vorliegens eines vollkaufmännischen Gewerbes entsteht.

C. Arten der Firma (Begriffe)

Einzelfirma	Unternehmensträger ist Einzelkaufmann
Gesellschaftsfirma	Unternehmensträger ist eine Gesellschaft
Personalfirma	Firmenkern besteht aus dem Familiennamen
Sachfirma	Firmenkern ist die Sachbezeichnung
einfache Firma	sie besteht nur aus dem Firmenkern
zusammengesetzte Firma	Firmenkern plus Zusatz
originäre Firma	erstmalige Firmierung bei Neugründung
abgeleitete Firma	Firma nach Übernahme

D. Grundsätze des Firmenrechts

Wie oben dargelegt, soll mit der Firma, dem Namen des Kaufmanns, der Inhaber des Unternehmens bezeichnet werden, nicht das Unternehmen selbst.

Zum Schutz des Rechtsverkehrs darf über den Unternehmensträger nicht getäuscht werden, vielmehr ist eine zutreffende Bezeichnung erforderlich. Zugleich aber hat auch der Unternehmer ein Interesse daran, daß seine Firma, unter der er im Rechtsverkehr auftritt, als wettbewerblich wichtiger Teil des Unternehmens nicht mißbräuchlich verwendet wird.

Das Gesetz enthält daher in §§ 18 ff HGB, 4 GmbHG, 279 AktG, 3 GenG zwingende Vorschriften über die Art und Weise der Firmenbildung.

Es gelten die Grundsätze der
Firmenwahrheit
Firmenausschließlichkeit
Firmeneinheit
Firmenöffentlichkeit
Firmenbeständigkeit

I. Firmenwahrheit (§ 18 Abs. 2)

Die originäre Firma muß so gebildet werden, daß beim Einzelkaufmann nicht der Eindruck des Vorliegens eines Gesellschaftsverhältnisses entsteht, und bei allen Kaufleuten und Handelsgesellschaften darf keine Täuschung über Art und Umfang des Geschäftes oder die Verhältnisse des Geschäftsinhabers herbeigeführt werden.

Der Begriff der Täuschung ist nach hM identisch mit dem Begriff der Irreführung in § 3 UWG, d.h. Täuschungsgefahr ist dann gegeben, wenn ein nicht unerheblicher Teil des von der Firma angesprochenen Verkehrskreises über die rechtsgeschäftliche und wettbewerbliche Leistungsfähigkeit des Unternehmers irregeführt wird, z.B. Kunden, Lieferanten, Banken. Ausreichend ist dabei die Eignung zur Täuschung.

Eine Ausnahme hiervon macht § 18 Abs. 2 Satz 2, wonach Zusätze, die zur Unterscheidung der Person oder des Geschäfts dienen, zulässig sind. Dies ist häufig sogar geboten, um eine Verwechslungsgefahr mehrerer gleichlautend Firmierender auszuschließen (Grundsatz der Firmenausschließlichkeit, s.u. II).

Unzulässig sind
1. Titel in der Firma, wenn der Inhaber des Unternehmens nicht zur Führung berechtigt ist (z.B. Adelstitel, akademische Grade)
2. Gebiets- oder Stadtangaben, wenn es sich nicht um ein führendes Unternehmen mit einem erheblichen Marktanteil handelt (z.B. „Berliner Wohnungsbaugesellschaft" ist bei einem Marktanteil von 14 % unzulässig)
3. Angaben wie „international" oder „Europa ...", sofern keine entsprechende Bedeutung und internationale Beziehungen vorliegen
4. Verwendung einer anderweitig geschützten Bezeichnung, z.B. „Bank", „Invest", „Unternehmensbeteiligungsgesellschaft", Architekt, Rechtsanwalt, Wirtschaftsprüfer, Steuerberater
5. Verwendung von Bezeichnungen als „Spezialfirma für ..." oder

Branchenbezeichnungen, sofern keine entsprechende Spezialisierung vorliegt oder von der Branchenüblichkeit abgewichen wird.

II. Firmenausschließlichkeit (§ 30)

Der Grundsatz der Firmenwahrheit wird durch den der Firmenausschließlichkeit des § 30 durchbrochen. Jede neue Firma muß sich gemäß § 30 Abs. 1 von bereits in demselben Ort oder derselben Gemeinde vorhandenen Firmen unterscheiden. Von zwei Einzelkaufleuten mit gleichlautendem Vor- und Familiennamen muß der später firmierende Kaufmann nach § 30 Abs. 2 einen unterscheidungskräftigen Zusatz führen (sog. Prioritätsprinzip), wie zB einen zweiten Vornamen aufnehmen oder einen Sachzusatz beifügen.

Dieser Grundsatz gilt auch für die GmbH & Co. KG: die Firma der beiden rechtlich selbständigen Gesellschaften (GmbH und KG) müssen sich deutlich voneinander unterscheiden. Unzulässig ist daher die Firma „X-Verwaltungs-GmbH & Co. KG", wenn die KG keine Verwaltungstätigkeiten ausführt, sondern selber Handel treibt.

III. Firmeneinheit

1. Ein Unternehmen – eine Firma

Jeder Kaufmann und jede Handelsgesellschaft darf für einen Geschäftsbetrieb grundsätzlich nur eine Firma führen, schlagwortartig ausgedrückt „Ein Unternehmen – eine Firma". Eine Handelsgesellschaft kann niemals mehr als eine Firma führen, weil es sich immer nur um eine Handelsgesellschaft handelt, auch wenn ein zweites Unternehmen mit eigener Firma hinzugenommen wird. Ein Einzelkaufmann kann hingegen zwei Firmen führen, sofern diese beiden Unternehmen organisatorisch und rechtlich streng getrennt geführt werden. Dieser Fall ist jedoch regelmäßig nicht anzunehmen, wenn die Unternehmen dem gleichen Geschäftszweig angehören.

Ein weiterer Fall mehrfacher Firmierung ist der der Fortführung der alten Firma bei Erwerb des Handelsgeschäfts nach § 22. Umstritten ist, ob ein Einzelkaufmann zwei Firmen führen darf, wenn er zwei vormals selbständige Unternehmen zusammenführt und als ein Unternehmen weiterführt (so OLG Düsseldorf NJW 1954, 151).

Dies ist angesichts der gefährlichen Unsicherheit im Rechtsverkehr in einem solchen Fall abzulehnen (vgl. *K. Schmidt*, Handelsrecht, § 12 II 2 b).

2. Die Firma der Zweigniederlassung
Eine Ausnahme vom Prinzip der Firmeneinheit stellt die Firma der Zweigniederlassung dar.
a. Aus § 30 Abs. 3 und § 50 Abs. 3 folgt, daß die Zweigniederlassung eines Unternehmens unter einer eigenen Filialfirma weiterbetrieben werden kann. Nach h.M. ist dabei nicht erforderlich, daß die Firma der Zweigniederlassung den Firmenkern der Hauptniederlassung enthalten muß. Daraus folgt, daß ein hinzuerworbenes Unternehmen ohne Änderung unter der Filialfirma fortgeführt werden kann, wenn die Voraussetzungen einer Filiale vorliegen.

Eine Filiale ist durch eine gewisse Abhängigkeit von der Hauptniederlassung gekennzeichnet, die dahingehend besteht, daß wesentliche Geschäfte des Unternehmens betrieben werden. Weiteres Kennzeichen ist eine räumliche und organisatorische Selbständigkeit, die sich durch einen eigenen Sitz (vgl. §§ 17, 21 ZPO), Filialprokura (§ 50 Abs. 3) und typischerweise durch eine gesonderte Vermögensverwaltung und Buchführung ausdrückt. Die Filiale tritt nach außen als selbständiges Unternehmen in Erscheinung, ist im Innenverhältnis aber weisungsgebunden.

Bsp.: Die X-GmbH erwirbt die Y-OHG. Die Filiale kann als Y-OHG, Inhaber X-GmbH firmieren; der GmbH-Zusatz ist allerdings unentbehrlich (§ 4 II. GmbHG).
b. Nach § 30 Abs. 3 muß die Filiale aber wiederum den Grundsatz der Firmenausschließlichkeit wahren. Daneben gilt auch der Grundsatz der Firmenwahrheit.

IV. Firmenöffentlichkeit (§ 29)

Dieser Grundsatz besagt, daß die Firma der Öffentlichkeit bekannt gemacht werden muß. Dieses Publizitätserfordernis durch Eintragung ins Handelsregister (oder im Fall der Genossenschaft ins Genossenschaftsregister) verlangt § 29. Anzumelden ist die Firma durch den Kaufmann, der das Geschäft im eigenen Namen betreibt. Das Verfahren richtet sich nach §§ 8 – 14. Anzumelden ist auch die Filialfirma.

§ 15 a Abs. 2 GewO verpflichtet darüber hinaus den Gewerbetreibenden, der eine offene Verkaufsstelle oder eine Gastwirtschaft betreibt, neben seinem Familiennamen auch die Firma an seiner Betriebsstätte deutlich sichtbar anzubringen.

V. Firmenbeständigkeit (§§ 21, 22, 24)

Der Grundsatz der Firmenwahrheit erfährt eine starke Durchbrechung durch den Grundsatz der Firmenbeständigkeit, wonach der Kaufmann eine Firma fortführen darf, obwohl sie im Firmenkern unrichtig geworden ist.

Hierunter fallen die Firmenfortführung bei Namensänderung (§ 21), bei Erwerb eines einzelkaufmännischen Handelsgeschäfts unter Lebenden oder durch Erbfolge von Todes wegen (§ 22) und bei Eintritt als Gesellschafter in ein einzelkaufmännisches Unternehmen bzw. Ein- oder Austritt von Gesellschaftern (§ 24). Ein unbedeutender Sonderfall findet sich in Art. 22 EGHGB, wonach Firmen fortgeführt werden dürfen, die vor Inkrafttreten des HGB am 1.1.1900 zulässigerweise geführt wurden.

Der Grund für die Durchbrechung ist die Tatsache, daß die Firma im wirtschaftlichen Verkehr einen erheblichen Vermögenswert darstellen kann. *Eingeschränkt* wird der Grundsatz der Firmenbeständigkeit wiederum durch § 19 Abs. 5 und bei Täuschungsgefahr.

1. § 21: Namensänderung

Nach § 21 ist es zulässig, bei Namenswechsel des Einzelkaufmanns oder eines in der Firma einer OHG oder KG genannten Gesellschafters die alte Firma unverändert fortzuführen. § 21 gilt entsprechend, wenn bei der Firma einer GmbH, AG oder KGaA ein Gesellschafter namentlich aufgeführt ist.

Fälle des Namenswechsels sind u.a. Heirat, Adoption und Wiederaufnahme des früheren Namens im Falle eines verwitweten oder geschiedenen Ehegattens.

Möglich ist sogar eine Eintragung der alten Firma nach Namensänderung, sofern die Firma zu Recht bestand, das Geschäft tatsächlich betrieben wurde und der Inhaber Vollkaufmann ist.

Bsp.: Isabella Müller heiratet Herbert Schulz und heißt fortan Schulz. Die Firma „Isabella Müller" darf von ihr weiter geführt werden. Auch die „Meier und Müller OHG" muß ihre Firma nicht ändern.

2. § 22: Erwerb unter Lebenden oder von Todes wegen

In diesen Fällen darf der Erwerber mit Einwilligung des früheren Geschäftsinhabers bzw. seines/seiner Erben die alte Firma nach § 22 Abs. 1 fortführen. Hierzu ist er aber keinesfalls verpflichtet.
a. Folgende Voraussetzungen müssen erfüllt sein:
aa. Die alte Firma besteht zu Recht.
bb. Das Handelsgewerbe wurde tatsächlich fortgeführt.
cc. Der Veräußerer ist Vollkaufmann.
Eine Voreintragung der Firma im Handelsregister ist dagegen nicht erforderlich. Unzulässig ist die Firmenfortführung, wenn die Firma in der Person des Erwerbers nicht zulässig ist, zB bei Erwerb durch den Minderkaufmann.
b. Fortführung der Firma bedeutet unveränderte Fortführung, so daß keine Zusätze zur alten Firma zulässig sind. Ebensowenig dürfen Teile der alten Firma weggelassen werden. Zulässig ist jedoch nach § 22 Abs. 1 ein *Nachfolgevermerk*, aus dem eindeutig hervorgehen muß, wer nun Inhaber ist. Bsp.: A & B Nachfolger, A & B Nachfolger C, C vormals A & B.
Unzulässig ist ein Nachfolgevermerk, wenn Zweifel entstehen können, wer nun tatsächlich Inhaber des Unternehmens ist (vgl. OLG Celle BB 1974, 387).
c. Der Veräußerer muß in die Firmenfortführung einwilligen. Wenn das Gesetz eine ausdrückliche Einwilligung verlangt, ist damit nur gemeint, daß die Einwilligung zweifelsfrei vorliegen muß, d.h. auch eine konkludente (=stillschweigende) Einwilligung ist möglich (zB durch Anmeldung des Ausscheidens aus dem Handelsregister nach § 143 Abs. 2 zusammen mit den verbleibenden Gesellschaftern). Im Zweifel wird in die Firmenfortführung nicht automatisch mit der Übertragung des Handelsgeschäft eingewilligt (*Baumbach/Duden/Hopt*, HGB § 22 Rn 8).
Die Übertragung einer Firma erfolgt durch Abtretung des Rechts nach §§ 398, 413 BGB. Anzumerken ist, daß nach § 23 die Firma nicht ohne das zugrundeliegende Handelsgeschäft veräußert werden darf, während umgekehrt das Handelsgeschäft ohne die Firma veräußert werden kann.
d. Einen Sonderfall bildet der Erwerb der Firma durch Konkurs des Handelsgeschäfts. In diesem Fall kann die Firma nur mit Einwilligung des Namensträgers übergehen, soweit es sich um einen Einzelkaufmann oder eine Personengesellschaft (OHG/KG) handelt. Dies folgt aus dem Namensrecht (§ 12 BGB; vgl. unten: Schutz der

Firma), das auch über den Konkurs hinaus geschützt wird. Der Gemeinschuldner (also derjenige, über dessen Vermögen das Konkursverfahren eröffnet ist) unterliegt aber insofern einer Verfügungsbeschränkung über das Recht an der Firma, als er ohne die Zustimmung des Konkursverwalters nicht eine Löschung der Firma im Handelsregister vornehmen lassen kann.

Anders ist es, wenn kein Name in der Firma auftauchen muß (zB bei GmbH oder AG): hier unterliegt das Recht an der Firma ausschließlich dem Konkursverwalter, der keiner Zustimmung zur Übertragung der Firma bedarf.

e. Dem Erwerb gleichgestellt ist der Erwerb der Firma durch Übernahme des Handelsgeschäfts aufgrund Nießbrauchs, Pachtvertrages oder eines ähnlichen Rechtsverhältnisses, § 22 Abs. 2.

Pachtet also X das Unternehmen von Y, kann er als X firmieren oder als Y mit Einwilligung des Y oder mit einem Nachfolgevermerk Y Nachfolger X.

f. Ein weiterer Fall des § 22 ist die Einbringung eines Unternehmens in eine Gesellschaft. Die alte Firma darf fortgeführt werden, es sei denn, es ist kein persönlich haftender Gesellschafter eine natürliche Person. In diesem Fall ist nach § 19 Abs. 5 Satz 1 die Haftungsbeschränkung zu kennzeichnen.

Bsp.: X und Y gründen eine GmbH, in die Y ein von Z erworbenes einzelkaufmännisches Unternehmen einbringt, das mit Einwilligung des Z als „Z" firmiert. Die neue Firma lautet nun „Z-GmbH"; § 22, 19 Abs. 5 Satz 1, 4 Abs. 1 Satz 3, 4 Abs. 2 GmbHG.

Der Grundsatz der Firmenwahrheit wirkt dann stärker als der der Firmenbeständigkeit.

Wird dagegen das einzelkaufmännische Unternehmen „A" auf die „B & C OHG" übertragen, bedarf es keines Hinweises auf die OHG (was aber durchaus zulässig ist).

g. § 22 findet nach einer in der Literatur vertretenen Mindermeinung auch dann Anwendung, wenn eine Personengesellschaft durch Austritt des vorletzten Gesellschafters erlischt (*K. Schmidt*, HandelsR § 12 III 2 b bb, GesR § 44 II 2) und das Unternehmen von dem verbleibenden Gesellschafter als Einzelkaufmann fortgeführt wird. Um eine Täuschung im Rechtsverkehr zu verhindern, müssen aber alle Zusätze, die auf das Vorliegen einer Gesellschaft hindeuten (...& Co", „...& Cie" etc.) gelöscht bzw. durch einen Nachfolgevermerk relativiert werden (zB „A & B OHG Nachfolger A").

Gleiches gilt bei Übertragung einer GmbH, AG oder KGaA auf einen Einzelkaufmann.

3. *§ 24: Firma bei Änderungen im Gesellschafterbestand*

§ 24 stellt eine Ergänzung zu § 22 dar (vgl. daher die Übersicht zu § 22):
a. Keinen weitergehenden Regelungsgehalt hat § 24 Abs. 1 HGB, wenn ein Kaufmann in das bestehende Handelsgewerbe eines Einzelkaufmanns eintritt, denn dann entsteht eine OHG oder KG, so daß hinsichtlich der Firma bereits § 22 Abs. 1 Anwendung findet (*K. Schmidt* HandelsR § 12 III 2 b cc). Wenn der Einzelkaufmann Vetter in das Geschäft des Willi eintritt, kann die entstehende OHG/KG mit „Willi" firmieren.
b. Die Firma einer Gesellschaft bleibt beim Eintritt eines Gesellschafters unberührt (sie kann natürlich nach §§ 18 f. neu firmieren). Dasselbe gilt beim Austritt eines Gesellschafters, sofern mindestens zwei Mitglieder übrigbleiben.

Anders als bei § 22 bedarf es aber im Falle des § 24 Abs. 1 keiner Einwilligung des ausscheidenden Gesellschafters oder der alten Gesellschafter beim Eintritt eines neuen. Hier spielt der Kommerzialisierungsgedanke der Gesellschaftsfirma eine dominierende Rolle.

Bsp.: An der Firma „Otto OHG" oder „Otto & Co" o.ä. ändert sich also weder etwas, wenn von den Gesellschaftern Paul und Rabe einer austritt, noch wenn der Gesellschafter Schulz eintritt.

Anders ist es im obigen Beispiel jedoch, wenn der Gesellschafter Otto austritt: Da in der Firma sein Name enthalten ist, bedarf es der Einwilligung des Otto zur Firmenfortführung nach § 24 Abs. 2. Gleiches gilt, wenn Otto nicht austritt, sondern verstirbt: Der oder die Erben müssen in die Firmenfortführung einwilligen.
c. § 24 Abs. 2 ist auf die GmbH nicht anzuwenden (BGHZ 85, 221). Bsp.: Scheidet Hans Meier aus der „Hans Meier Verwaltungsgesellschaft mbH" aus, kann die GmbH diese Firma weiterführen, § 19 Abs. 5. Streitig ist, ob § 24 Abs. 2 auf eine GmbH & Co. KG anwendbar ist (verneinend *Baumbach/Duden/Hopt*, HGB § 24 Rn 12).
d. Fraglich ist, ob § 22 oder § 24 Anwendung findet, wenn ein gleichzeitiger Wechsel aller Gesellschafter stattfindet.

Bsp.: Aus der „A, B, C-OHG" scheiden am 1.1.1992 A, B, C durch Gesellschaftsvertrag mit D, E, F aus und diese treten in die Gesellschaft ein. Nach überwiegender Ansicht darf die „A, B, C-OHG" fortgeführt werden, weil die Identität der Gesellschaft hierdurch nicht beeinflußt wird (*Heymann/Emmerich* § 24 Rdn. 5; ebenso wohl *Baumbach/Duden/Hopt*, HGB § 24 Rn 1 und 124 Rn 4; offengelassen von BGH BB 1977, 1016).

§ 6 Haftung/Gläubigerstellung bei Erwerb und Fortführung eines Handelsgeschäftes

Bei dem Erwerb eines Handelsgeschäftes stellt sich nicht nur das Problem, ob und unter welchen Voraussetzungen die alte Firma fortgeführt werden darf oder nicht eine neue gebildet werden muß. Von Bedeutung ist darüber hinaus, wer Inhaber der Altforderungen und Schuldner der Altverbindlichkeiten ist. In Betracht kommen, soweit es um einen Einzelkaufmann geht, der alte oder/und der neue Inhaber, also der Veräußerer oder/und der Erwerber.

I. § 25

1. Altgläubigerschutz (§ 25 Abs. 1 Satz 1, Abs. 2 und 3)

Diese Vorschrift gilt für den Fall des Erwerbs und der Fortführung eines einzelkaufmännischen Unternehmens. Sie erfaßt, wie sich aus § 25 Abs 1 Satz 1 ergibt, nur den Erwerb eines vollkaufmännischen Handelsgeschäftes unter Lebenden (nicht aus der Konkursmasse) unter Fortführung der bisherigen Firma mit oder ohne Nachfolgezusatz. Sie knüpft also an § 22 Abs. 1 an.

§ 25 Abs. 1 Satz 1 begründet kraft Gesetzes die Haftung des Erwerbers neben dem Veräußerer, wie sich aus der speziellen Verjährungsregel des § 26 Abs. 1 ergibt. Danach verjähren Ansprüche gegen den Veräußerer mit Ablauf von fünf Jahren, soweit sie nicht ohnehin einer kürzeren Verjährungsfrist unterliegen. § 25 Abs. 1 Satz 1 ist damit ein Fall des *gesetzlichen Schuldbeitritts*, durch den folglich die Gesamtschuldnerschaft von Veräußerer und Erwerber (§§ 421 ff BGB) begründet wird.

Die Haftung des Erwerbers kann allerdings nach § 25 Abs. 2 vermieden werden. Erforderlich dafür ist, daß eine entsprechende, zwischen altem und neuen Inhaber vereinbarte Enthaftung entweder

– im HR eingetragen und bekanntgemacht wird oder
– dem/den Gläubiger(n) von dem Veräußerer oder dem Erwerber mitgeteilt worden ist.

§ 25 Abs. 1 Satz 1, Abs. 2 ist dagegen bei nicht erfolgter Firmenfortführung unanwendbar. Dann gilt § 25 Abs. 3. Danach haftet der Erwerber nur dann für Altverbindlichkeiten, wenn ein *besonderer Verpflichtungsgrund* vorliegt. In Betracht kommen dafür:
– privative (befreiende) Schuldübernahme (§§ 414, 415 BGB)
– rechtsgeschäftlicher Schuldbeitritt (§§ 305, 241 BGB)
– Vermögensübernahme (§ 419 BGB)
– Bekanntmachung in handelsüblicher Weise

Diese Alternative wird nur dann von Bedeutung, wenn 1. oder 2. mangels wirksamer rechtsgeschäftlicher Vereinbarung gescheitert ist. Wenn dann etwas verlautbart wird, was mit der materiellen Rechtslage nicht in Einklang steht, bildet dieses besondere Verhalten den Anknüpfungspunkt für eine Haftung des Erwerbers. Handelsübliche Formen der Bekanntmachung sind z.B.:

– Rundschreiben an alle Gläubiger oder zumindest die überwiegende Mehrzahl
– Veröffentlichung einer Übernahmebilanz mit Aufzählung der übernommenen Verbindlichkeiten
– Zeitungsanzeige
– Anmeldung zum HR zur Eintragung und Bekanntmachung

2. *Altschuldnerschutz (§ 25 Abs. 1 Satz 2)*

Wenn der Veräußerer eine gegen einen Altschuldner bestehende Forderung an den Erwerber abgetreten hat, ist dieser nach § 398 BGB Forderungsinhaber geworden, und zwar unabhängig davon, ob der Schuldner zugestimmt oder auch nur Kenntnis davon gehabt hat. Leistet der Schuldner an den Altgläubiger (Zedent) und damit an den Nichtinhaber, hat er dennoch nach § 407 Abs. 1 BGB mit befreiender Wirkung gegenüber dem Erwerber (Zessionar) geleistet. Diesen Fall regelt § 25 Abs. 1 Satz 2 nicht. Vielmehr erfaßt die Vorschrift die Situation, daß der Veräußerer Inhaber der Altforderung geblieben ist, sie also nicht abgetreten hat. Der Schuldner ist dann schutzwürdig, wenn er Kenntnis von der Veräußerung des Handelsgeschäftes hat und deshalb meint, der Erwerber sei auch Inhaber der im Handelsgeschäft begründeten Altverbindlichkeiten geworden. Zahlt der Altschuldner dann an den Erwerber, der nicht

Rechtsinhaber ist, hat er grundsätzlich mit befreiender Wirkung an den Erwerber geleistet. § 25 Abs. 1 Satz 2 ist also eine dem § 407 BGB vergleichbare Vorschrift. Der *Innenausgleich* erfolgt in beiden Fällen nach *§ 816 Abs. 2 BGB*.

II. § 28

Tritt jemand als Kommanditist oder Komplementär (= persönlich haftender Gesellschafter) unter Entstehung einer KG/OHG in das Geschäft eines Einzelkaufmanns ein, haftet nunmehr auch die Gesellschaft neben dem Einzelkaufmann für die Altverbindlichkeiten, wobei es, anders als bei § 25, auf eine Firmenfortführung nicht ankommt. Darüber hinaus haften die „neuen Gesellschafter" nach § 128 bei Eintritt als Komplementär und nach §§ 171, 172 im Falle der Übernahme einer Kommanditistenstellung.

Die Haftung der KG/OHG kann durch entsprechende Vereinbarung unter den Gesellschaftern und Handelsregistereintragung mit Bekanntmachung bzw. Mitteilung durch einen Gesellschafter an den Dritten ausgeschlossen werden (§ 28 Abs. 2).

III. Eintritt in eine bestehende OHG/KG

Die Gesellschaftshaftung bleibt wegen der durch den Eintritt nicht tangierten Identität der Gesellschaft unverändert. Der neueintretende Komplementär haftet für die Altschulden ohne die Möglichkeit einer im Außenverhältnis wirkenden Sonderabrede mit den Mitgesellschaftern nach §§ 130, 128, der Kommanditist nach §§ 173, 171/172.

IV. § 27

Im Falle der Fortführung eines einzelkaufmännischen Unternehmens durch einen/mehrere Erben gilt grundsätzlich nichts anderes als bei § 25. § 27 Abs. 2 regelt allerdings drei alternative Fallgestaltungen, bei denen die Haftung des/der Erben entfällt:

Haftung/Gläubigerstellung bei Erwerb und Fortführung 59

1. Firma wird binnen drei Monaten eingestellt
2. Weiterführung unter neuer Firma
3. Eintragung im HR und Bekanntmachung des Haftungsausschlusses bzw. Mitteilung durch Erblasser/Erbe(n) an Dritten analog § 25 Abs. 2 (ganz h.M.)

Übersicht: Zusammenfassende Darstellung

	Firmenfortführung	Haftung für Altverbindlichkeiten	Gläubigerstellung für Altforderungen
1. Veräußerung durch EK an EK$_1$ oder Erbfolge	§ 22	Veräußerung: § 25 I 1, II Erbfolge: § 27	Käufer wird Gläubiger, § 25 I 2, aber nur gegenüber Schuldnern
2. Gesellschaftsgründung durch Eintritt bei EK	§ 24 I, 1. Alt	§ 28 I 1	§ 28 I 2
3. Gesellschafterwechsel bei OHG oder KG	§ 24 I, 2. Alt	1. OHG/KG haftet weiter 2. § 130 bei pHG bzw. § 173 bei Kommanditisten	OHG/KG bleibt Gläubigerin, § 124 I
4. A+B OHG bzw. KG bei Austritt des B und Fortführung durch A	§ 24 I, 3. Alt. aber § 18 II, d.h. Nachfolgezusatz	A: §§ 128, 159 I, 160 sowie § 25 I 1 B: §§ 128, 159 I, 160	Übernahme der Aktiva der OHG durch A

§ 7 Handelsfirma

Nach § 17 ist die Firma der Name, unter dem ein Vollkaufmann seine Geschäfte betreibt und die Unterschrift abgibt.

I. Überblick

1. *Einzelfirma (§ 18)*

Voraussetzungen:
– ohne oder nur mit stillem Gesellschafter, §§ 230 ff
– ein ausgeschriebener Vorname
– Name des Kaufmanns (Personenfirma) und (zulässiger) Zusatz, der Art sowie Umfang des Unternehmens kennzeichnet (sog. Sachfirma) – man spricht dann von einer „zusammengesetzten Firma"

2. *Firma einer OHG/KG (§ 19)*

Voraussetzungen:
– Name mindestens eines persönlich haftenden Gesellschafters und Zusatz: OHG/KG bzw. anstelle von OHG auch + Co., + Partner, + Sohn…
– § 19 Abs. 4 ist zu beachten

3. *Firma der AG (§ 4 AktG)*

– Sachfirma mit Zusatz AG
– möglich bei Fortführung eines Handelsgeschäfts gem. § 22 auch Personenfirma mit Zusatz „AG", § 4 Abs. 2 AktG

Handelsfirma

4. Firma der GmbH (§ 4 GmbH)

Sachfirma, Personenfirma (Gesellschafter) oder zusammengesetzte Firma; aber *immer Zusatz „mbH"* (§ 4 Abs. 2)
§ 4 Abs. 1 Satz 3 -> § 22 HGB (s. aber Abs. 2)

5. Firma der KGaA (§ 279 AktG)

siehe AG

6. Firma der eG (§ 3 GenG)

immer Sachfirma mit Zusatz eG

II. Die Firma der OHG (§ 19 Abs. 1, 3 und 4)

1. Nach § 19 Abs. 1 muß die Firma einer OHG mindestens einen Gesellschaftsnamen und einen die Gesellschaft andeutenden Zusatz enthalten oder alle Gesellschafternamen, wobei die Beifügung von Vornamen nach § 19 Abs. 3 nicht erforderlich, aber durchaus zulässig ist.
2. Die aus den Gesellschaftern Fritz Fleißig, Erwin Ehrlich und Sabine Schnell gebildete OHG kann wie folgt firmieren:
a. Fleißig & Ehrlich & Schnell
b. Fleißig & Ehrlich & Co. (oder Cie. oder Compagnon oder Partner)
c. Fleißig & Co oder Ehrlich & Co. oder Schnell & Co.
d. Fleißig oHG (alt: OHG) oder Ehrlich oHG oder Schnell oHG
e. Zulässig ist auch der Zusatz & Söhne, & Gebrüder, & Geschwister o.ä., sofern diese Verwandtschaftsverhältnisse wirklich vorliegen und die Genannten auch persönlich haftende Gesellschafter sind.
f. Unzulässig ist nach h.M. dagegen die Firma Fleißig, Ehrlich & Schnell OHG, weil der OHG-Zusatz auf weitere persönlich haftende Gesellschafter hindeutet (and. teilweise in der Lit. mit dem vernünftigen Hinweis darauf, daß über § 24 Abs. 1, 3. Alt. dasselbe erreicht werden kann).
g. Alle obigen Varianten sind auch unter Nennung der Vornamen

zulässig, wobei diese auch abgekürzt werden dürfen, z.B. F. Fleißig & Co.

3. Unzulässig ist dagegen das Weglassen eines vorhandenen Gesellschafters ohne Zusatz (zB Fleißig & Ehrlich) und das Hinzufügen nicht vorhandener Gesellschafter (zB Fleißig & Ehrlich & Schnell & Billig) oder die Nennung nicht persönlich haftender Gesellschafter (zB eines stillen Gesellschafters), wie sich ausdrücklich aus § 19 Abs. 4 ergibt.

a. Umstritten ist dabei die erste Alternative:
Nach einer Mindermeinung (*K. Schmidt*, HandelsR § 12 III 1 e bb; *Zwernemann*, BB 1987, 774, 777) soll die Firma Fleißig & Ehrlich zulässig sein, denn es sei ein Widerspruch, daß die originäre Firma so nicht lauten darf, während bei nachträglichem Eintritt des Schnell in die bestehende OHG die Firma unverändert nach § 24 Abs. 1, 2. Alt. betrieben werden darf. Wenn man mit der h.M. aber § 24 Abs. 1 restriktiv auslegt, stellt dies keinen Widerspruch dar (vgl. *Heymann/Emmerich*, § 19 Rz 10 mN zur Rspr.; *Baumbach/Duden /Hopt*, HGB § 19 Rn 1; *Vollmer*, JA 1984, 333, 337).

b. Die Unzulässigkeit der Nennung weiterer nicht vorhandener oder nicht persönlich haftender Gesellschafter folgt aus dem Gebot der Firmenwahrheit, denn die Firma ist für den Rechtsverkehr irreführend, da sie auf weitere Haftungssubjekte hinweist. Der in der Firma genannte, nicht persönlich haftende Gesellschafter kann aber aus Rechtsscheinshaftung in Anspruch genommen werden.

c. Unzulässig ist ferner die Verwendung von Pseudonymen in einer Firma, es ist der standesamtliche Namen zu verwenden (h.M., vgl. *Heymann/Emmerich* § 19 Rz 5 mwN; aA *Vollmer*, JA 1984, 333, 337; *Kind*, BB 1980, 1560; *Hüffer*, GK-HGB § 19 Rz 13; Argumentation der aA: Die Firma dient lediglich zur Identifizierung des Unternehmens, die OHG/KG ist rechtlich verselbständigt).

4. Die Firma der OHG darf über den Namen der Gesellschafter hinaus weitere Zusätze enthalten, die über den Firmenkern hinausgehen, soweit diese keine Täuschungsgefahr hervorrufen, § 18 Abs. 2.

Zulässig wäre daher die Firma Fleißig & Co. Baustoffe OHG.

III. Die Firma der KG (§ 19 Abs. 2 – 4)

Die Firma einer Kommanditgesellschaft muß nach § 19 Abs. 2 wenigstens den Namen eines persönlich haftenden Gesellschafters und

einen die Gesellschaft andeutenden Zusatz enthalten; die Beifügung von Vornamen ist nach § 19 Abs. 3 nicht erforderlich, aber durchaus zulässig.
1. Wenn die Komplementäre Fleißig und Ehrlich mit der Kommanditistin Schnell eine KG bilden, kann diese wie folgt firmieren:
a. Fleißig & Co. oder Fleißig & Co. KG
b. Fleißig & Ehrlich KG
c. Fleißig & Partner
2. Keinesfalls darf ein Name eines Kommanditisten in die Firma aufgenommen werden, weil sonst der irreführende Eindruck entsteht, daß auch er ein persönlich haftender Gesellschafter ist.
Unzulässig ist daher die Firma Fleißig & Ehrlich & Schnell KG oder Schnell KG o.ä. Für den Fall der Nennung des Kommanditisten in der Firma haftet dieser wegen des entstandenen Rechtsscheins. Unzulässig sind daher auch Zusätze wie & Söhne, & Gebrüder, & Geschwister etc., wenn diese nur Kommanditisten der Gesellschaft sind.
3. Wenn nur Fleißig persönlich haftender Gesellschafter ist, Ehrlich und Schnell dagegen Kommanditisten, muß die KG wie folgt firmieren:
a. Fleißig KG
b. Fritz Fleißig KG
c. Fleißig & Co. (es kann sowohl eine OHG als auch eine KG vorliegen); zweifelhaft für eine KG mit nur einem persönlich haftenden Gesellschafter
d. Fleißig & Partner KG
Streitig ist, ob eine solche Firmierung dann zulässig ist, wenn außer Fleißig kein weiterer persönlich haftender Gesellschafter vorhanden ist.

Meinungsstand:

ganz hM: (+)

– „Partner" ist „nichts anderes als ein modisch gefaßter Hinweis auf die Beteiligung weiterer Gesellschafter" (Hüffer); die anderen Gesellschafter müssen nicht gleichberechtigt sein oder gar haften
– „Partner" ist keine der namentlichen Nennung von Kommanditisten gleichwertige Umschreibung
– namentliche Herausstellung des einen (Müller) gegenüber den anderen Gesellschaftern zeigt gerade dessen besondere Bedeutung und spricht gegen Gleichberechtigung der anderen

– auch der Schluß von einer etwaigen Gleichberechtigung auf unbeschränkte Außenhaftung ist nicht zulässig
– der Anschein zusätzlicher phGs wird durch den Zusatz nicht hervorgerufen (OLG Frankfurt: „fernliegend")
– bei GmbH & Co. KG unbestritten, daß ‚"Co." nur Kommanditisten (so z.B. *Hüffer*, in: Staub, 4. Aufl., Stand 1983, Rz 30, 33 zu § 19; *Brox*, HandelsR und WertpapierR, 11. Aufl. 1994, Rz 139; *Heymann-Emmerich*, 1989, Rdn 18 zu § 19; *K. Schmidt*, HandelsR, 3. Aufl. 1987, § 12 III 1 e cc = S. 327; OLG Frankfurt NJW 75, 265)

a.A. Gunter Bokelmann:

– „Partner" kann „denknotwendig" nur so verstanden werden, daß diese auch persönlich haften
– warum sollten „Partner" in der Firma erscheinen, wenn sie nicht haften?
– z.B. Rechtsanwälte als „Partner": deren Gleichwertigkeit „sollte zu keinen näheren Ausführungen Anlaß geben" (so in dem Aufsatz NJW 1975, 836)
– „GmbH & Co. KG" ist Ausnahmefall, da jeder weiß, was darunter zu verstehen ist
(*Bokelmann*, NJW 1975, 836; ders., MDR 1979, 188; ders., Das Recht der Firmen- und Geschäftsbezeichnungen, 3. Aufl. 1986, Rz 734 = S. 311)

offengelassen von Baumbach/Duden/Hopt, § 19 Rn 3; *Hofmann*, Handelsrecht, 7. Aufl. 1990, D IV 1 a bb = S. 94

4. Auch bei einer KG sind Zusätze zum Firmenkern erlaubt; z.B. Fritz Fleißig & Co. Baustoffe KG

IV. OHG/KG ohne natürliche Person
als persönlich haftende Gesellschafter (§ 19 Abs. 5)

1. Wenn bei einer OHG oder KG kein persönlich haftender Gesellschafter eine natürliche Person ist, muß nach § 19 Abs. 5 Satz 1 eine Firma gebildet werden, die auf die Haftungsbeschränkung hinweist, es sei denn, zu den persönlich haftenden Gesellschaftern gehört eine andere OHG oder KG, deren persönlich haftender Gesellschafter eine natürliche Person ist, § 19 Abs. 5 Satz 2.
a. Wenn Fleißig und Ehrlich mit der X-GmbH eine KG dergestalt bilden, daß die GmbH als persönlich haftende Gesellschafterin und

Fleißig und Ehrlich als Kommanditisten beteiligt sind, muß die KG wie folgt firmieren:
aa. Die Firma der GmbH folgt aus § 4 GmbHG und muß dem Unternehmensgegenstand entlehnt sein oder die Namen der Gesellschafter oder eines Gesellschafters mit Zusatz enthalten. Zusätzlich ist stets die Bezeichnung „mit beschränkter Haftung" oder „mbH" zu führen.
bb. Zulässig sind im Interesse der Rechtssicherheit nur folgende Firmen:
X-GmbH & Co. KG, wobei im Verkehr anerkannt ist, daß die Bezeichnung „Co." nur Kommanditisten sind, obwohl der Zusatz auch auf das Vorhandensein weiterer Komplementäre hindeuten könnte.
X-GmbH & Co.
cc. Unzulässig wären die Firmen
X-GmbH KG, weil die Haftungsbeschränkung nicht deutlich wird
X-GmbH Co KG, weil Co. auf weitere persönlich haftende Gesellschafter hinweist
dd. Zulässig sind Zusätze zum Firmenkern, wie auch bei der OHG und der KG, z.B. X Baustoffgesellschaft mbH & Co. (KG), sofern hierdurch keine Täuschungsgefahr hervorgerufen wird (vgl. Übersicht Grundsätze der Firmenbildung, § 5 D II).
b. Wenn in einer Gesellschaft eine GmbH und eine OHG persönlich haftende Gesellschafter sind, können die Firmen A GmbH & Co (KG) oder B GmbH & Co. (KG) gebildet werden, nicht jedoch B OHG GmbH & Co. KG (*Baumbach/Duden/Hopt*, HGB § 19 Rn 5).
c. Bilden jedoch die X-GmbH, Ehrlich und Fleißig eine OHG, kann wie folgt firmiert werden:
aa. wie bei einer OHG aus lauter natürlichen Personen
bb. unter Aufnahme der GmbH in die Firma, z.B. Ehrlich & X-GmbH & Co.
2. Nach § 19 Abs. 5 Satz 2 bedarf es keines Zusatzes, wenn eine andere OHG oder KG neben einer persönlich haftenden Gesellschafterin, die keine natürliche Person ist, Gesellschafterin ist.
Bsp.: Die X-GmbH und die Ehrlich OHG, persönlich haftende Gesellschafter Ehrlich, Fleißig und Schnell, bilden eine KG. Die Firma kann lauten: Ehrlich OHG & Co. KG.
3. § 19 Abs. 5 ist auch auf andere vergleichbare Gesellschaftsformen anzuwenden, z.B. AG & Co. KG, Stiftung & Co. KG, e.V. & Co. KG (*Heymann-Emmerich* § 19 Rz 30).

Besteht eine OHG nur aus GmbH's oder weiteren OHG's, deren persönlich haftender Gesellschafter keine natürliche Person ist, gilt § 19 Abs. 5 ebenfalls. Die OHG müßte dann den Zusatz „beschränkt haftende OHG" wählen (OLG Hamm OLGZ 1987, 290). Nicht ausreichend ist in diesem Fall der Zusatz „b.h. OHG", weil dies im Rechtsverkehr niemand versteht (*Baumbach/Duden/Hopt*, HGB § 19 Rn 8).

§ 8 Schutz der Firma

I. Überblick

Die Firma unterliegt in zweierlei Hinsicht einem Rechtsschutz:
1. Öffentlich-rechtlich: § 37 Abs. 1
a. Das Registergericht muß von Amts wegen gegen falsch firmierende Vollkaufleute und gegen Minder- oder Nichtkaufleute, die wie Vollkaufleute firmieren, vorgehen. Eine Firma „gebraucht" jemand unrichtig, wenn er sie im Geschäftsverkehr als Unternehmensbezeichnung benutzt.
b. Gleiches gilt, wenn jemand eine Geschäftsbezeichnung bei Geschäftsabschlüssen firmenähnlich benutzt (nicht dagegen, wenn er sie nur in der Werbung benutzt).
c. Das Verfahren nach §§ 140, 133 – 139 FGG zielt auf Unterlassung der Firmierung.
  Eine im Handelsregister eingetragene unzulässige Firma ist von Amts wegen zu löschen. Dies wird aber wegen des Grundsatzes der Verhältnismäßigkeit erst nach Aufforderung der Unterlassung der Firmierung zulässig sein.
2. Zivilrechtlich
a. § 37 Abs. 2: Unterlassungsanspruch bei Rechtsverletzung
b. § 12 BGB: Unterlassungsanspruch bei Verletzung des Namensrechts
c. §§ 1, 16 UWG: Unterlassungsanspruch bei Verwechslungsgefahr
d. § 24 Abs. 1 WZG: Unterlassungsanspruch bei widerrechtlichem Versehen von Waren, Verpackungen oder Ankündigungen, Empfehlungen, Rechnungen, Geschäftsbriefen mit dem Namen oder der Firma
e. Schadensersatzansprüche: §§ 16 Abs. 2 UWG, 24 Abs. 2 WZG, 823 Abs. 1 BGB, 823 Abs. 2 iVm 37 Abs. 2, 826

II. Einzelfälle

§ 37

gilt grundsätzlich für *alle* Gewerbetreibende, die in zulässiger Weise eine Firma gebrauchen

1. *Firmengebrauch*
Dauerhafte Verwendung der Bezeichnung als eigene Firma im Geschäftsverkehr zur Individualisierung des Geschäftsinhabers; *nicht*: bloße Geschäfts-/Etablissementsbezeichnung!
firmenmäßiger Gebrauch liegt allgemein vor bei
– Eintragung in das/Anmeldung zum Handelsregister
– Aufdrucken auf Briefbögen, Preislisten, Waren, Warenetiketten
– Verwendung des Namens bei Vertragsschluß

2. *Unzulässiger Gebrauch*
a. Verstoß gegen firmenrechtliche Vorschriften des HGB; §§ 18, 19, 21 – 24, 30

Fallgruppen:
– Verwendung eines Pseudonyms als Firmenbezeichnung des Einzelkaufmanns, § 18
– über die Gesellschaftsverhältnisse täuschende Namenszusätze bei OHG, KG, § 19
– unzureichende Unterscheidungsfähigkeit einer jüngeren Firma von einer älteren, am gleichen Ort ansässigen Firma, § 30
– Firmierung von Vollkaufleuten unter einem Firmennamen, der nicht im Handelsregister eingetragen ist
– unzulässige Verwendung einer Firma durch Minder- oder Nichtkaufleute, §§ 4, 17
b. Verstöße gegen firmenrechtliche Vorschriften *außerhalb* des HGB, z.B. §§ 4 AktG, 4 GmbHG, …

III. Rechtsfolgen

1. § 37 I

– Einleitung eines Firmenmißbrauchsverfahrens durch das Registergericht von Amts wegen, gerichtet auf Unterlassung des Gebrauchs der unzulässigen Firma

Schutz der Firma

– Verhängung eines Ordnungsgeldes bei schuldhaftem Gebrauch der unzulässigen Firma (beachte: i.d.R. wird mindestens Fahrlässigkeit anzunehmen sein)

2. § 37 II 1

– Unterlassungsklage gerichtet auf Untersagung des Gebrauchs der unzulässigen Firma im Falle einer Rechtsverletzung, wofür regelmäßig die Verletzung eines unmittelbaren wirtschaftlichen Interesses des Betroffenen ausreicht
– § 37 II 2 als Verweis auf allgemeine Vorschriften, die Schadensersatzansprüche begründen:

– §§ 823 ff BGB
– § 16 UWG
– § 24 WZG

Übersicht: § 12 BGB – Schutz des bürgerlichen Namens

unmittelbare Anwendung	analoge Anwendung	analoge Anwendung	analoge Anwendung
natürliche Personen	OHG/KG und juristische Personen des Privatrechts (z. B. GmbH, AG, eG)	juristische Personen des öffentlichen Rechts (z. B. Körperschaften)	nicht rechtsfähige Vereine und Kapitalgesellschaften
1. individuelle Personenbezeichnung, die jeden rechtsfähigen Menschen kennzeichnet, ihn von anderen unterscheidet und mindestens aus einem Vornamen und einem Familiennamen besteht 2. Pseudonym (Deckname) als „zugelegter" Name, der zur Bezeichnung und Individualisierung einer bestimmten Person in der Öffentlichkeit geworden ist → für die analoge Anwendung des § 12 muß Pseudonym Verkehrsgeltung erlangt haben (str.)	– Firmenbestands-/ Namensteile – aus Namen abgeleitete Abkürzungen – besondere Geschäftsbezeichnungen soweit sie Unterscheidungskraft i.S. einer individualisierenden Wirkung haben	– (rein) geographische Bezeichnungen; – Orts-, Kreis- oder Ländernamen (BGH NJW 1963 2267) – Zusätze: Stadt/ Landeshauptstadt Name muß (für sich) geeignet sein, auf konkrete Gebietskörperschaft des öffentlichen Rechts hinzuweisen	– politische Parteien – Gewerkschaften – Vor-GmbH oder Vor-AG

nicht schutzfähig nach § 12 sind
a. das Inkognito, das im Gegensatz zum bürgerlichen Namen oder Pseudonym nicht dazu dient, eine Person zu kennzeichnen, sondern selbige „verschleiern" soll
b. die bloße Berufsbezeichnung oder ein Titel (auch nicht in Verbindung mit einem schutzfähigen Namen)

Übersicht: Schutz des bürgerlichen Namens nach § 12 im Falle der

---

Namensanmaßung

Unbefugter Gebrauch des Namens durch einen Nichtberechtigten → Anmaßung eines fremden Namens zur Bezeichnung der

a. eigenen Person oder
b. eines Gewerbebetriebes oder
c. einer Ware oder
d. einer dritten Person,

wodurch ein schutzwürdiges (persönliches, ideelles, vermögensrechtliches) Interesse des Berechtigten verletzt wird; der Gebrauch ist nicht unzulässig, wenn der Berechtigte einem Dritten den Gebrauch seines Namens zu bestimmten Zwecken, z.B. aufgrund eines schuldrechtlichen Vertrages, gestattet; im Falle der Übertragung eines Gewerbebetriebes geht der Name mit über.

Namensleugnung

Bestreiten des Namensgebrauchsrechts durch einen Dritten

Rechtsfolgen

a. Beseitigung der Beeinträchtigung bzw. im Falle der Gleichnamigkeit Beseitigung der Verwechslungsgefahr z.B. mittels eines unterscheidungsfähigen (Namens-) Zusatzes

Schutz der Firma 71

   b. vorbeugende Unterlassungsklage: soweit für die Zukunft *mindestens* eine Beeinträchtigungsgefahr *nicht* auszuschließen ist

   c. § 12 gewährt weder Schadensersatz- noch bereicherungsrechtliche Ansprüche; diese sind nach §§ 812 I S. 1, 2. Alt., 823 I auszugleichen

Übersicht: Sonderfälle

Zahlenkombination	Warenbezeichnung	Bildzeichen	berühmte Marken/ Kennzeichen
grds. *keine* Namensfunktion (so BGHZ 8. 387, 389 bei einer Telefonnummer!) *Ausnahme*: namentlicher Schutz einer Zahlenkombination als Unternehmensbezeichnung mit Verkehrsgeltung (4711)	zwecks Unterscheidung eigener von fremder Ware unterliegt Warenbezeichnung grds. *nicht* dem Schutz des § 12 *Ausnahme*: die Warenbezeichnung wird vom Verkehr als Bezeichnung des Unternehmens selbst gewertet und vom Unternehmen als Geschäftsbezeichnung übernommen	grds. *keine* Namensfunktion, da keine Zeichnungskraft *Ausnahme*: Bildzeichen, die auch durch Worte ausgedrückt werden können (Salamander, Zwilling ...), als Name Unterscheidungskraft haben und nach der allgemeinen Verkehrsauffassung für das verwendete Unternehmen zum Begriff geworden sind (BGH LM Nr. 3 zu § 12)	soweit ihnen Namensfunktion zukommt und die Verkehrsauffassung dem Kennzeichen der berühmten Marke ausschließlich das entsprechende Unternehmen zuordnet, ist eine Verwendung gleicher oder ähnlicher Kennzeichen/-Marken durch Dritte unzulässig, auch wenn die Marke oder das Kennzeichen für nicht gleichartige Waren/ Produkte erfolgt → berühmte Marken/ Kennzeichen sind auch schutzfähig nach § 823 I, da ihre Beeinträchtigung einen Eingriff in den eingerichteten und ausgeübten Gewerbebetrieb darstellt (BGHZ 28, 320, 326)
	Namensbestandteile, Firmenabkürzungen, Firmenschlagworte als Firmenbezeichnungen	*Vereinssymbole, Familienwappen*	

Übersicht: § 16 UWG – Schutz geschäftlicher Bezeichnungen

I. Voraussetzungen

1. im geschäftlichen Verkehr
- s. Skizze zu § 24 WZG
- bei Fehlen des Merkmals sind aber Ansprüche aus § 12 BGB möglich

2. Tatobjekte

a. Name
- muß aussprechbar sein (also keine Bildzeichen oder unaussprechbare Buchstabenzusammenstellung)

b. Firma
- maßgeblich ist die namens- oder wettbewerbsrechtliche Zulässigkeit der Firma, nicht die registerrechtliche (§§ 18 ff. HGB)
- s. im übrigen bei 2.a.

c. bes. Geschäftsbezeichnung
- jedes Kennzeichen, das ebenso wie Name oder Firma ein Geschäft von anderen unterscheidet (Verkehrsauffassung)
- Etablissementsbezeichnungen („Hotel zum hohen Roß")
- keine Gattungsbezeichnungen

d. besondere Bezeichnung einer Durchschrift
- setzt Eignung und Bestimmung der Werksbezeichnung zur Unterscheidung von anderen Werken voraus (z.B. „Ärztl. Journal")
- kann aus Wort, Bild oder Kombination davon bestehen
- nicht für Gattungsbezeichnung („Anzeiger", „Tageblatt")

e. Geschäftszeichen und sonstige Einrichtungen
- weisen auf ein Geschäft hin, ohne es – wie Geschäftsbezeichnungen – zu benennen
- schutzfähig nur bei Verkehrsgeltung, d.h. bei besonderer Bekanntheit
- Beispiele: Telefon- oder Fernschreibnummern; besondere Kleidung von Geschäftsangestellten (etwa Stewardessen)

f. Abkürzungen/Schlagworte
- sind meist Teile einer Firma oder eines Namens (z.B. „Ufa", für „Universal Film AG"; „DUZ" für „Deutsche Universitätszeitung")
- Schutz analog §§ 16 UWG, 12 BGB bei namensmäßiger Unterscheidungskraft auch ohne Verkehrsgeltung

3. Tathandlung
- unbefugtes Benutzen eines geschützten Rechts
- Liegt vor, wenn Kläger ein besseres Recht zum Gebrauch des Namens, der Firma etc. hat. Es gilt insoweit der Grundsatz der Priorität.

4. Verwechslungsgefahr
- ist die naheliegende Möglichkeit einer Beeinträchtigung des Geschützten durch Verwechslung mit dessen Namen, Firma etc.
- die Möglichkeit von Verwechslung ist umso stärker, je höher die Kennzeichnungskraft ist und umgekehrt
- zwei Arten der Verwechslung:
  1. Verwechslung im engeren Sinne = naheliegender Irrtum über Identität der beteiligten Unternehmen, insbesondere hinsichtlich der Herkunft
  2. Verwechslung im weiteren Sinne = Irrtum über Bestehen wirtschaftlicher oder organisatorischer Zusammenhänge zwischen Unternehmen

5. Subsidiarität
- nur gegenüber „reinen" Warenzeichen oder Ausstattungen nach dem WZG
- nicht, wenn ein Warenzeichen sich im Verkehr zu einem Unternehmenszeichen entwickelt hat, was eine entsprechende Durchsetzung dieser Auffassung im Verkehr erfordert (dann ist entweder § 16 Abs. 1 oder Abs. 3 S. 2 anwendbar)

Schutz der Firma

II. Rechtsfolgen

1. Unterlassungsanspruch
- auch ohne Verschulden
- setzt Beeinträchtigungs- oder Wiederholungsgefahr voraus (vgl. Skizze zu § 24 WZG)
- bei Handlungen von Angestellten oder Beauftragten auch gegen den Geschäftsinhaber, § 16 Abs. 4 iVm § 13 Abs. 4
- daneben ggf. Anspruch aus § 12 BGB (der auch für die Verletzung der Firma als besonderer Name im Handelsverkehr, § 17 HGB, gilt)

2. Beseitigungsanspruch aus Rechtsgedanken des § 1004 BGB
- auch ohne Verschulden wie Unterlassung
- auf Beseitigung bereits eingetretener Beeinträchtigungen gerichtet

3. Schadensersatzanspruch (Abs. 2)
- nur bei Kenntnis oder Kennenmüssen der Verwechslungsgefahr bei Aufnahme der mißbräuchlichen Benutzung (insoweit besteht auch eine Erkundigungspflicht; s. schon Skizze zu § 24 WZG)
- dreifache Art der Schadensberechnung; zusätzlich ggf. „Marktverwirrungsschaden" (vgl. Skizze zu § 24 WZG)
- bei Verletzung des Namens, der Firma oder einer besonderen Geschäftsbezeichnung, daneben SchE aus § 823 Abs. 1 BGB wg. Verletzung eines „sonst. Rechts"

Übersicht: § 24 WZG – Zeichenschutz

I. Voraussetzungen

1. eingetragenes Warenzeichen
(§ 1 Abs. 1, 2) des Verletzten
- sonst nur Ausstattungsschutz (§ 25) möglich

2. Im geschäftlichen Verkehr
- Abgrenzung vom privaten Gebrauch bzw. vom Gebrauch in der Fachliteratur

3. Zeichenmäßiger Gebrauch
- Abgrenzung zur bloß beschreibenden statt herkunftsweisenden Verwendung
- liegt vor, wenn ein nicht unerheblicher Teil der flüchtigen Durchschnittsverbraucher den Eindruck eines Herkunftshinweises hat (bejaht z.B. für „Luxus" als hervorgehobener Bestandteil auf Seifenpackung; verneint für den Wortbestandteil „Praline" wegen bloß warenbeschreibender Sortenangabe)

4. Tatobjekte
- eigene Waren
- Verpackung
- Preislisten etc.

5. Tathandlungen
- Versehen mit Namen oder Firma eines anderen oder mit geschützten Warenzeichen (nur identische Bezeichnung; § 31 bei nicht-identischer Benutzung)
oder
- In-Verkehr-bringen bzw. Feilhalten derart gekennzeichneter Waren

6. Widerrechtlichkeit
fehlt z.B., wenn
- vertragliche Gebrauchsüberlassung vorliegt
- ein Zeichen sich zu einem Freizeichen entwickelt hat, weil seine Verletzung gegen mehrere Verletzer nicht geltend gemacht wurde (z.B. „Vaseline")

II. Rechtsfolgen

1. Unterlassungsanspruch, Abs. 1	2. Schadensersatz, Abs. 2	3. Strafvorschriften, Abs. 3
– bei bloßer Zeichenverletzung, auch schuldlos – soweit eine Beeinträchtigungsgefahr (bei erstmals konkret drohender Verletzung) vorliegt; für letztere spricht eine tatsächliche Vermutung – „Aufbrauchsfrist" wird gegeben, wenn sofortige Unterlassung zu unverhältnismäßigen Nachteilen des Verletzers führen würde und eine befristete Weiterbenutzung für den Verletzten zumutbar ist	– nur bei vorsätzlichem oder fahrlässigem Verstoß gegen ein geschütztes Recht (bei Beginn der Benutzung einer neuen Kennzeichnung besteht eine Erkundungspflicht – z.B. Einsichtnahme in die öffentliche Warenzeichenkartei beim Patentamt –, deren Nichteinhaltung ohne weiteres Fahrlässigkeit begründet) – 3-fache Art der Schadensberechnung auf entgangenen Gewinn des Verletzten, auf Herausgabe des Verletzergewinns oder auf angemessene Lizenzzahlung (alternativ). Daneben sog. „Marktverwirrungsschaden" (z.B. bei Rufschädigung einer Ware durch minderwertige Konkurrenzware)	– nur bei vorsätzlicher Zeichenverletzung

Übersicht: Schutz berühmter Marken vor „Verwässerung"

I. Problematik

Gerade sehr bekannte Kennzeichen werden oft von ganz anderen Branchen als „Zugpferd" für ihre Leistung benutzt. Das WZG schützt aber nur vor Verwechslungen bei gleichen oder gleichartigen Waren (§§ 24, 25, 31 WZG), und die Kennzeichnungsrechte aus § 16 WZG oder § 12 BGB lassen zwar die Verwechslungsgefahr alleine genügen, doch fehlt auch eine solche im weiteren Sinne häufig, wenn die betreffenden Waren ganz verschiedenen Branchen angehören. Es ist daher ein Schutz berühmter Kennzeichen gegen eine Beeinträchtigung ihrer Werbekraft erforderlich, der von einer kennzeichenähnlichen Verwechslungsgefahr unabhängig ist.

II. Voraussetzung des Schutzes

1. „Überragende Kennzeichnungskraft"	2. „Priorität"	3. „Einmaligkeit"
(und darauf beruhende Verkehrsgeltung) – angesichts des allgemeinen Desinteresses von ca. 20 % der Bevölkerung genügt ein Durchsetzungsgrad von ca. 70–80 % – erforderlich ist die Kennzeichnungskraft aber nicht nur innerhalb der bestehenden Verkehrskreise, sondern es muß die allgemeine Bekanntheit des Kennzeichens bestehen (nicht ausrei-	– das berühmte Kennzeichen muß bei der Zweitbenutzung schon als solches existieren – eine „Anwartschaft" während der Entwicklung zu einem berühmten Kennzeichen wird nicht geschützt	– das Kennzeichen muß eine sog. „Alleinstellung" einnehmen, d. h. es darf nicht bereits durch gleiche oder in typischen Merkmalen übereinstimmende Zeichen verwässert sein; maßgeblich ist die Verkehrsauffassung hinsichtlich der Zuordnung zu einem bestimmten Unternehmen (z. B. bejaht für „Kupferberg", „Rosenthal")

Schutz der Firma

chend daher das Unternehmensmarkenzeichen „Colt", da nur Waffenhersteller/-händler/-abnehmer es als Hinweis auf ein bestimmtes Unternehmen verstehen, die breite Bevölkerung dagegen als Gattungsbezeichnung)

4. „Eigenart"

Diese fehlt trotz Alleinstellung, wenn die Kennzeichnung im geschäftlichen Verkehr eine sehr naheliegende Bezeichnung ist, die keine Originalität besitzt (deshalb kein Schutz eines Spirituosenherstellers gegen einen Herdfabrikanten wegen der Bezeichnung „Meisterbrand")

5. „Wertschätzung"

- nach Verkehrsauffassung muß die Ware eine besondere Wertschätzung genießen, die aber nicht auf konkreten Vorstellungen hinsichtlich der Güte beruhen muß
- vielmehr genügt eine allgemeine Wertschätzung wegen Rang, Alter, Leistungsfähigkeit oder Größe des Unternehmens (z. B. bei „Kupferberg")

6. „Verwässerungsgefahr"

- setzt Ähnlichkeit der konkurrierenden Zeichen voraus, i.d.R. durch identische oder fast identische Benutzung, da es sonst an Beeinträchtigung der Werbekraft fehlt (Irreführung des Verkehrs bei Verwechslungsgefahr)
- regelmäßig muß auch eine branchenfremde Benutzung vorliegen, weil bei gleichartigen Waren § 31 WZG eingreift

III. Rechtsgrundlagen des Schutzes

§ 1 UWG

Insbesondere von der früheren Rechtsprechung (z.B. „Salamander" für Schmirgelpapier statt Schuhe; „Fleurop" für Kosmetika statt Blumenvermittlungsdienst; „4711" für Strumpfwaren) angewendet.

Eingreifen des § 1 UWG aber unter dem Gesichtspunkt des Erfordernisses eines Wettbewerbsverhältnisses zwischen Verletzer und Verletztem fraglich.

§ 12 BGB

Angewendet bei berühmten Unternehmensbezeichnungen. Eingreifen wurde bejaht bei:
- „Kupferberg" für Holz/Blech/Maschinen/Werkzeuge statt Sekt
- „Asbach" für Landbrot statt Weinbrand
- „Underberg" für Textilbetrieb statt Bitterlikör (daneben wurde auch § 823 I BGB angewendet)
- „Rosenthal" für Fisch/Spirituosen/Liköre statt Porzellan (ob § 12 BGB oder § 823 I BGB eingreift, wurde offengelassen)

§§ 1004, 823 I BGB

§§ 1004, 823 I BGB für berühmte Warenbezeichnungen.

Im Ergebnis verneint für:
- „Glück" statt „Quick" als Zeitschriftenartikel
- „Camel" als Bestandteil der Unternehmensbezeichnung eines Reiseunternehmens statt für Zigaretten wegen fehlender Verwässerungsgefahr

§ 9 Fälle/Fragen zum Firmenrecht zur Wiederholung und Vertiefung

I. Fälle

Fall 1:
Willi Jaguar (V) verkauft an Hans Horch (K) sein „Autohaus Willi Jaguar", das auf eigenem Betriebsgelände steht. Er sichert Schuldenfreiheit zu, was nicht stimmt.
Ablauf der Rechtsgeschäfte, Rechte des Hans Horch (K)?

Lösung:
1. Der Kaufvertrag, § 433 BGB, ist an sich formlos möglich. Da aber ein Grundstück zum Unternehmen gehört, ist gem. § 313 S. 1 BGB notarielle Beurkundung erforderlich.
2. Die Verfügungsgeschäfte:
a. Forderungen müssen gem. § 398 BGB abgetreten werden (Schuldnerschutz wird über §§ 25 Abs. 1 Satz 2, 28 Abs. 1 Satz 2 erreicht, der allerdings die Firmenfortführung voraussetzt).
b. Autos und andere bewegliche Sachen müssen iSd § 929 ff BGB übergeben und übereignet werden.
c. Betriebsgrundstücke:
   Es ist eine Auflassung vor dem Notar, §§ 873, 925 BGB, und Eintragung ins Grundbuch, §§ 13 ff GBO, erforderlich.
d. Know-how und sonstige Kenntnisse müssen tatsächlich bekannt gegeben werden.
3. Rechte des K:
a. Da der K arglistig getäuscht wurde, kann er den Vertrag gem. §§ 123, 142 Abs. 1, 143 BGB anfechten.
b. Da dem Kaufgegenstand, dem Unternehmen, bei Gefahrübergang eine zugesicherte Eigenschaft fehlte (die wirtschaftlichen Verhältnisse des Unternehmens stellen eine Eigenschaft derselben dar, da sie diesem auf eine gewisse Dauer anhaften), kann K stattdessen auch die Gewährleistungsansprüche der §§ 459 ff BGB, ins-

besondere den Schadensersatzanspruch gem. §§ 463 BGB geltend machen.

c. Den Schadensersatzanspruch wird er insbesondere dann wählen, wenn er etwa schon Geld in das Unternehmen investiert hat, ihm also über den Kaufpreis hinaus ein weiterer Schaden erwachsen ist.

Fall 2:
V hat im Fall 1 seinen Betrieb ordnungsgemäß an K verkauft und übertragen. V hat aber noch alte Schulden, für die K nun in Anspruch genommen werden soll, und zwar
- ausstehende Einkommensteuer aus der Zeit vor dem Geschäftsübergang
- ausstehende Gewerbeertragssteuer und alte Kaufpreisschulden gegenüber Lieferanten

Variante 1: K führt die Firma des V fort. Haftet K für die o.g. Schulden?

Variante 2: K und V haben dem Finanzamt mitgeteilt, daß eine Haftung des K für die Schulden nicht in Betracht kommt.
Muß K die Schulden zahlen, wenn er die Firma fortführt?

Variante 3: K führt die Firma des V nicht fort. Er hat sich aber gegenüber V zur Haftung der Kaufpreisschulden verpflichtet.
Für welche Verbindlichkeiten des V muß K haften?

Lösung:
Variante 1:
Grundsätzlich muß K gem. § 25 Abs. 1 Satz 1 haften. Dies gilt aber nur für die Gewerbeertragssteuer und die Kaufpreisschulden. Die Einkommensteuer ist von der Person abhängig, nicht vom Betrieb. Sie ist daher nicht „im Betrieb begründet", wie es § 25 als Voraussetzung vorsieht.

Variante 2:
Hier gilt es, § 25 Abs. 2 zu beachten:
Da die abweichende Vereinbarung nicht in das Handelsregister eingetragen ist, wirkt sie nur gegenüber dem Finanzamt. Denn nur diesem wurde die Vereinbarung mitgeteilt.
Die Kaufpreisschulden muß K nach wie vor bezahlen.

Abhilfe:
Wenn K bei Erwerb des Unternehmens allen Gläubigern seine Haftungsbeschränkung mitgeteilt hätte oder eine entsprechende Eintragung in das Handelsregister herbeigeführt hätte (+ Bekanntmachung), müßte dieser gem. § 25 Abs. 2 nicht haften.

Variante 3:
Die Voraussetzungen des § 25 Abs. 1 sind nicht erfüllt, da keine Firmenfortführung gegeben ist. Für die Kaufpreisschulden muß K jedoch haften. Nach der zwischen K und V zustande gekommenen Vereinbarung hatte K sich verpflichtet, für die Kaufpreisschulden einzustehen. Diese Vereinbarung ist als Schuldbeitritt gem. § 305 BGB zu verstehen.

II. Fragen zur Wiederholung und Vertiefung

1. Was versteht man unter den Grundsätzen der Firmenwahrheit und der Firmenbeständigkeit? In welchen Vorschriften sind diese niedergelegt?
2. Beschreiben Sie in Stichworten die 5 wichtigsten Prinzipien des Firmenrechts (ohne Angabe gesetzlicher Vorschriften).
3. Erklären Sie die Begriffe der Personen-, Sach- und zusammengesetzten Firma? Welche Arten der Firmierung sind bei den einzelnen Unternehmsformen möglich?
4. Schwarz, Blau und Grün beschließen, eine OHG zu gründen. Schwarz meint, daß ihr Unternehmen auch einen Namen benötigt.
   Geben Sie 5 Bespiele für eine zulässige Firmierung der Gesellschaft.
5. In welchen Fällen haftet der Erwerber eines unter Lebenden erworbenen Handelsgeschäftes, der die Firma **nicht** fortführt, für die früheren Geschäftsverbindlichkeiten?
6. In welche Art von Verträgen tritt der Erwerber eines Handelsgeschäftes kraft Gesetzes an Stelle des Veräußerers als neuer Vertragspartner ein?
7. Wie können beim Verkauf eines Handelsgeschäftes, das unter der alten Firma fortgeführt wird,
a. der bisherige Inhaber
b. der neue Inhaber die Haftung gegenüber dem Gläubiger G ausschließen, der noch einen Anspruch auf Rückzahlung eines Darlehens hat, das er dem früheren Inhaber für dessen Geschäft gab?
8. A hat seinen Malereibedarfsladen von B gekauft. Sie hatten hierbei vereinbart, daß A für die Geschäftsschulden des B nicht aufzukommen brauche. Diese Abrede wird nicht ins Handelsregister eingetragen. Ein Gläubiger des B, der von

dieser Abrede zufällig erfahren hat, nimmt trotzdem den A in Anspruch. Mit Erfolg?
9. Wer haftet im Fall des § 25 für die früheren Geschäftsverbindlichkeiten? Was bedeutet in diesem Fall die Gesamtschuldnerschaft? Welcher Art ist die Haftung des Unternehmers? Kann dessen Haftung ausgeschlossen werden?
10. Erklären Sie den Begriff des Altschuldnerschutzes in § 25 Abs. 1 Satz 2!
11. Sepp, der ein großer Gebrauchtwagenhändler ist, nimmt Karl als gleichberechtigten Partner in sein Geschäft auf. Nach welcher Vorschrift haftet die nun entstandene OHG für die Altschulden aus früheren Geschäften des Sepp?
Spielt es dabei eine Rolle, ob die alte Firma fortgeführt wird?
Wie kann man es vermeiden, daß die OHG für diese Verbindlichkeiten aufkommen muß?
12. N tritt als persönlich haftender Gesellschafter in das Geschäft des bisherigen Einzelkaufmanns E ein. Beide vereinbaren, daß die entstandene OHG nicht für die alten Geschäftsschulden des E haften soll. Sie lassen diese Vereinbarung nicht ins Handelsregister eintragen, teilen es aber dem Gläubiger G des E mit, der noch eine Geschäftsforderung gegen den E aus der Zeit vor Entstehen der OHG hat. G verlangt trotzdem von der OHG Bezahlung, weil er meint, daß zu seinen Gunsten § 15 Abs. 1 eingreift. Steht dem G der Anspruch gegen die OHG zu?

Antworten

1.a. Der Grundsatz der Firmenwahrheit besagt, daß die Firma eines Kaufmanns nicht über die Art (Einzelkaufmann oder Gesellschaft) und/oder den Umfang des Unternehmens täuschen darf. Normiert ist dieser Grundsatz in § 18 und § 19.
b. Der Grundsatz der Firmenbeständigkeit sagt aus, daß die Firma fortgeführt werden kann, wenn ein Inhaberwechsel bei einem einzelkaufmännischen Unternehmen oder eine Änderung im Gesellschafterbestand einer OHG bzw. KG stattfindet. Dies ergibt sich aus § 22 und § 24. Darüber hinaus besagt dieser Grundsatz auch, daß Namensänderungen etwa

aufgrund von Heirat oder Adoption ebenfalls keinen Einfluß auf die Firma haben. Dies folgt aus § 21.

2. Firmeneinheit: für ein Unternehmen darf nur eine Firma geführt werden
Firmenwahrheit: die Firma darf nicht über Art (z.B. Einzelfirma, KG, GmbH) und/oder Umfang des Unternehmens täuschen
Firmenöffentlichkeit: ein (Voll)Kaufmann muß eine Firma führen und sie ins Handelsregister eintragen lassen
Firmenausschließlichkeit: die Firmen am Ort der Handelsregistereintragung müssen unterscheidbar sein
Firmenbeständigkeit : trotz Änderung des Inhabers kann der Firmenname ggf. erhalten bleiben und vom neuen Inhaber fortgeführt werden

3. Die Personenfirma ist dem Namen des Kaufmanns und die Sachfirma der Art oder/und dem Umfang des Unternehmens entlehnt, während die zusammengesetzte Firma eine Kombination beider Alternativen ist.
OHG/KG: Personenfirma – § 19 Abs. 1 und 2, gegebenenfalls mit Zusatz OHG
AG/KGaA: Sachfirma mit Zusatz AG/KGaA – §§ 4, 278 Abs. 3 AktG, Personenfirma mit Zusatz AG/KGaA ist aber möglich bei Fortführung eines Handelsgeschäftes nach § 22 – § 4 Abs. 2 AktG

4. Die Firmierung einer OHG richtet sich nach § 19 Abs. 1. Danach muß die Firma entweder den Namen mindestens eines persönlich haftenden Gesellschafters mit einem ein Gesellschaftsverhältnis andeutenden Zusatz oder die Namen aller Gesellschafter enthalten. Mögliche Lösungen wären damit: Schwarz, Blau und Grün / Schwarz, Blau und Co (bzw. Cie oder OHG) / Schwarz und Co (bzw. Cie oder OHG) / Blau und Co (bzw. Cie oder OHG) / Grün und Co (bzw. Cie oder OHG) / Blau, Grün und Co (bzw. Cie oder OHG) / Scharz, Grün und Co (bzw. Cie oder OHG) / unzulässig nach h.M. aber: Schwarz, Grün und Blau OHG, da damit das Vorhandensein eines weiteren Gesellschafters angedeutet wird.

5.a. Schuldmitübernahme = Schuldbeitritt = kumulative Schuldübernahme (§§ 241, 305 BGB)
b. Vermögensübernahme (§ 419 BGB)
6.a. in Mietverträge als Vermieter (§ 571 BGB)

b. in Dienstverträge als Dienstherr (§ 611 a BGB)
c. in für den Betrieb abgeschlossene Versicherungsverträge als Versicherungsnehmer (§ 151 VVG)
7.a. Der bisherige Inhaber haftet in diesem Fall als ursprünglicher Schuldner weiter; er kann nur hoffen, daß G in einen Schulderlaßvertrag (§ 397 Abs. 1 BGB) einwilligt; gegen dessen Willen „geht gar nichts".
b. Der neue Inhaber haftet grundsätzlich nach § 25 Abs.1 Satz 1.
Er kann dies durch Enthaftungsvereinbarung mit dem bisherigen Inhaber und eine entsprechende Handelsregistereintragung mit anschließender Bekanntmachung oder eine diesbezügliche Mitteilung an G ändern; § 25 Abs. 2.
8. Ja. Wenn für die Entscheidung dieses Falles § 15 Abs. 1 Anwendung fände, könnte A den Gläubigern den Haftungsausschluß entgegenhalten, weil dieser die entsprechende Vereinbarung kannte. Allgemein wird die Anwendbarkeit des § 15 Abs. 1 jedoch nur bei eintragungspflichtigen, nicht aber bei nur eintragungsmöglichen Tatsachen bejaht. Die Begründung hierfür lautet, daß bei den eintragungsmöglichen Tatsachen eine besondere gesetzliche Regelung über die Voraussetzungen und Rechtsfolgen der Eintragung vorgesehen ist. So läßt sich aus § 25 Abs. 2 entnehmen, daß die zwischen Veräußerer und Erwerber ausgeschlossene Haftungsübernahme Dritten gegenüber nur wirkt, wenn eine Mitteilung an diese oder eine Eintragung ins Handelsregister und eine Bekanntmachung erfolgt sind, die insoweit konstitutiv wirken. Da ein Haftungsausschluß nach § 25 Ab. 2 lediglich eine eintragungsmögliche Tatsache ist, kann § 15 Abs. 1 nicht angewendet werden. A kann sich deshalb gegenüber dem Gläubiger nicht auf dessen zufällig erlangte Kenntnis vom Haftungsausschluß berufen, weil dies den Voraussetzungen des § 25 Abs. 2 nicht genügt.
9. Alter und neuer Inhaber. Für den alten Inhaber ergibt sich das (auch) mittelbar aus § 26 Abs. 1 (spezielle Verjährungsregelung).
Beide haften nach §§ 421 ff BGB als Gesamtschuldner, d.h. jeder der beiden ist zur ganzen Leistung verpflichtet, der Gläubiger kann den Betrag aber insgesamt nur einmal fordern (§ 421 Satz 1 BGB); gesetzlicher Schuldbeitritt (§ 25 Abs. 2).
10. Wenn keine Forderungsabtretung stattgefunden hat (sonst ist § 407 BGB zu beachten), ist der alte Inhaber der alleinige Gläubiger der Forderungen geblieben. § 25 Abs. 1 Satz

2 bezweckt den Schutz der Altschuldner, die in Kenntnis der Veräußerung des Handelsgeschäftes ihre Schulden an den Erwerber (= Nichtberechtigter) zahlen; sie zahlen an diesen im Falle der Einwilligung des früheren Inhabers oder von dessen Erben mit befreiender Wirkung.

11. Die Haftung der OHG für die Altschulden aus dem einzelkaufmännischen Unternehmen des Sepp folgt aus § 28 Abs. 1.
 Nach dem ausdrücklichen Wortlaut des § 28 Abs. 2. Danach ist erforderlich, daß eine Vereinbarung vorliegt, wonach die OHG nicht für die Altschulden haften soll. Darüber hinaus muß diese Vereinbarung dann in das Handelsregister eingetragen und bekanntgemacht oder den Gläubigern mitgeteilt werden.

12. Anspruchsgrundlage: § 28 Abs. 1
a. Die grundsätzlich gegebene Haftung kann nach Abs. 2 ausgeschlossen werden.
b. § 28 Abs. 2 sieht eine Eintragung des Haftungsausschlusses ins Handelsregister und eine entsprechende Bekanntmachung oder eine besondere Mitteilung an den Dritten durch einen Gesellschafter vor, um den Ausschluß nach außen wirksam zu machen.
c. Auf § 15 Abs. 1 kann sich G nicht berufen, da dieser nur für eintragungspflichtige Tatsachen gilt, § 28 Abs. 2 dagegen nur eine Eintragungsmöglichkeit schafft.
d. Vielmehr ist durch die besondere Mitteilung der Ausschluß dem G gegenüber wirksam, § 28 Abs. 2, so daß er keine Zahlung von der OHG verlangen kann.

§ 10 Unselbständige Hilfspersonen des Kaufmanns

A. Einleitung

Neben Handlungslehrlingen und Volontären gehören dazu die Handlungsgehilfen iSd §§ 59 – 75 h, die sich wiederum in Nichtbevollmächtigte und Bevollmächtigte untergliedern lassen. Zur zweiten Gruppe zählen der Prokurist (§§ 48 – 53) und der Handlungsbevollmächtigte (§§ 54 f) sowie der angestellte Handelsvertreter (§ 84 Abs. 2) und möglicherweise auch der Ladenangestellte iSd § 56.

Unselbständige kaufmännische Beschäftigte (in den Betrieb eingegliedert)

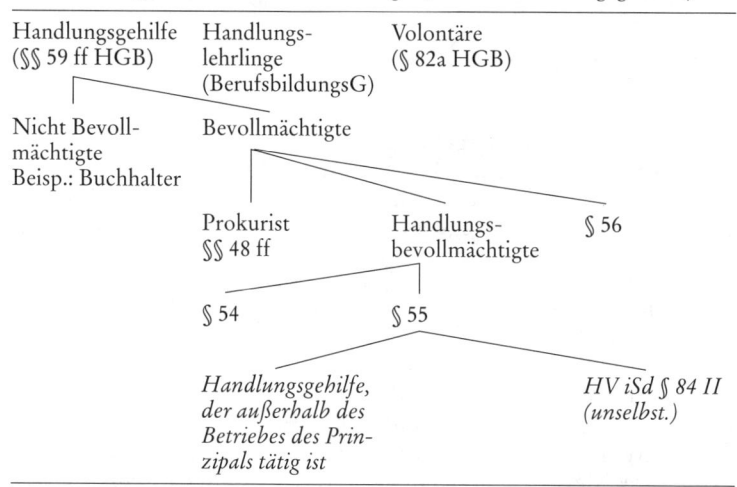

Handlungsgehilfe (§§ 59 ff HGB)	Handlungslehrlinge (BerufsbildungsG)	Volontäre (§ 82a HGB)

Nicht Bevollmächtigte
Beisp.: Buchhalter

Bevollmächtigte

Prokurist §§ 48 ff	Handlungsbevollmächtigte	§ 56

§ 54   § 55

Handlungsgehilfe, der außerhalb des Betriebes des Prinzipals tätig ist

HV iSd § 84 II (unselbst.)

Für Handlungsgehilfen gelten neben den allgemeinen Vorschriften der §§ 59 ff die besonderen Normen für bestimmte Berufsgruppen, wie z.B. für den Prokuristen die im wesentlichen die Erteilung, den Umfang und das Erlöschen der Prokura regelnden §§ 48 – 53. Darüber hinaus sind generell die arbeitsrechtlichen Bestimmungen anwendbar, also arbeitsrechtliche Sondergesetze, Tarifverträge, Betriebsvereinbarungen, das Weisungsrecht des Arbeitgebers und auch die §§ 611 ff BGB, soweit die §§ 59 ff keine Sonderregelung enthalten.

B. Der Handlungsgehilfe

Die §§ 59 – 83 stellen kaufmännisches Sonderarbeitsrecht dar. Sie bezwecken einen Interessenausgleich zwischen dem Arbeitgeber (Kaufmann) und dem Arbeitnehmer (Handlungsgehilfe). Geregelt wird aber nur ein Ausschnitt des Arbeitsverhältnisses, im übrigen gelten die §§ 611 ff BGB und zahlreiche arbeitsrechtliche Gesetze.

Die §§ 59 ff sind in drei Komplexe aufgeteilt:
§§ 59 – 73 regeln allgemein die Rechte und Pflichten (s. unten II.)
§§ 74 – 75 a regeln die Zulässigkeit von nachvertraglichen Wettbewerbsverboten (s. unten III.)
§§ 75 f – 75 h regeln die Beziehungen zu Dritten (s. unten IV.)

I. Begriff und Abgrenzung

Nach § 59 ist Handlungsgehilfe, wer in einem Handelsgewerbe zur Leistung kaufmännischer Dienste gegen Entgelt angestellt ist.
1. Der Handlungsgehilfe muß Angestellter sein, d.h. Arbeiter können nicht Handlungsgehilfen sein. Der Handlungsgehilfe muß aufgrund des Arbeitsvertrages unselbständige Dienste leisten. Keine Handlungsgehilfen sind gesetzliche Vertreter von Personenhandelsgesellschaften oder juristischen Personen, selbständige Mitarbeiter und Freiberufler.
2. Die Anstellung muß in einem Handelsgewerbe erfolgt sein, d.h. bei einem Vollkaufmann, Minderkaufmann, Kaufmann kraft Eintragung oder einer juristischen Person. Nach BAG (RdA 1967, 239) fällt auch ein Gewerbetreibender nach § 2 hierunter, der sich nicht im Handelsregister hat eintragen lassen (aA *Baumbach/Duden/Hopt*, § 59 Rn 27; *Heymann/Honsell* § 59 Rz 27). Noch weiter faßt *K. Schmidt* (Handelsrecht § 16 VI 2) den Begriff des Handelsgewerbes, wenn er hierunter jeden Unternehmer unabhängig von der Kaufmannseigenschaft faßt, dessen Angestellte kaufmännische Dienste leisten.
3. Der Handlungsgehilfe muß kaufmännische Dienste leisten.

a. Was hierunter zu verstehen ist, bestimmt sich nach dem Sprachgebrauch und der Verkehrssitte. Die geistige Tätigkeit muß beim Handlungsgehilfen überwiegen. Sobald er rein mechanische Tätigkeiten oder solche mit geringer geistiger Leistung ausführt, kann er kein Handlungsgehilfe sein. Keinesfalls ist Handlungsgehilfe, wer nichtkaufmännische, gewerbliche, künstlerische oder wissenschaftliche Tätigkeit ausübt, sowie Techniker oder Ingenieure und Gewerbegehilfen.
b. Beispiele aus der Rechtsprechung
aa. Handlungsgehilfen sind Apothekenhelferinnen, Buchhalter, Bürovorsteher, Schaufensterdekorateure, Einkäufer, Filialleiter, Hotelleiter, Kassierer in Banken oder Geschäften, Mitarbeiter in einer Rechtsabteilung, Versicherungsvertreter, Prokuristen, Handlungsbevollmächtigte, Geschäftsführer.
bb. Keine Handlungsgehilfen sind Abonnementverkäufer im Haustürgeschäft, Boten, Fahrkartenverkäufer in der U-Bahn, Getränkeausfahrer, Garderobenfrauen, Kellner, Köche, Busfahrer, Kioskverkäufer, Chemiker, Ingenieure.
cc. Beim Handlungsreisenden kann ein Handelsvertretervertrag vorliegen, der aufgrund seiner Selbständigkeit (vgl. § 84) kein Handlungsgehilfe ist, oder er kann unselbständiger Handlungsgehilfe sein (§ 84 Abs. 2).
4. Der Handlungsgehilfe muß gegen Entgelt angestellt sein, wobei es keine Rolle spielt, wie dieses ausgestaltet ist. Unter den Begriff des Entgelts fallen Lohn und Gehalt, Provisionen, Tantiemen, Gratifikationen, Sachleistungen und sonstige Arten, z.B. Spesen, Fahrtkosten, zinsgünstige Darlehen u.ä.

II. Rechte und Pflichten des Handlungsgehilfen (§§ 59 -73)

1. Pflichten des Handlungsgehilfen

a. Hauptpflicht
Nach § 59 Satz 1 iVm dem Arbeitsvertrag iVm §§ 611 ff BGB ist der Handlungsgehilfe zur Dienstleistung verpflichtet. In erster Linie kommt es dabei auf die vertragliche Vereinbarung an, subsidiär stellt § 59 Satz 1 auf den Ortsgebrauch ab. Ist dieser nicht feststellbar (z.B. durch ein Gutachten der Handelskammer), ist nach § 59 Satz 2 auf die angemessene Leistung abzustellen. In der Praxis wird der

Inhalt der Dienstleistungspflicht häufig durch Tarifverträge oder Betriebsvereinbarungen geregelt.

Konkretisiert wird die Dienstleistungspflicht durch das Direktionsrecht des Prinzipals.

Der Handlungsgehilfe muß seine Dienste im Zweifel persönlich erbringen, § 613 Satz 1 BGB.

b. Nebenpflichten

Der Handlungsgehilfe unterliegt wie jeder andere Arbeitnehmer einer allgemeinen Treuepflicht gegenüber dem Arbeitgeber. Diese umfaßt die Pflicht, die Interessen des Arbeitgebers zu wahren, über Geschäfts- und Betriebsgeheimnisse Stillschweigen zu wahren, keine Schmiergelder anzunehmen, Nachrichten und Auskünfte zu übermitteln und Rechenschaft abzulegen sowie das Wettbewerbsverbot des § 60 Abs. 1 zu beachten (dazu im einzelnen unten e).

c. Bei Verletzung der Hauptpflicht der Dienstleistung kann der Arbeitgeber das Arbeitsverhältnis außerordentlich (§ 626 BGB) oder ordentlich (§§ 622 BGB, 1 KSchG) kündigen und gegebenenfalls Schadensersatz (§ 628 Abs. 2 BGB, pVV) fordern. Zur Minderung des Entgelts ist er hingegen nicht berechtigt. Bei Vereinbarung einer angemessenen Vertragsstrafe kann diese verwirkt sein (§§ 339 ff BGB).

d. Bei der Verletzung von Nebenpflichten stehen dem Arbeitgeber die gleichen Möglichkeiten offen.

e. Wettbewerbsverbot (§§ 60, 61)

Der Handlungsgehilfe unterliegt grundsätzlich einem gesetzlichen Wettbewerbsverbot für die Zeit der Dauer des Arbeitsverhältnisses gemäß § 60 Abs. 1. Dieses kann allerdings durch vertragliche Vereinbarung ganz oder teilweise aufgehoben werden. Für die Zeit nach Beendigung des Arbeitsverhältnisses gelten die §§ 74 ff (s. unten III.)

aa. Voraussetzungen

(1) Verbot, ein Handelsgewerbe zu betreiben

Dieses Verbot ist in verfassungskonformer Weise wegen Art. 3 und 12 GG dahingehend einzuschränken, daß nur solche Handelsgewerbe nicht betrieben werden dürfen, mit denen der Handlungsgehilfe zum Prinzipal tatsächlich in einem Wettbewerbsverhältnis steht. Fehlt ein solches Konkurrenzverhältnis zwischen den betriebenen Handelszweigen, findet § 60 Abs. 1 keine Anwendung, wie z.B. dann, wenn der Prinzipal einen Eisenwarenhandel betreibt, der Handlungsgehilfe dagegen eine Bäckerei.

Erlaubt ist nach h.M. auch die Vorbereitung zum Aufbau einer selbständigen Existenz des Handlungsgehilfen selbst im gleichen Handelszweig, sofern dem Prinzipal nicht schon dadurch Wettbewerbsnachteile entstehen.

Nach § 60 Abs. 2 besteht dann kein gesetzliches Wettbewerbsverbot, wenn der Handlungsgehilfe bei Eintritt in das Arbeitsverhältnis bereits ein Handelsgewerbe betreibt, dem Prinzipal dies positiv bekannt war, er jedoch mit dem Handlungsgehilfen nicht die Aufgabe des Handelsgewerbes vereinbart hat. Die bloße Duldung des Betreibens reicht allerdings für die Einwilligung nicht aus.

(2) Verbot, im Handelszweig des Prinzipals Geschäfte auf eigene oder fremde Rechnung zu machen

Auch diese Alternative zielt darauf ab, den Arbeitgeber vor Wettbewerb des Handlungsgehilfen zu schützen und unterliegt insofern den gleichen Einschränkungen wie die erste Alternative.

bb. Die Wettbewerbsverbote unter (1) und (2) gelten auch für den mittelbaren Wettbewerb des Handlungsgehilfen durch Beteiligung an einer Konkurrenzgesellschaft als persönlich haftender Gesellschafter oder Geschäftsführer, nicht dagegen, was allerdings streitig ist, bei bloßen Kapitalbeteiligungen an solchen Gesellschaften.

cc. Folgen der Verletzung eines Wettbewerbsverbots: § 61

(1) Die Verletzung des Wettbewerbsverbots berechtigt den Prinzipal, vom Handlungsgehilfen Unterlassung zu verlangen.

(2) In der Regel schafft die Verletzung auch ein außerordentliches Kündigungsrecht nach § 626 BGB, denn es handelt sich um einen besonders schwerwiegenden Vertrauensbruch.

(3) Im übrigen hat der Prinzipal ein Wahlrecht nach § 61 Abs. 1:

(a) Er kann nach § 61 Schadensersatz verlangen, was an sich schon aus dem Arbeitsvertrag folgt. Voraussetzung ist dabei ein Verschulden des Handlungsgehilfen, auch wenn dies in § 61 nicht ausdrücklich gefordert ist (h.M.). Weitere Anspruchsgrundlagen sind bei Sittenwidrigkeit §§ 826 BGB und 1 UWG.

Voraussetzung ist, daß der Schaden adäquat kausal auf dem Verhalten des Handlungsgehilfen beruht, so daß kein Schadensersatzanspruch besteht, wenn der Prinzipal von der Gelegenheit des Vertragsschlusses nichts wußte oder das Geschäft selber nicht abgeschlossen hätte.

(b) Er kann bei Geschäften, die der Handlungsgehilfe auf eigene Rechnung getätigt hat, Herausgabe des erzielten Gewinns nach § 61 Abs. 1, 2. Hs. bzw. Abtretung der entstandenen Forderung verlangen. Voraussetzung ist wiederum ein Verschulden des Handlungs-

gehilfen. Im Gegenzug muß er allerdings dem Handlungsgehilfen dessen Aufwendungen ersetzen (§ 670 BGB analog).
(c) Bei Geschäften, die der Handlungsgehilfe auf fremde Rechnung machte, kann er nicht Herausgabe des Gewinns verlangen, denn diesen macht der Dritte. Dafür kann er aber nach § 61 Abs. 1, 2. Hs. die Herausgabe der Provision bzw. Abtretung der Provisionsforderung verlangen.
(d) Zur Geltendmachung der Ansprüche nach (a) bis (c) kann der Prinzipal vom Handlungsgehilfen Auskunft und Rechnungslegung verlangen.
(3) Die Ansprüche aus § 61 Abs. 1 verjähren gemäß § 61 Abs. 2 HGB nach drei Monaten ab Kenntnis des Prinzipals von dem Geschäft bzw. ohne Rücksicht auf seine Kenntnis nach fünf Jahren.

2. Pflichten des Prinzipals

a. Hauptpflicht
aa. Der Prinzipal muß dem Handlungsgehilfen eine Vergütung zahlen, § 59 Satz 1 iVm Arbeitsvertrag iVm § 611 BGB. Spiegelbildlich zur Hauptpflicht des Handlungsgehilfen richtet sich die Vergütung zunächst nach dem Arbeitsvertrag, dann dem Ortsgebrauch und zuletzt nach der Angemessenheit der Vergütung aufgrund der Umstände.
Auch hinsichtlich des Vergütungsanspruchs wird in der Praxis häufig eine Regelung durch Tarifvertrag oder Betriebsvereinbarung geschaffen.
bb. Zu den Vergütungsformen vgl. oben I 4.
Hauptform der Vergütung ist das Gehalt, wovon § 64, der die Regelzahlungsmodalität normiert, ausgeht. Die anderen oben erwähnten Vergütungsformen werden in der Regel als Nebenentgelt gewährt.
cc. Soweit der Handlungsgehilfe eine Provision als Abschluß- oder Vermittlungsvertreter erhält, finden nach § 65 die §§ 87 Abs. 1 und 3, 87 a bis 87 c Anwendung, in denen die provisionspflichtigen Geschäfte, die Fälligkeit und die Höhe der Provision und deren Abrechnung geregelt werden.
dd. Nach § 615 BGB besteht der Vergütungsanspruch des Handlungsgehilfen auch bei Verzug des Prinzipals fort, sofern der Handlungsgehilfe seine Dienste nach §§ 294–296 BGB angeboten hat. Im Falle unverschuldeter Verhinderung aufgrund eines Unglücksfalls (insbesondere wegen Krankheit) hat der Handlungsgehilfe einen

Vergütungsfortzahlungsanspruch bis zur Dauer von sechs Wochen nach § 63 (aufgehoben durch PflVG). Weiterhin hat er einen Anspruch auf Vergütung von Mehrarbeit, Feiertagslohn etc.

b. Nebenpflichten

aa. Der Prinzipal hat gegenüber seinem Handlungsgehilfen eine Fürsorgepflicht, die in § 62 nur teilweise geregelt ist, nämlich hinsichtlich des Schutzes des Handlungsgehilfen vor Gesundheitsgefährdungen.

bb. Daneben besteht aus der dem arbeitsvertraglichen Verhältnis entspringenden Fürsorgepflicht auch die Pflicht, das eingebrachte Eigentum des Handlungsgehilfen zu schützen, soweit dies dem Prinzipal zumutbar ist, sowie eine Schweigepflicht, Informations- und Hinweispflichten.

cc. Der Prinzipal ist verpflichtet, den Handlungsgehilfen aufgrund der arbeitsrechtlichen Gleichbehandlungspflicht gerecht zu behandeln und gleichheitswidrige oder willkürliche Maßnahmen zu unterlassen.

dd. Nach heute h.M. hat der Handlungsgehilfe gegen den Prinzipal wie jeder andere Arbeitnehmer auch einen Anspruch auf Beschäftigung, der vom BAG (AP Nr. 4 zu § 611 und BAG GS NJW 1985, 2968) aus §§ 611, 613, 242 BGB und Art. 1 Abs. 1, 2 Abs. 1 GG abgeleitet wird. Der Handlungsgehilfe muß sich also nicht auf § 615 BGB verweisen lassen. Die Grenze der Beschäftigungspflicht liegt bei der Zumutbarkeit für den Prinzipal.

ee. Auch aus dem Persönlichkeitsrecht des Handlungsgehilfen nach Art. 1 Abs. 1, 2 Abs. 1 GG ergibt sich eine Pflicht des Prinzipals, den Arbeitnehmer gerecht und anständig zu behandeln.

ff. Daneben bestehen noch diverse gesetzlich geregelte Nebenpflichten:

(1) Einsichtsgewährung in Personalakten, § 83 BetrVG
(2) Gewährung von Erholungsurlaub, § 1 BUrlG
(3) Abführung von Lohnsteuer und Sozialabgaben, § 41 a EStG
(4) Zeugniserteilung nach Beendigung des Arbeitsverhältnisses, § 73
(5) Gewährung von Freizeit zur Stellensuche, § 629 BGB

c. Bei Verletzung der Hauptpflicht durch Nichtzahlung der Vergütung hat der Handlungsgehilfe zunächst kein Zurückbehaltungsrecht aus § 320 BGB hinsichtlich seiner Dienstleistung, weil er vorleistungspflichtig ist (vgl. § 64). Dieses Zurückbehaltungsrecht entsteht aber mit Fälligkeit der Vergütung nach spätestens einem

Monat (vgl. § 64). Unberührt bleibt der Anspruch wegen Zahlungsverzug.

d. Bei Verletzung von Nebenpflichten hat der Handlungsgehilfe ein Zurückbehaltungsrecht aus § 273 BGB, soweit sich aus dem Vertrag oder aus Treu und Glauben nichts anderes ergibt.

III. Nachvertragliches Wettbewerbsverbot (§§ 74 – 75 a)

Zu beachten ist, daß nach § 75 d die §§ 74 – 75 c zum Nachteil des Handlungsgehilfen nicht abbedungen werden können und Umgehungsgeschäfte nicht zu Lasten des Handlungsgehilfen abgeschlossen werden dürfen. Der Handlungsgehilfe kann sich hingegen auf die zu seinen Lasten geschlossenen Vereinbarungen berufen (str.).

1. Vertragliches Wettbewerbsverbot (§ 74)

Während des Bestehens des Arbeitsverhältnisses unterliegt der Handlungsgehilfe dem Wettbewerbsverbot der §§ 60, 61 (s.o. II 1 e). Nach Beendigung des Arbeitsverhältnisses unterliegt er grundsätzlich keinem Wettbewerbsverbot, jedoch kann ein solches von den Parteien vereinbart werden.
a. Ein Wettbewerbsverbot muß sich im Rahmen der §§ 74 – 75 d halten und findet darüber hinaus seine Grenzen in §§ 1 GWB und 138 Abs. 1 BGB.
b. Voraussetzung ist nach §§ 74 Abs. 1, 126 BGB die Schriftform der Vereinbarung und die Übergabe der vom Prinzipal unterzeichneten Urkunde an den Handlungsgehilfen.
c. Inhaltlich kann die Beschränkung einer gewerblichen Tätigkeit in sachlicher, zeitlicher und örtlicher Hinsicht geregelt werden, wobei das Wettbewerbsverbot auch bedingt sein kann. Zu beachten ist aber, daß nach § 74 a Abs. 1 Satz 3 die Dauer der Beschränkung höchstens zwei Jahre betragen darf.
d. Nichtig ist die Vereinbarung des Wettbewerbsverbotes nach § 74 a Abs. 2, wenn der Handlungsgehilfe weniger als 1.500, – DM (hochgerechnet mit dem Kostenindex des Statistischen Bundesamtes, vgl. Anm. zu § 74 a Abs. 2 im Schönfelder; 1923 = 100) an vertragsmäßigen Leistungen bekommt, der Handlungsgehilfe bei Abschluß der Vereinbarung minderjährig ist, der Prinzipal sich die

Erfüllung auf Ehrenwort oder ähnlichem (z.B. eidesstattlich) versprechen läßt, oder ein Dritter (z.B. der neue Prinzipal) sich auf die Einhaltung der Wettbewerbsabrede verpflichten läßt.

Zu unterscheiden ist zwischen verbindlichen und unverbindlichen Wettbewerbsverboten:
aa. Verbindlich ist die vertragliche Abrede nach § 74 Abs. 2 nur, wenn die monatlich (§ 74 b Abs. 1) zu zahlende Entschädigung (sog. Karenz) mindestens 50 % der letzten vertragsmäßigen Leistungen (Lohn, Gehalt etc.) umfaßt. Hat der Handlungsgehilfe Provisionen oder andere wechselnde Bezüge erhalten, wird nach § 74 b Abs. 2 der Durchschnittsverdienst der letzten drei Jahre als Berechnungsgrundlage zugrunde gelegt.

Nicht berücksichtigt werden Bezüge, die der Handlungsgehilfe als Aufwendungsersatz für Aufwendungen infolge des Dienstverhältnisses erhalten hat, § 74 b Abs. 3. Angerechnet wird nach § 74 c, was der Handlungsgehilfe durch seine Arbeitskraft erwirbt oder böswillig zu erwerben unterläßt, sofern die Summe aus Entschädigung und Erwerb oder unterlassenem Erwerb den Betrag der letzten vertragsmäßigen Leistungen um mehr als 10 % übersteigt.

Bsp.: H erhielt zuletzt ein Gehalt von 60.000 DM. Als Karenz zahlt ihm P 30.000 DM. Beim neuen Arbeitgeber P 2 verdient H 30.000 DM. Anrechnung? 30.000 + 30.000 < 60.000 + 10 %, daher keine Anrechnung

Abw.: P 2 zahlt ein Gehalt von 60.000 DM, sonst wie oben. Anrechnung? 30.000 + 60.000, daher sind 90.000 − 66.000 = 24.000 anzurechnen, die Karenz beträgt nur noch 6.000 DM.

Zur Feststellung der Höhe der anzurechnenden Beträge hat der Prinzipal einen Auskunftsanspruch gegen den Handlungsgehilfen aus § 74 c Abs. 3.

bb. Unverbindlich ist ein Wettbewerbsverbot nach § 74 a Abs. 1 Satz 1 und 2, wenn es nicht dem Schutz berechtigter geschäftlicher Interessen des Prinzipals dient (z.B. bei einem Wettbewerbsverbot über die Branche des Prinzipals hinaus, oder Prinzipal hat den Betrieb eingestellt bzw. die Branche gewechselt) oder das Fortkommen des Handlungsgehilfen unbillig erschwert.

Folge der Unverbindlichkeit des Wettbewerbsverbotes ist, daß sich der Prinzipal nicht auf das Wettbewerbsverbot berufen kann, der Handlungsgehilfe hingegen ein Wahlrecht hat, so daß er sich an das Wettbewerbsverbot halten kann und den Entschädigungsanspruch erhält oder sich nicht an das Wettbewerbsverbot halten muß.

2. Ausschluß der Entschädigungspflicht

a. § 75 a gibt dem Prinzipal die Möglichkeit, vor Ende des Arbeitsverhältnisses auf das Wettbewerbsverbot zu verzichten, womit der Handlungsgehilfe mit sofortiger Wirkung keinem (nachvertraglichen) Verbot mehr unterliegt und der Prinzipal nach Ablauf eines Jahres ab Zugang der Verzichtserklärung von der Entschädigungspflicht freigestellt ist.
b. Nach Ablauf des Arbeitsverhältnisses kann der Prinzipal nicht mehr nach § 75 a verzichten. Unzulässig ist auch ein bedingtes Verbot, bei dem sich der Prinzipal vorbehält, nach Ende des Arbeitsverhältnisses zu verzichten; vielmehr hat der Handlungsgehilfe in diesem Fall ein Wahlrecht zwischen Wettbewerbsverbot mit Entschädigungspflicht und keinem Wettbewerbsverbot. Zulässig ist dagegen ein Aufhebungsvertrag zwischen den Parteien nach Beendigung des Arbeitsverhältnisses.
c. § 75 b ist nach BAG (BB 1981, 553 zu S. 1 und BB 1975, 1636 zu S. 2) wegen Verstoßes gegen Art. 12 GG verfassungswidrig und führt nicht zu Ausnahmen von der Entschädigungspflicht.

3. Unwirksamwerden des Wettbewerbsverbots

a. Kündigt der Handlungsgehilfe außerordentlich nach § 626 BGB und ist diese Kündigung wirksam, gewährt ihm § 75 Abs. 1 ein Wahlrecht, wenn er dies dem Prinzipal gegenüber binnen eines Monats nach der Kündigung schriftlich erklärt. Er kann also erklären, daß er sich nicht an die Wettbewerbsabrede gebunden fühlt und unterliegt fortan keinem Wettbewerbsverbot, oder er schweigt und damit ist das Wettbewerbsverbot wirksam.
b. Kündigt der Prinzipal den Arbeitsvertrag fristlos nach § 626 BGB wegen vertragswidrigen Verhaltens des Handlungsgehilfen, hat er ein Wahlrecht analog § 75 Abs. 1 (*Baumbach/Duden/Hopt* § 75 Rn 3).
c. Kündigt der Prinzipal in sonstigen Fällen, steht dem Handlungsgehilfen nach § 75 Abs. 2 ein Wahlrecht zu, es sei denn, er hat erheblichen Anlaß für die Kündigung gegeben, oder der Prinzipal erklärt, daß er für die vorgesehene Dauer des Wettbewerbsverbotes dem Handlungsgehilfen die vollen vertragsmäßigen Leistungen (also nicht nur die Entschädigung) zu zahlen bereit ist.
d. Bei ordentlichen Kündigungen des Handlungsgehilfen bleibt das Wettbewerbsverbot unverändert bestehen.

e. Bei einvernehmlicher Vertragsaufhebung (§ 305 BGB) ist – je nachdem, wer Anlaß zur Aufhebung gab – entweder § 75 Abs. 1 oder § 75 Abs. 2 anzuwenden.

4. Vertragsstrafe (§ 75 c)

Hat der Handlungsgehilfe für den Fall der Zuwiderhandlung gegen das Wettbewerbsverbot eine Vertragsstrafe versprochen, kann der Prinzipal nach § 75 c Abs. 1 iVm § 340 Abs. 1 BGB nicht die Vertragsstrafe und Erfüllung (d.h. Unterlassung der Wettbewerbshandlung) verlangen. Er muß vielmehr zwischen dem Erfüllungs(Unterlassungs-)anspruch und der verwirkten Strafe wählen. Darüber hinaus kann er Schadensersatzansprüche geltend machen, wobei nach § 340 Abs. 2 BGB als Mindestschaden die Vertragsstrafe gilt.

Der Handlungsgehilfe kann nach §§ 75 c Abs. 1 Satz 2 iVm 343 BGB Herabsetzung der Vertragsstrafe verlangen, wenn diese unverhältnismäßig hoch ist.

5. Folgen der Verletzung der Wettbewerbsabrede

Der Prinzipal kann dann, wenn der Handlungsgehilfe entgegen der vertraglichen Absprache Wettbewerb betreibt, folgendes verlangen:

a. Unterlassung und Beseitigung fortwirkender Störungen
b. Schadensersatz aus pVV
c. Rücktritt aus §§ 325, 326 BGB
d. Vertragsstrafe aus § 75 c (s.o.4.)

IV. Drittbeziehungen

1. Sperrabrede unter Arbeitgebern (§ 75 f)

§ 75 f gestattet Abreden unter mehreren Arbeitgebern, einen Handlungsgehilfen, der bei einem Prinzipal angestellt ist oder war, nicht oder nur unter bestimmten Voraussetzungen (z.B. unter Zustimmung des alten Prinzipals) anzustellen. Da diese Abrede weder einklagbar ist noch im Prozeß eine Einrede schafft, dient sie mittelbar auch dem Schutz des Handlungsgehilfen. Allerdings können die Vertragsparteien von dieser Verabredung jederzeit zurücktreten. Das Recht ist unabdingbar.

Unter bestimmten Voraussetzungen kann eine solche Abrede auch nichtig sein, z.b. nach § 138 Abs. 1 BGB (nicht dagegen nach § 134 BGB iVm § 75 f), wenn die Abrede nicht berechtigten Interessen iSv § 74 a dient, sondern z.B. nur zur Erhaltung eines bestimmten Lohnniveaus. Auch im Falle des faktischen Ausschlusses des Handlungsgehilfen vom Arbeitsmarkt durch weitreichende Absprachen kann die Sperrabrede wegen Verstoßes gegen Art. 12 GG unwirksam sein.

Streitig ist, ob § 75 f Anwendung findet, wenn sich die Arbeitgeber zur Unterlassung von Abwerbungen verabreden (bejahend *Schlegelberger/Schröder* § 75 f Rz 2 a; ablehnend *Heymann/Honsell* § 75 f Rz 4). Bei vertragwidriger Abwerbung (z.B. durch Verleitung zum Vertragsbruch) kann dem Prinzipal ein Anspruch aus § 826 BGB zustehen (nicht aber aus § 75 f HGB; *Heymann/Honsell* aaO; offengelassen von BAG BB 1973, 427). Unter Umständen haften die Arbeitgeber einem benachteiligten Handlungsgehilfen aus § 826 BGB oder pVV, aus letzterem aber nur der Prinzipal, bei dem der Handlungsgehilfe angestellt ist.

2. *Vertretungsmacht des Handlungsgehilfen*

a. Die Vertretungsmacht des Handlungsgehilfen im Betrieb des Prinzipals richtet sich nach den vertraglichen Abreden und der gesetzlichen Regelung zur Vertretung.
b. Im Außendienst gibt es die Sonderregelungen der §§ 75 g und 75 h.
aa. Für den Handlungsgehilfen, der außerhalb des Betriebes des Prinzipals Geschäfte vermittelt, gilt über § 75 g Satz 1 die Regelung des § 55 Abs. 4, d.h. der Handlungsgehilfe gilt als ermächtigt, Erklärungen betreffend mangelhafte Leistungen entgegenzunehmen und Beweissicherungsrechte geltend zu machen. Hiervon abweichende Regelungen gelten nur gegenüber bösgläubigen Dritten, § 75 g Satz 2.
bb. Hat der mit der Vermittlung betraute Handlungsgehilfe im Außendienst ein Geschäft ohne Vollmacht abgeschlossen, wirkt das Geschäft gutgläubigen Dritten gegenüber für und gegen den Prinzipal, wenn dieser es nicht unverzüglich ablehnt, § 75 h Abs. 1. Diese Regelung entspricht der für den Handelsvertreter in § 91 a Abs. 1. Entsprechendes gilt nach § 75 h Abs. 2 für den Fall, daß der

Handlungsgehilfe zwar Abschlußvollmacht erteilt bekam, das abgeschlossene Geschäft aber nicht von der Vollmacht gedeckt wird. Diese Regelung entspricht § 91 a Abs. 2.

C. Die besonderen handelsrechtlichen Vollmachten

I. Arten und Umfang der Vertretungsmacht (allgemein)

Damit die von einem Dritten (Vertreter) abgegebene Willenserklärung für und gegen einen anderen (Vertretener) wirkt, sind dafür nach der grundsätzlichen Regelung des § 164 Abs. 1 BGB zwei Voraussetzungen erforderlich:
1. Handeln im fremden Namen (Offenkundigkeitsprinzip)
2. mit Vertretungsmacht
Diese dem Dritten eingeräumte Rechtsmacht kann auf unterschiedliche Weise gewährt werden, nämlich:

1. Gesetzliche Vertretungsmacht

a. *§§ 1626, 1629 Abs. 1 BGB* (beschränkt durch §§ 1643, 1821 ff BGB und ausgeschlossen durch §§ 1629 Abs. 3, 1795 BGB): *Eltern-Kind-Verhältnis*
b. *§ 56*: kaufmännischer Ladenangestellter

2. Organschaftliche Vertretungsmacht
(Organ hat die Stellung eines gesetzlichen Vertreters)

a. im öffentlichen Recht gilt die *ultra-vires-Theorie*:
danach können Organe und Vertreter juristischer Personen des öffentlichen Rechts nur innerhalb des ihnen durch Gesetz oder Satzung zugewiesenen Aufgaben- und Wirkungsbereichs rechtswirksam handeln
b. beim *rechtsfähigen Verein* (§§ 21, 22 BGB):
keine Geltung der ultra-vires-Theorie; Beschränkungen aus für Dritte erkennbarem Vereinszweck und aus der Vereinssatzung
c. bei der *AG/KGaA/GmbH:*
Vertretungsmacht des Vorstandes (§ 78 AktG) bzw. Geschäftsführers (§ 35 GmbHG) ist unbeschränkt und nach außen auch durch

engere Geschäftsführungsbefugnis unbeschränkbar (§§ 82 Abs. 1 und 2, 278 Abs. 3 AktG, 37 Abs. 2 Satz 1 GmbHG); sie wird auch weder durch den Gewinnerzielungszweck noch den Unternehmensgegenstand beschränkt (*Ausnahme:* für Handlungen, die auf eine Vereitelung des Gesellschaftszwecks abzielen)
aber: Mißbrauch der Vertretungsmacht möglich
d. bei der *OHG/KG:*
unbeschränkte und unbeschränkbare Vertretungsmacht nach § 126 Abs. 1 und 2 (nicht Kommanditisten: § 170)
Ausnahme: bei mehreren unter verschiedenen Firmen geführten Niederlassungen (§§ 126 Abs. 3, 50 Abs. 3)
e. bei der *BGB-Gesellschaft*:
Für die BGB-Gesellschaft gelten, falls eine vertragliche Regelung fehlt, die §§ 714 iVm 709 BGB. Danach bestimmt sich die Vertretungsberechtigung im Zweifel nach der Geschäftsführungsbefugnis. *Konkret*: Soweit ein Gesellschafter zur Geschäftsführung, also zur Verwirklichung des Gesellschaftszwecks im Innenverhältnis befugt ist, ist er auch berechtigt, nach außen mit Dritten Rechtsgeschäfte zu tätigen. Der vertretungsberechtigte Gesellschafter handelt dabei im Namen und mit Vertretungsmacht der übrigen Gesellschafter; er gibt also für sich im eigenen Namen und gleichzeitig für die übrigen Gesellschafter im fremden Namen seine Erklärung ab.

Die Gesellschafter der BGB-Gesellschaft können die Vertretungsmacht ihrer Vertreter beschränken, indem sie z.B. bestimmen, daß sie nur mit dem Gesellschaftsvermögen, nicht aber mit dem Privatvermögen verpflichtet werden dürfen (GbRmbH). Diese Beschränkungsabrede ist jedoch nur dann wirksam, wenn sie für den Vertragspartner durch eine Überprüfung erkennbar (offenkundig) ist. Die Erkennbarkeit der beschränkten Vertretungsmacht ist gegeben, wenn sich der dafür interessierende Vertragspartner Kenntnis davon verschaffen kann.

3. *Rechtsgeschäftliche Vertretungsmacht*

a. Bevollmächtigung (Vollmacht) nach § 167 Abs. 1 BGB, die beliebig beschränkt werden kann (Spezial-, Art-, Generalvollmacht):

Die besonderen handelsrechtlichen Vollmachten

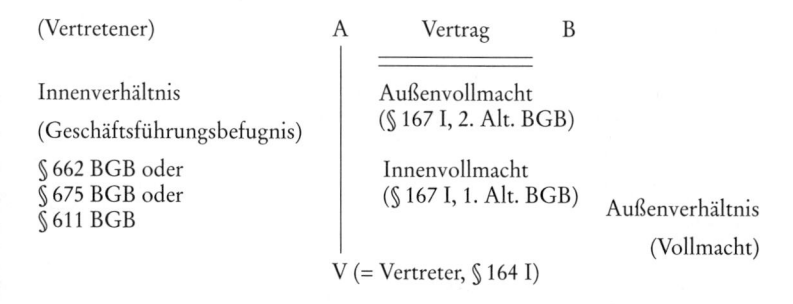

```
(Vertretener)              A       Vertrag      B
                           ├──────────────────
Innenverhältnis            │   Außenvollmacht
(Geschäftsführungsbefugnis)│   (§ 167 I, 2. Alt. BGB)
§ 662 BGB oder             │
§ 675 BGB oder             │   Innenvollmacht
§ 611 BGB                  │   (§ 167 I, 1. Alt. BGB)     Außenverhältnis
                           │                              (Vollmacht)
                           V (= Vertreter, § 164 I)
```

b. Prokura (§§ 48 ff) und Handlungsvollmacht (§§ 54 f)

II. Überblick über die Voraussetzungen und den Umfang der besonderen handelsrechtlichen Vollmachten

§§ 48–53 HGB	§ 54 HGB	§ 56 HGB
Prokura	Handlungsvollmacht	Ladenangestellte
	Erteilung	
nur durch Vollkaufleute (§ 4 I)	auch Minderkaufleute	gesetzliche Vertretungsmacht, die sich sowohl auf Verpflichtungs- als auch auf Verfügungsgeschäfte erstreckt
persönlich (§ 48 I)	nicht erforderlich	Ladenangestellter ist, wer mit
ausdrücklich (§ 48 I)	nicht erforderlich	Wissen und Wollen des Ladeninhabers zum Verkauf im
Eintragung im Handelsregister (§ 53 I 1) wirkt deklaratorisch	nicht eintragungsfähig	Laden tätig ist, und zwar unabhängig davon, ob ein Anstellungsvertrag besteht.
	Umfang	
Alle Geschäfte, die der Betrieb (irgend-) eines (abstrakt zu bestimmen) Handelsgewerbes mit sich bringt (§ 49 I).	Weitestgehende Generalhandlungsvollmacht: alle Geschäfte, die der Betrieb eines derartigen (konkret zu bestimmen) Handelsgewerbes gewöhnlich mit sich bringt (§ 54 I)	Ermächtigt zu allen im Laden gewöhnlich anfallenden Handlungen. Dafür reicht eine Vertragsanbahnung im Laden aus, sofern zu dem außerhalb des Ladens getätigten Kaufabschluß noch ein unmittelbarer sachlicher und zeitlicher Zusammenhang besteht.

Von der Prokura nicht erfaßt werden die Veräußerung und Belastung von Grundstücken, soweit sie nicht ausdrücklich darauf erweitert wurde (§ 49 II), sowie: Prokurabestellung: § 48 I Bilanzunterzeichnung: § 245 Grundlagengeschäfte (Veräußerung und Einstellung des Geschäfts)	wie Prokura, nur zusätzlich noch: – Wechselverbindlichkeiten, – Darlehensaufnahme, – Prozeßführung (§ 54 II)	
§ 50 I: weitergehende Beschränkung der Prokura ist Dritten gegenüber unwirksam	rechtsgeschäftliche Beschränkungen sind möglich; sie sind gegenüber Dritten wirksam, wenn diese sie kannten oder kennen mußten (§ 54 III)	§ 54 III gilt entsprechend

III. Der gesetzliche Umfang der Handlungsvollmacht (HVM)

1. Arten der Handlungsvollmacht

Während die BGB-Vollmacht (§ 167 Abs. 1 BGB) vom Vollmachtgeber beliebig beschränkt werden kann, haben die gesetzliche und regelmäßig auch die organschaftliche Vertretungsmacht einen schon kraft Gesetzes festgelegten Umfang, der in den meisten Fällen durch rechtsgeschäftliche Vereinbarungen zwischen Vertreter und Vertretenem mit Wirkung im Außenverhältnis nicht angetastet werden kann (s. dazu oben § 10 c I 1 + 2). Etwas anderes gilt z.B. bei § 56, auf den § 54 Abs. 3 analog anwendbar ist. Unmittelbar gilt diese Vorschrift für die Handlungsvollmacht, die nach § 54 Abs. 1 als Spezial-, Art- oder Generalhandlungsvollmacht erteilt werden kann.
a. Spezialvollmacht: Ermächtigung zur Abgabe einer Willenserklärung, um ein bestimmtes Rechtsgeschäft oder ein Bündel von Rechtsgeschäften für den Vollmachtgeber abzuschließen.
b. Art- bzw. Gattungsvollmacht: Ermächtigung zur Abgabe von Willenserklärungen, um mehrfach einen bestimmten Rechtsgeschäftstyp für den Vollmachtgeber vornehmen zu können.
c. Generalvollmacht: unbeschränkte Vollmacht (BGHZ 36, 292, 295); unter Ausnahmen unwiderruflich und formbedürftig; erlaubt die Vornahme jedweder rechtsgeschäftlicher Handlung für den Ver-

treten; Umfang im Handelsrecht nach § 54: alle zum Betrieb eines Handelsgewerbes gehörigen Geschäfte.
Die Zuordnung der jeweiligen Vollmachtsart erfolgt erst nach Auslegung des Sachverhalts gem. §§ 133, 157 BGB unter Berücksichtigung aller Umstände des Einzelfalls (BGH NJW 1988, 3012). Fehlt der ausdrückliche Wille des Vollmachtgebers, richtet sich der rechtsgeschäftliche Umfang nach Treu und Glauben gem. § 242 BGB und der Verkehrssitte. Die handelsrechtliche Bestimmung der Vollmachtsart ist deshalb nicht Gegenstand des § 54 HGB! Die gesetzliche Bestimmung regelt den Umfang des Gutglaubensschutzes beim Geschäftspartner.

2. Allgemeine Unterschiede zwischen Vollmacht (§ 167 Abs. 1 BGB) und Handlungsvollmacht (§ 54 Abs. 1)

Kriterium	VM nach 167 I BGB	HVM nach 54 I
Eigenschaften	durch einseitiges RG erteilte Vertretungsmacht (abstrakt vom Grundgeschäft) mit Zielrichtung Außenverhältnis	wie VM. außerdem: eine von zwei Möglichkeiten zur handelsrechtlichen Bevollmächtigung (Prokura/HVM)
Gegenstand	Ermächtigung zur Abgabe/zum Empfang von WEen und zur Vornahme geschäftsähnlicher Handlungen (§ 164 I)	Ermächtigung zur Vornahme von RG kfm. Natur
Grundlage	RG (= gewillkürter Vertreter)	RG (= gewillkürter Vertreter)
Person des Vertretenen	jede zur Abgabe rechtl. erheblichen Willens fähige Personen	alle Kaufleute, Handelsgesellschaften, e.G., jur. Personen gem. §§ 33-36, Minderkfm. gem. § 4 Abs. 2, Konkursverwalter und Handlungsbevollmächtigte selbst
Entstehung und Wirkung	Grundlage: §§ 167 f, 171 HGB	Grundlage: §§ 167 f, 171 BGB

Der Umfang der jeweiligen Art der Handlungsvollmacht wird also rechtsgeschäftlich festgelegt, diese Ermächtigung kann aber aufgrund ausdrücklicher gesetzlicher Regelung noch weitere Maßnahmen erfassen:

..., so erstreckt sich die Vollmacht ... auf alle Geschäfte und Rechtshandlungen, die der Betrieb eines derartigen Handelsgewerbes oder die Vornahme derartiger Geschäfte *gewöhnlich* mit sich bringt."

Das Kriterium des gewöhnlichen Geschäftes ist also geeignet, die Handlungsvollmacht über den rechtsgeschäftlich festgelegten Bereich hinaus zu erweitern, was zwar kaum zu einer gesetzlichen Erweiterung der Generalhandlungsvollmacht führen wird, wohl aber den Umfang der Spezial- und Arthandlungsvollmacht beeinflussen wird. Grundlage dieser gesetzlichen Bestimmung ist die Wertung, daß der Rechtsverkehr darauf vertrauen darf, daß gewöhnliche Geschäfte des jeweiligen Gewerbes auf der entsprechenden Ebene der Handlungsvollmacht gedeckt sind (*Honsell*, JA 1984, 21 f). Der Begriff „gewöhnlich" bedeutet dabei, daß es sich um ein nach allgemeiner Verkehrsauffassung im Bereich des Handelsgewerbes liegendes Geschäft handeln muß, was nicht unbedingt „häufig" oder „alltäglich" anfallen muß.

Was auf der einen Seite eine Erweiterung darstellt, konkretisiert aber auch wesentliche Einschränkungen. Aus 54 Abs. 1 folgt auch:

– keine wesensfremden Gestaltungsrechte bei SpezialHVM (z.B. Vertragsstrafen)
– keine inhaltlichen Abweichungen vom typisierten Geschäft bei ArtHVM (Ein-/Verkauf)
– Auslegung der Rechtmäßigkeit der Nutzung einer GeneralHVM am Begriff „gewöhnlich"
– Aussparung sog. „gefährlicher" Geschäfte, d.h. Rechtsgeschäfte von existentieller Bedeutung, und der Prozeßführung (Abs. 2)

3. Übersicht

HVM-Typ	rechtsgeschäftl. Umfang (Bindung an konkrete Vertretungsmacht)	gesetzlicher Umfang (Erweiterung der Vertretungsmacht)
Art HVM	Schalterangestellte: Bearbeitung der Kundenwünsche/ Abschluß von Dienstverträgen	Ein-/Auszahlungen, Beratung, Kreditkartengewährung; **nicht:** Darlehensgewährung
	Ein-/Verkaufsleitung: Erwerb/Verkauf von Immobilien im Maklerbüro/Abschluß von Kaufverträgen	Bestellung eines Notars, Ausfertigung von Grundstückskaufverträgen, Grundbuchänderung; **nicht:** Bebauung von Grundstücken
General HVM	Umdeutung unzulässiger Prokuren bei minderkaufmännischen Betrieben in GeneralHVM: umfassend	Personalentscheidungen, Handelsbeziehungen, Auftrag zur Reparatur von Produktionsmitteln **nicht:** Liquidation, Änderung der Unternehmenstruktur
	Geschäftsführungsbefugnis als Nichtorgan in einer GmbH: umfassend	Vertragsabschlüsse mit erheblicher finanzieller Tragweite **nicht:** wie zuvor
Spezial HVM	Auftrag zur Ausführung eines Projekts, z.B. Bauvorhaben: Abschluß von Werkverträgen	Werkvertrag mit Bauunternehmer, Dienstvertrag mit Architekt, Kaufvertrag über Material **nicht:** Grundstückskaufvertrag, Darlehensaufnahme (§ 54 Abs. 2!)

IV. Musterklausuren

Fall 1:
Beschränkungen der Prokura, Mißbrauch der Vertretungsmacht
   Der Kaufmann K hat dem P Prokura erteilt und die Vollmacht in Grundstücksangelegenheiten ausgeschlossen. Dies ist im Handelsregister eingetragen und bekannt gemacht worden.
   Dennoch kauft P von V im Namen des K ein Grundstück und bestellt daran eine Restkaufgeldhypothek. K ist damit nicht einverstanden.
   Muß er den Vertrag dennoch erfüllen?

$$\S\S\ 433,\ 313,\ 1\ ?$$
$$K \text{———————————} V$$
$$\S\S\ 1113\ \text{ff BGB?}$$

$$\S\ 48\ \text{ff HGB}$$

Lösung:
K ist durch das Handeln des P verpflichtet worden, wenn dieser ihn wirksam vertreten hat. P ist im Namen des K aufgetreten, so daß K wirksam verpflichtet worden sein könnte (§ 164 Abs. 1 BGB), wenn P sich mit dem Kauf des Grundstücks und der Bestellung der Restkaufgeldhypothek innerhalb seiner Vertretungsmacht gehalten hat. Als Prokurist darf er grundsätzlich alle Rechtsgeschäfte tätigen, die der Betrieb eines Handelsgewerbes mit sich bringt (§ 49 Abs. 1). Dazu gehören auch Grundstücksgeschäfte, sofern die Grundstücke, wie hier, für die Firma erworben werden.
1. § 49 Abs. 2 nimmt allerdings gewisse Grundstücksgeschäfte von der Prokura aus. Sie gilt nicht für die Veräußerung und Belastung von Grundstücken, sofern dem Prokuristen diese Befugnis nicht besonders erteilt worden ist. Für die hier zu beurteilenden, von P für K getätigten Rechtsgeschäfte gilt daher nach dem Wortlaut des § 49 Abs. 2 folgendes:
   Der *Erwerb* des Grundstücks ist nicht schon nach § 49 Abs. 2 von der Prokura ausgeschlossen, während die *Bestellung* der Restkaufgeldhypothek mangels einer anderslautenden ausdrücklichen Erklärung des K von ihr nicht mitumfaßt wird (§ 49 Abs. 2 spricht nur von Veräußerung und Belastung von Grundstücken). Zu beachten ist hier jedoch, daß die Hypothek nur formal eine Belastung

darstellt. Unter wirtschaftlichem Aspekt sind beide Rechtsgeschäfte, nämlich der Erwerb des Grundstückes und die Bestellung der Restkaufgeldhypothek, als *eine Einheit* anzusehen. Es darf doch keinen Unterschied machen, ob P für K ein bereits mit einer Hypothek belastetes Grundstück erwirbt oder zur Sicherung des Restkaufpreises bereits mit dem Vertragsschluß eine Hypothek bestellt. Die Hypothekenbestellung stellt sich daher *nicht* als eine selbständige *Belastung* dar, sondern bildet lediglich einen Teil des Grundstückserwerbs und muß daher im Rahmen der §§ 48 ff rechtlich genauso wie dieser beurteilt werden.

Beide einheitlichen Rechtsgeschäfte, die P für K getätigt hatte, verstoßen daher nicht gegen § 49 Abs. 2.

2. P hat daher den K wirksam verpflichtet, sofern sich nicht daraus etwas anderes ergibt, daß K die Prokura für Grundstücksangelegenheiten generell ausgeschlossen hat und eine entsprechende Erklärung sogar ins Handelsregister eingetragen und bekannt gemacht worden ist. Aufgrund dieser Besonderheit könnte der K die Beschränkung der Prokura dem V gemäß § 15 Abs. 2 entgegenhalten, sofern es sich dabei um eine eintragungsfähige im Sinne einer nicht nur eintragungsmöglichen, sondern eintragungspflichtigen Tatsache handelt. § 15 Abs. 2 findet also nicht schon dann Anwendung, wenn eine Tatsache eingetragen ist, sondern sie muß auch zu Recht eingetragen worden sein. Gemäß § 50 Abs. 1 sind über den Bereich des § 49 Abs. 2 hinausgehende Beschränkungen der Prokura jedoch unwirksam und hätten daher nicht in das Handelsregister eingetragen werden dürfen. Als nicht eintragungsfähige Tatsache kann eine die Vollmacht in sämtlichen Grundstücksangelegenheiten ausschließende Prokura dem V daher auch nicht gem. § 15 Abs. 2 entgegengehalten werden.

3. Der im Außenverhältnis den Grundstückserwerb umfassenden Prokura steht jedoch im Innenverhältnis eine entsprechende Beschränkung gegenüber. P hat mit dem Kauf des Grundstücks seine beliebig einschränkbare Geschäftsführungsbefugnis überschritten. Diese interne Beschränkung hat allerdings grundsätzlich, wie zuvor unter 2. dargestellt worden ist, keine Auswirkungen auf das Handeln des P im Außenverhältnis, sofern nicht ausnahmsweise ein Fall des Mißbrauchs der Vertretungsmacht vorliegt.

a. V kann sich dann nicht darauf berufen, daß die Prokura des P das mit K geschlossene Rechtsgeschäft deckt, wenn er *bewußt* mit dem Prokuristen zum Nachteil des K zusammengearbeitet hat (*Kollusion*). Das Rechtsgeschäft ist dann nach § 138 Abs. 1 BGB nichtig. Dieser Fall liegt hier allerdings nicht vor.

b. Eine Berufung auf die das konkrete Rechtsgeschäft erfassende Prokura ist dem V aber auch dann untersagt, wenn P sich bei Ausübung der Vertretungsmacht unbewußt über seine Bindungen im Innenverhältnis hinweggesetzt hat und V dies erkannt hat oder es hätte erkennen müssen. Insoweit schadet bereits leichte Fahrlässigkeit (so der BGH; anders die herrschende Meinung in der Literatur: Beschränkung auf grobe Fahrlässigkeit).

Der K hat dann die ein Leistungsverweigerungsrecht gewährende Arglisteinrede (exeptio doli; so das RG und der BGH), während das Schrifttum überwiegend die §§ 177 ff BGB entsprechend anwendet.

Hier ist schon fraglich, ob P sich bewußt über seine Bindungen im Innenverhältnis hinweggesetzt hat, um, was dahintersteht, den K zu benachteiligen. Außerdem hat V nicht einmal fahrlässig gehandelt. Daß er sich durch einen Blick in das Handelsregister Gewißheit hätte verschaffen können, ändert daran nichts. Denn eine Beschränkung der Geschäftsführungsbefugnis ist gerade keine eintragungsfähige Tatsache. Nur bei dieser besonderen Konstellation im Fall ergaben sich zufällig aus einer im Handelsregister zu Unrecht eingetragenen Beschränkung der Prokura Anhaltspunkte für entsprechende Beschränkungen im Innenverhältnis.

Ergebnis: Der Kauf des Grundstücks einschließlich der Bestellung der Restkaufgeldhypothek ist daher wirksam.

Fall 2:
Handlungsvollmacht, Vertretung ohne Vertretungsmacht
 Die V-GmbH ist Eigentümerin eines Appartment-Komplexes. Der von der V-GmbH fest angestellte Hausverwalter H ist bevollmächtigt, mit neuen Mietern Verhandlungen zu führen und neue Mietverträge abzuschließen. Für alle anderen Angelegenheiten ist die Geschäftsführung der GmbH zuständig. Mieter M hat bei seinem Einzug Anfang Juli 1993 mit der V-GmbH einen wirksamen schriftlichen Zeitmietvertrag auf ein Jahr geschlossen. Da er ab April 1994 nach Süddeutschland versetzt wird, bemüht er sich um Aufhebung des Zeitmietvertrages. Er verhandelt mit H, der auf Nachfrage erklärt, für alle Verhandlungen mit Mietern zuständig zu sein, und erreicht den Abschluß eines Aufhebungsvertrages zum 31.3.1994 gegen Zahlung von DM 500, – Abstand an die V-GmbH. H unterzeichnet den Vertrag mit dem Zusatz „i.V. für die V-GmbH"; M unterschreibt ebenfalls. Wie ist die Rechtslage, wenn die V-GmbH damit nicht einverstanden ist?

Die besonderen handelsrechtlichen Vollmachten

```
                   § 535 BGB (+)
   V-GmbH ─────────────────────────── M
        │  wirksamer Aufhebungsvertrag?
        │           § 611 BGB        § 179 I BGB
        │           § 54 HGB
        H
```

Lösung:
Anspruch des M gegen H aus § 179 Abs. 1 BGB
Möglich ist allenfalls ein Schadensersatzanspruch des M gegen H aus *§ 179 Abs. 1 BGB.* Das setzt neben dem Eintritt eines Schadens voraus, daß H bei Abschluß des Aufhebungsvertrages für die V-GmbH als Vertreter ohne Vertretungsmacht („falsus procurator") aufgetreten und die V-GmbH durch ihr mangelndes Einverständnis die Genehmigung dieses Rechtsgeschäftes verweigert hat (§ 177 Abs. 1 BGB). Die zweite Voraussetzung ist erfüllt, fraglich ist damit nur noch, ob der beim Abschluß des Aufhebungsvertrages im Namen der V-GmbH auftretende H dabei seine Vertretungsmacht überschritten hat.

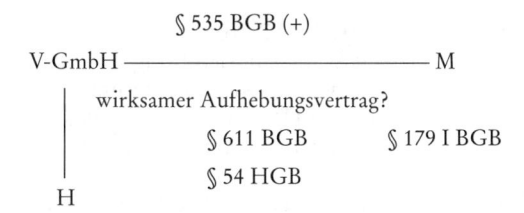

1. M und H haben sich über die Aufhebung des Mietvertrages verständigt. Die von H im Namen der V-GmbH abgegebene Willenserklärung wirkt nach § 164 Abs. 1 für und gegen die V-GmbH, wenn sich H bei Abschluß dieses Rechtsgeschäftes im Rahmen der ihm erteilten Vollmacht (§ 167 I, 1. Alt. BGB) gehalten hat.

Die Vollmacht des H erstreckte sich auf die Verhandlungsführung und den Abschluß neuer Mietverträge. Da H damit zur Vornahme einzelner zu dem Handelsgewerbe der V-GmbH gehörender Geschäfte ermächtigt war, war ihm nicht nur eine „BGB-Vollmacht" nach § 167 Abs. 1, sondern eine Handlungsvollmacht nach § 54 Abs. 1 eingeräumt.

Sie erstreckt sich dann gemäß § 54 Abs. 1, letzter Halbsatz HGB auf alle Geschäfte und Rechtshandlungen, die ... die Vornahme derartiger Geschäfte *gewöhnlich* mit sich bringt. Der Abschluß von Aufhebungsverträgen wird also nur dann noch von der dem H erteilten Handlungsvollmacht erfaßt, wenn der Neuabschluß von Mietverträgen solche Aufhebungsverträge „gewöhnlich mit sich bringt". Das ist aber schon deshalb zu verneinen, weil Mietverträge nur höchst selten auf andere Weise als durch Kündigung beendet werden.

H besaß daher für den mit M geschlossenen Aufhebungsvertrag keine Vollmacht, so daß er wegen der verweigerten Genehmigung der V-GmbH (§§ 177 Abs. 1, 182 Abs. 1 BGB), dem M aus § 179 Abs. 1 BGB nach dessen Wahl zur Erfüllung oder zum Schadensersatz wegen Nichterfüllung (= positives Interesse) verpflichtet ist. Der Anspruch ist nicht nach § 179 Abs. 3 ausgeschlossen, weil M das Fehlen der Vertretungsmacht nicht kannte und auch nicht kennen mußte.

2. Nach § 249 Satz 1 BGB hat H im Falle eines gegen ihn gerichteten Schadensersatzanspruchs den Zustand wieder herzustellen, der bestehen würde, wenn der zum Ersatz verpflichtende Umstand, das Handeln des H als Vertreter ohne Vertretungsmacht, nicht eingetreten wäre. M ist dann also *nicht* so zu stellen, als wenn er gegenüber H wegen der Aufhebung des Mietvertrages gar nicht tätig geworden wäre (dann wäre der Schadensersatzanspruch ja gerade auf den Vertrauensschaden = das negative Interesse gerichtet), sondern so, als wenn H entsprechend seiner Erklärung gegenüber M für alle Verhandlungen mit Mietern und damit auch für den Abschluß von Aufhebungsverträgen zuständig gewesen wäre. Dann hätte M nur DM 500, – zahlen müssen. Ohne den Aufhebungsvertrag dagegen schuldet er der V-GmbH noch die Miete für die Monate April – Juli 94. Diesen Betrag abzüglich der DM 500, – Abstand kann er von H aus § 179 Abs. 1 BGB ersetzt verlangen.

V. Fälle

Fall 1:
A und B haben Gesamtprokura (§ 48 Abs 2) für die im Handelsregister eingetragene X-OHG. B ermächtigt den A, einen Computer für die X-OHG zu kaufen. Bei dieser Gelegenheit kauft A im Namen der X-OHG gleich noch eine Luxus-Büroeinrichtung für DM 70.000, –.
Als A wieder in das Büro der X-OHG kommt, erklärt ihm der dort anwesende Händler Heinrich, daß er das Angebot der OHG vom Vortag über die Lieferung von 200 Waschmaschinen zum vereinbarten Preis annähme.
Sind die Verträge wirksam?

Lösung:
Die Verträge sind wirksam, wenn die X-OHG bei deren Abschluß wirksam vertreten war, da sie nicht selbst (d.h. durch ihre Gesellschafter, §§ 125 ff) handelte.

1. Der Kauf des Computers

Aufgrund der erteilten Gesamtprokura (§ 48 Abs. 2) müssen A und B bei Vertragsschluß aktiv mitwirken, aber nicht notwendig gleichzeitig und in gleicher Weise (§§ 125 Abs. 2 Satz 2, Abs. 3 Satz 2 analog). Die Ermächtigung von B genügt, § 185 Abs, 1 BGB. Der Kaufvertrag ist damit wirksam.

2. Der Kauf der Büroeinrichtung

Zum Abschluß dieses Kaufvertrages war der A von B nicht ermächtigt worden (§ 185 Abs. 1 BGB), d.h. es fehlt an der Gesamtvertretung. B hätte jedoch die Möglichkeit, den Kaufvertrag nachträglich zu genehmigen (§§ 185 Abs. 2, 184 BGB). Falls B den Kaufvertrag genehmigt, würde der Vertrag für die X-OHG wirksam werden.

Sollte B den Kaufvertrag nicht genehmigen, hätte A als Vertreter ohne Vertretungsmacht gehandelt, § 177 ff BGB. Möglich ist allerdings auch eine Genehmigung durch die OHG.

3. Der Waschmaschinenvertrag

Für die Annahme der Willenserklärung des Händlers Heinrich war A alleine befugt. Die Gesamtprokura bezieht sich immer nur auf die aktive Abgabe von Willenserklärungen; zur (passiven) Entgegennahme von Willenserklärungen ist immer jeder Gesamtprokurist bevollmächtigt (§ 125 Abs. 2 Satz 3, Abs. 3 Satz 2 analog).

Fall 2:

Der minderjährige A hatte das Textilgeschäft seines Vaters mit der Fa. „Heinrich-Abel-Textilhaus" geerbt. Seine Mutter M als seine gesetzliche Vertreterin erteilte dem P Prokura, die im Handelsregister eingetragen und bekanntgemacht wurde.

P wollte das wenig lukrative Textilgeschäft um eine Spielwarenabteilung erweitern und tätigte ohne Kenntnis von A und M umfangreiche Bestellungen von Spielwaren bei der Fa. B. B, der die Aufträge bereits bestätigt hatte, besteht auf Abnahme und Zahlung.

Kann B Abnahme und Zahlung der Spielwaren verlangen?

Lösung:

Ein Anspruch auf Abnahme und Zahlung der Spielwaren besteht dann, wenn ein wirksamer Kaufvertrag, § 433 Abs. 2 BGB, zwischen der „Heinrich-Abel-Textilhaus" und dem B zustande gekommen ist.
1. Kaufvertrag (+)
2. Wirksame Vertretungsmacht des P?

a. *Erteilung* der Prokura

Der Inhaber des Geschäfts „Heinrich-Abel-Textilhaus" war aufgrund des Erbgangs der minderjährige A.

Die Erteilung der Prokura durch die Mutter M als gesetzliche Vertreterin (§§ 1626, 1629 Abs. 1 und § 1643 Abs. 1 BGB) – von der gem. § 1822 Nr. 11 BGB erforderlichen Genehmigung des Vormundschaftsgerichts soll ausgegangen werden – war gem. § 48 Abs. 1 möglich. Die Prokura wurde dem P ausdrücklich erteilt; die Eintragung ins Handelsregister sowie die Bekanntmachung sind ebenfalls erfolgt.

b. *Umfang* der Prokura

Gem. § 49 Abs. 1 ermächtigt die Prokura zu allen Rechtshandlungen, die der Betrieb eines, d.h. irgendeines Handelsgewerbes mit sich bringt. Im vorliegenden Falle liegt ein Textilgeschäft, also ein Grundhandelsgewerbe gem. § 1 Abs. 2 Nr. 1 vor. Auch ein Spielwarengeschäft ist ein Grundhandelsgewerbe gem. § 1 Abs. 2 Nr. 1.

Ergebnis: P konnte die Erweiterung des Textilgeschäftes um eine Spielzeugabteilung durchführen, da dies ein Geschäft war, welches der Betrieb irgendeines Handelsgewerbes mit sich bringt.

B kann somit Abnahme und Zahlung verlangen.

Gegenbeispiel:

P hätte den A mit einem Geschäft, welches einen freiberuflichen Charakter hat, nicht wirksam verpflichten können.

Grund: Freiberufliche Tätigkeit fällt nicht unter den Begriff des Gewerbes und stellt daher auch kein Handelsgewerbe i.S.v. § 1 Abs. 1 HGB dar, so daß ein solcher Vertrag nicht ein Geschäft wäre, welches der Betrieb eines Handelsgewerbes mit sich bringt.

Fall 3 a:

M hatte bei der Erteilung der Prokura hinzugefügt, daß sich diese nur auf Geschäfte mit Textilien beziehen sollte.

Ist die Beschränkung im Außenverhältnis wirksam?

Lösung:

Der Zusatz bei der Prokura-Erteilung, daß diese sich nur auf Geschäfte mit Textilien beziehen soll, war zwar für P im Verhältnis zu dem von ihm Vertretenen, also dem minderjährigen A, bindend. Nach außen hin, d.h. gegenüber Dritten, war diese Einschränkung jedoch gem. § 50 Abs. 1 und 2 *unwirksam*.

Daher konnte der P den A wirksam verpflichten, sofern kein Fall des Mißbrauchs der Vertretungsmacht vorliegt; wegen der im

Innenverhältnis wirksamen Einschränkung seiner Prokura hat er sich diesem gegenüber schadensersatzpflichtig gemacht (pVV des Ausstellungsvertrages).

Fall 3 b:
Im Fall 3 hatte P ein Grundstück mit einem Textilbetrieb dazugekauft.
War P dazu berechtigt?

Lösung:
Der von P abgeschlossene Vertrag ist wirksam. Die Vorschrift des § 49 Abs. 2 steht dem nicht entgegen, da diese nur bei *Veräußerung* und *Belastung* von Grundstücken eingreift. Hier handelte es sich aber um den *Erwerb* eines Grundstücks.

Ergebnis: P konnte somit das Grundstück mit einem Textilbetrieb kaufen.

Fall 4:
Im Fall 3 hat die Mutter dem P Generalvollmacht nach § 54 erteilt.
Ist der Kaufvertrag über die Spielwaren wirksam?

Lösung:
1. Kaufvertrag (+)
2. Wirksame Vertretungsmacht des P?
a. Handlungsvollmacht wurde dem P wirksam erteilt. Einer Eintragung in das Handelsregister bedurfte es nicht; die HVM ist eintragungsunfähig.
b. Fraglich ist, ob P sich in den Grenzen der gesetzlich umschriebenen Handlungsvollmacht gehalten hat. Der Umfang der Handlungsvollmacht ist in § 54 Abs. 1 geregelt. Er enthält alle drei möglichen Arten der Handlungsvollmacht (Einzel-, Gattungs- und Generalhandlungsvollmacht). Die hier erteilte Generalhandlungsvollmacht bevollmächtigt „zum Betrieb eines derartigen Handlungsgewerbes ohne Prokura", d.h. im Umfang zu allen Geschäften, die der Betrieb des konkreten Handelsgewerbes gewöhnlich mit sich bringt, nicht dagegen, wie bei einer Prokura gem. § 49 Abs. 1, zu allen Geschäften, die der Betrieb „irgendeines" Handelsgewerbes mit sich bringt. Da Spielwaren- und Textilbetriebe als verschiedene Handelsgeschäfte betrieben werden können, hatte P als nur Handlungsbevollmächtigter keine Vollmacht zum Abschluß des Kaufvertrages.

Ergebnis: B hat keinen Anspruch auf Zahlung gegen die „Heinrich-Abel-Textilhaus".

Fall 5:
G hat Einzelhandlungsvollmacht bei der X-OHG für den Ankauf einer Druckerpresse bekommen. Er zieht los, findet eine Maschine, kauft sie, beauftragt einen Spediteur und schließt auch noch einen Aufstellungsvertrag ab.
Sind die einzelnen Verträge von der Einzelhandlungsvollmacht gedeckt?

Lösung:
Die Verträge, die von G im Namen der X-OHG abgeschlossen wurden, sind jeweils dann wirksam, wenn diese Rechtsgeschäfte von der Einzelhandlungsvollmacht gedeckt sind.

Hier war dem G eine Einzelhandelsvollmacht erteilt worden, so daß dieser gem. § 54 Abs. 1 zu allen Rechtshandlungen ermächtigt war, die „die Vornahme derartiger Geschäfte gewöhnlich mit sich bringt".

1. Der Kauf der Druckerpresse
Der Kauf wird von der Einzelhandlungsvollmacht gedeckt und ist daher wirksam.

2. Der Fracht- und Aufstellungsvertrag
Diese Verträge sind von der Einzelhandlungsvollmacht gedeckt, da der Kauf einer Druckerpresse eine notwendige Versendung und Aufstellung „gewöhnlich" mit sich bringt. Diese Verträge sind ebenfalls wirksam.

Ergebnis: Alle Rechtsgeschäfte wurden von der Einzelhandlungsvollmacht gedeckt.

Fall 6:
Nach längerer Tätigkeit im Unternehmen bekommt G Generalhandlungsvollmacht. Er ist der Auffassung, daß die X-OHG unbedingt eine räumliche Erweiterung braucht und kauft formgerecht ein Grundstück. Zur Finanzierung nimmt er ein Darlehn auf.
Sind die Verträge im Namen der X-OHG wirksam?

Lösung: Grundstückskauf
1. Kaufvertrag (+)
2. notarielle Beurkundung (+)
3. wirksame Vertretungsmacht des G?
 Die Handlungsvollmacht wurde dem G wirksam erteilt.
 Fraglich ist, ob auch der gesetzliche Umfang der Handlungs-

vollmacht eingehalten wurde. Dies kann bejaht werden. Für einen Grundstückserwerb bedarf der Handlungsbevollmächtigte – ebenso wie der Prokurist – *keiner* besonderen Befugniserteilung gem. § 54 Abs. 2, da diese Vorschrift nur die Veräußerung und Belastung betrifft.

Beachte: Die Handlungsvollmacht erstreckt sich aber nur auf alle Geschäfte und Rechtshandlungen, die der Geschäftsbetrieb oder solche Geschäfte *gewöhnlich* mit sich bringen!

Ergebnis: G konnte somit den Kaufvertrag über ein Grundstück abschließen, wenn es bei der X-OHG ein gewöhnliches Geschäft ist.

Lösung: Darlehnsvertrag
1. Darlehnsvertrag (+)
2. wirksame Vertretungsmacht des G?
   Gemäß § 54 Abs. 2 hätte G für die Aufnahme eines Kredits einer besonderen Bevollmächtigung bedurft. Da diese nicht erteilt worden war, konnte der G die X-OHG nicht wirksam verpflichten.

Anmerkung:
Wäre G Prokurist gewesen, wäre der Anspruch gegen die X-OHG entstanden, da § 49 Abs. 2 (im Gegensatz zu § 54 Abs. 2) die Wirksamkeit von Kreditgeschäften nicht von einer besonderen Bevollmächtigung abhängig macht.

Fall 7 (s. Fall 5)
Frage: Sind Fracht- und Aufstellungvertrag wirksam, wenn G den jeweiligen Vertragspartnern erklärt, daß er der Meinung sei, sie Sache solle von fachkundigen Leuten transportiert und montiert werden, auch wenn seine Bosse „für derartiges kein Geld ausgeben wollen"?

Lösung:
1. Die Vollmacht wurde wirksam erteilt, § 54 Abs. 1.
2. Der Abschluß dieser Verträge war auch von § 54 Abs. 1 gedeckt (vgl. Fall 5).
3. *Problem*: Die Erklärung gegenüber G, daß er nur den Kaufvertrag abschließen solle, war jedoch eine „sonstige Beschränkung" i.S.d. § 54 Abs. 3. Da G den Vertragspartnern von dieser Einschränkung erzählte, war die genannte Beschränkung diesen auch erkennbar. Es lag daher aufgrund der gesetzlichen Einschränkung der Handlungsvollmacht gem. § 54 Abs. 3 keine wirksame Vertretung der X-OHG durch G vor. Somit besteht kein Anspruch auf Montage und Fracht,

sofern die X-OHG nicht genehmigt (§§ 177 Abs. 1, 184 Abs. 1 BGB). Sollte es sich bei den drei Verträgen jedoch nach dem Willen der Vertragsparteien um ein einheitliches Rechtsgeschäft i.S.d. § 139 BGB handeln, so kann die Wirksamkeit des Kaufvertrages nur angenommen werden, wenn anzunehmen ist, daß dieser auch ohne den nichtigen Teil (Verträge über Fracht und Montage) vorgenommen wird.

Fall 8:
Die Einzelhandlungsvollmacht des G zum Maschinenkauf wurde durch Erklärung gegenüber der Maschinenfirma erteilt, bei der gekauft werden sollte; dem G wurde dies mitgeteilt.
Noch bevor G zur Maschinenfabrik fährt, reut die Inhaber der X-OHG das Geld und sie erklären G, er solle „alles bleiben lassen". G will aber unbedingt mit einer neuen Druckerpresse arbeiten. Er fährt zur Maschinenfabrik und kauft diese.
Konnte G die X-OHG wirksam verpflichten?

Lösung:
1. Kaufvertrag (+)
2. Wirksame Vertretungsmacht des G?
a. Die Handlungsvollmacht (§ 54) wurde wirksam erteilt. § 167 Abs. 1 BGB sieht die ausdrückliche Erteilung einer Vollmacht gegenüber den Vertragspartnern vor.
b. Die Handlungsvollmacht war jedoch bei Abschluß des Vertrages bereits widerrufen. Der Widerruf kann gegenüber dem Bevollmächtigten oder denjenigen, die von der Vollmacht Kenntnis hatten, erfolgen (§§ 168 Satz 3 i.V.m. 167 Abs. 1 BGB).
c. Hätte es sich bei der Vollmacht um eine Prokura gehandelt, so würde vor Eintragung des Widerrufs derselben nun § 15 Abs. 1 zum Schutze der potentiellen Vertragspartner eingreifen.
d. Bei der Handlungsvollmacht wird diese Schutzfunktion von den §§ 170 – 173 BGB übernommen (Vorschriften bei der Prokura gegenüber § 15 subsidiär).
Die Einbeziehung der Vollmacht wurde nur dem G, nicht aber dem Vertragspartner mitgeteilt. Gem. §§ 170, 173 BGB bleibt die Vollmacht gegenüber dem Vertragspartner solange wirksam, bis sie Kenntnis von der Entziehung der Vollmacht erlangt haben. Hier durften sich die Vertragsparteien auf eine wirksame Vollmacht verlassen.

Ergebnis: Der G konnte die X-OHG wirksam verpflichten.

VI. Fragen zur Wiederholung und Vertiefung

1. Der Feinkosthändler Erich hat seinen Prokuristen Paul angewiesen, in Zukunft keine chinesischen Cocktailtomaten mehr zu kaufen, „da das Zeug auf dem Markt nicht gehe". Dennoch kauft Paul am nächsten Tag von dem Großhändler Fritz 50 Kisten dieser Tomaten zum Gesamtpreis von 2.000,– DM. Paul ist dabei gegenüber Fritz, der die Anweisung natürlich nicht kannte, im Namen des Erich aufgetreten.
   Kann Fritz von Erich die Bezahlung des Kaufpreises verlangen?
   Abwandlung: Hätte Paul den Erich wirksam vertreten können, wenn Erich keine Anweisung gegeben hätte, sondern gleich die Prokura widerrufen hätte, aber diese Tatsache weder im Handelsregister eingetragen noch bekanntgemacht wurde und Fritz vom Widerruf der Prokura nichts wußte?
2. Der Prokurist B der X-GmbH, die Küchenmöbel vertreibt, kauft während der Abwesenheit des Alleingesellschafters und Geschäftsführers einen größeren Posten Wohnzimmermöbel und erweitert den Geschäftsbetrieb auf diese Branche. Als der Geschäftsführer nach längerer Zeit zurückkehrt, ist er der Ansicht, daß alle mit den Wohnzimmermöbeln zusammenhängenden Geschäfte schlechthin außerhalb der Vertretungsbefugnis des B gelegen haben. Zu Recht?
3. Der Prokurist P des Lebensmittelgroßhändlers L verkauft 100 Dosen Champignons an den Gastwirt G zum Preis von 40 Pf pro Dose. L hatte ihn aber angewiesen, mindestens 80 Pf pro Dose zu verlangen
   Kann G von L die Lieferung der Champignons fordern?
4. Der Prokurist P des Einzelkaufmanns wird dessen Kommanditist. Hat P auch in der KG ohne besondere Abrede die Stellung eines Prokuristen?
5. Müssen 2 Prokuristen, denen Gesamtprokura erteilt worden ist, im Außenverhältnis gegenüber dem potentiellen Vertragspartner des Kaufmanns stets gemeinsam auftreten? Wie ist es bei der Entgegennahme einer Willenserklärung?
6. Besteht die Prokura fort oder erlischt sie, wenn der Inhaber des Handelsgeschäftes dieses
    a. veräußert,
    b. verpachtet oder
    c. im Wege der Erbfolge an seinen Alleinerben weitergibt?

7. Unterliegt ein Prokurist auch ohne entsprechende Vertragsklausel einem vertraglichen/nachvertraglichen Wettbewerbsverbot?
8. Bertram (B) ist Handlungsbevollmächtigter der Otto-Stresemann-OHG. Bei der Erteilung der Vollmacht wurde ihm erklärt, er dürfe aber nur Geschäfte bis 25.000,– DM alleine eingehen; bei Vertragsabschlüssen über höhere Summen müsse er immer die interne Zustimmung mindestens eines Gesellschafters der OHG einholen. Er kauft trotzdem von Neureich (N), der von diesen Beschränkungen des B natürlich keine Ahnung haben kann, Halbfertigprodukte, die bei der OHG weiterverarbeitet werden sollen, für DM 28.000,– im Namen der OHG, ohne einen Gesellschafter zu fragen.
   Kann N von der OHG Zahlung der DM 28.000,– verlangen?
9. Alfons ist der Generalhandlungsbevollmächtigte der Schneider OHG, die einen Großhandel für Autozubehör betreibt. Am 5.5.1994 kauft er von dem Reifenfabrikanten Bodo 400 Sätze Breitreifen zum Gesamtpreis von DM 25.000,–, obwohl ihm am Tag zuvor die Gesellschafter ausdrücklich den Abschluß von Geschäften im Wert von über DM 10.000,– untersagt hatten. Alfons ist bei dem Geschäftsabschluß im Namen der Gesellschaft aufgetreten. Bodo hatte von der Beschränkung keine Kenntnis und konnte davon auch keine haben.
   Hat Bodo einen Anspruch gegen die OHG auf Bezahlung der Reifen?
10. Welche Unterschiede bestehen zwischen einer Prokura und einer Handlungsvollmacht hinsichtlich der Erteilung dieser Vollmachten?
11. Beschreiben Sie den Umfang einer Handlungsvollmacht in Abgrenzung zu einer Prokura!
12. Meier ist Generalhandlungsbevollmächtigter der Schmieder-OHG, die als Zulieferer für die Automobilindustrie mit der Produktion von Autoradios beschäftigt ist. Würde die OHG wirksam verpflichtet werden, wenn Meier im Namen der OHG
a. ein Darlehen aufnimmt, um die letzte Lieferung von Elektronikteilen bezahlen zu können,
b. sowie eine Tonne Aluminiumschrott aufkauft, um nun auch in die Fertigung von Alufelgen einsteigen zu können?

Die besonderen handelsrechtlichen Vollmachten

Antworten

1. Fritz könnte gegen Erich einen Anspruch aus § 433 Abs. 2 BGB haben.
a. Ein Kaufvertrag liegt laut Sachverhalt vor.
b. Da Erich selbst aber keine Willenserklärung abgegeben hat, ist er nur dann verpflichtet worden, wenn er durch Paul wirksam vertreten worden ist; § 164 Abs. 1 BGB.
aa. Paul hat dabei gemäß § 164 Abs. 1 BGB im Namen des Erich gehandelt.
bb. Paul hatte auch Vertretungsmacht nach § 48 Abs. 1, da er Prokurist des Erich und dieser als Feinkosthändler auch Kaufmann nach § 1 Abs. 1, Abs. 2 Nr. 1 ist.
cc. Der Erwerb von chinesischen Cocktailtomaten ist auch vom Umfang der Prokura gemäß § 49 Abs. 1 gedeckt, da dies eine Rechtshandlung darstellt, die der Betrieb eines Handelsgewerbes mit sich bringt.
dd. Die Tatsache, daß Erich dem Paul ein solches Geschäft untersagt hat, ist unschädlich. Sie stellt zwar eine Beschränkung des Paul dar; gemäß § 50 Abs. 1 ist sie Fritz gegenüber jedoch unbeachtlich.

Es liegt damit eine wirksame Vertretung des Erich durch Paul vor; Fritz hat damit einen Anspruch gegen Erich auf Bezahlung.

Abwandlung: Paul konnte Erich nur wirksam vertreten, wenn er Vertretungsmacht für ihn hatte:
a. Aus der Tatsache, daß Paul einmal Prokura erteilt worden war, läßt sich eine Vertretungsmacht des Paul nicht ableiten. Im Zeitpunkt des Vertragsschlusses ist die Prokura bereits erloschen, da sie nach § 52 Abs. 1 jederzeit frei widerruflich ist und Erich den Widerruf erklärt hat.
b. Der Wirksamkeit des Widerrufs steht auch nicht entgegen, daß eine Eintragung des Widerrufs in das Handelsregister noch nicht erfolgt ist, obwohl Erich nach §§ 53 Abs. 3 i.V.m. Abs. 1 dazu verpflichtet ist, denn die Eintragung hat nur deklaratorische Wirkung.
c. Fritz kann sich aber nach § 15 Abs. 1 darauf berufen, daß die Eintragung des Widerrufs im Handelsregister noch fehlt. Die Voraussetzungen des § 15 Abs. 1 sind dabei erfüllt:
aa. Es handelt sich um eine eintragungsfähige und auch eintragungspflichtige Tatsache; vgl. § 53 Abs. 3 und Abs. 1.

bb. Der Widerruf ist weder eingetragen noch bekanntgemacht worden.
cc. Fritz hatte keine positive Kenntnis vom Widerruf.
Anmerkung: Zu beachten ist noch, daß die Regelung des § 15 nicht zwingend ist, sondern nach h.M. dem Dritten ein Wahlrecht gibt; d.h. der Dritte kann entweder auf den Registerrechtsschein abstellen oder auch nach §§ 177 ff BGB vorgehen, so daß im letzteren Falle der Vertragsschluß lediglich schwebend unwirksam ist, soweit der Vertretene die Genehmigung nicht endgültig verweigert hat (wozu der Sachverhalt schweigt).

2. Gemäß § 49 Abs. 1 ist der Prokurist zu allen Arten von Geschäften und Rechtshandlungen ermächtigt, die der Betrieb eines Handelsgeschäftes mit sich bringt, mit Ausnahme der Verfügungen über Grundstücke nach § 49 Abs. 2 (Veräußerung und Belastung, **nicht** Erwerb). Dabei ist er gegenständlich nicht auf solche Geschäfte beschränkt, die regelmäßig zu einem Handelsgeschäft der speziellen Branche gehören, er ist vielmehr zu allen Geschäften ermächtigt, die überhaupt zum Betrieb „irgendeines" Handelsgeschäftes erforderlich werden können. Daß dies eine Änderung oder Erweiterung des Geschäftszweiges zur Folge haben mag, ist hierfür unerheblich. Lediglich Handlungen, die nicht dem Betrieb eines Handelsgeschäftes dienen, wie die Einstellung oder Veräußerung des Unternehmens, die Liquidation, der Konkursantrag oder Verfügungen über das Privatvermögen des Geschäftsinhabers, sind dem Prokuristen verwehrt.

3. Anspruchsgrundlage des G gegen L: § 433 Abs. 1 Satz 1 BGB.
a. Wirksames Angebot des Prokuristen P im Namen des L:
aa. P hatte Prokura, da sie von L als Vollkaufmann ausdrücklich erteilt war, § 48 Abs. 1 HGB.
bb. Umfang der Prokura deckt nach § 49 Abs. 1 und 2 ohne weiteres auch den Abschluß von Kaufverträgen.
cc. Verstoß des P gegen die Weisung des L ist gem. § 50 Abs. 1 für die Prokuraausübung (also im Außenverhältnis) unbeachtlich.
b. G hat das Angebot des P angenommen, d.h. ein Kaufvertrag mit L besteht; L muß liefern.

4. Nach § 48 Abs. 1 ist die Prokura vom Inhaber des Handelsgeschäftes (oder von dessen gesetzlichem Vertreter) zu erteilen. Das bedeutet, daß die Prokura mit dem Wechsel des

Inhabers erlischt (Ausnahme: § 52 Abs. 3 – Tod des Inhabers). Mit der Entstehung der KG ist also an sich eine Neubestellung notwendig. Der Einzelhandelskaufmann ist hier jedoch der einzige Komplementär der KG, der sowohl für die Beschlußfassung auf Geschäftsführungsebene (§§ 164 S. 2, 116 Abs. 3) als auch für den Abschluß des Anstellungsvertrages als Vertretungsmaßnahme (§ 170: Ausschluß des Kommanditisten von der organschaftlichen Vertretung der KG) alleine zuständig ist. Aufgrund dieser Identität bleibt die Prokura zwangsläufig bestehen.

5. § 48 Abs. 2 regelt die Gesamtprokura, aber nicht die hier aufgeworfenen Probleme. Daß sie im Außenverhältnis nicht unbedingt gemeinsam auftreten müssen, folgt aber aus einer Analogie zu § 125 Abs. 2 Satz 2, der eine Ermächtigung für den handelnden Gesamtprokuristen ausreichen läßt. Für die Entgegennahme gilt § 125 Abs. 2 Satz 3 analog, wonach die Abgabe gegenüber einem Gesamtprokuristen genügt.

6. Die Prokura besteht fort, wenn das Handelsgeschäft im Wege der Erbfolge weitergegeben wird (§ 52 Abs. 3). Da dies eine Ausnahmeregelung ist, erlischt die Prokura im Falle der Veräußerung bzw. Verpachtung des Betriebes.

7. Ein Prokurist ist Handlungsgehilfe iSd §§ 59 ff. Gemäß § 60 Abs. 1 unterliegt er während des bestehenden Vertrages einem gesetzlichen Wettbewerbsverbot, während ein nachvertragliches Verbot vereinbart werden muß (§ 74 Abs. 1).

8. Anspruchsgrundlage gegen die OHG: § 433 Abs. 2 BGB (iVm § 124 Abs. 1)
   Die OHG wurde verpflichtet, weil sie wirksam von B vertreten wurde:
   – Vollmacht in Form einer Handlungsvollmacht (§ 54) wurde erteilt.
   – B handelte namens der OHG, § 164 Abs. 1 BGB.
   – Der Umfang der Vollmacht deckt auch das von B geschlossene Geschäft, § 54 Abs. 1 und 2, insbesondere gehört der Kauf der halbfertigen Waren zum „Betrieb eines derartigen Handelsgewerbes", wie es die OHG betreibt.
   – Die Beschränkung des B bei Verträgen über DM 25.000,– Vertragswert wirkt nur im Innenverhältnis; N muß sie mangels Kenntnis oder Kennenmüssen nicht gegen sich gelten lassen, § 54 Abs. 3.

9. Ein Anspruch des Bodo gegen die Schneider-OHG könnte sich aus § 433 Abs. 2 BGB iVm § 124 Abs. 1 ergeben.

a. Ein Kaufvertrag liegt laut Sachverhalt vor.
b. Da die OHG selbst aber keine Willenserklärung abgegeben hat, ist sie nur dann verpflichtet worden, wenn sie durch Alfons wirksam vertreten worden ist; § 164 Abs. 1 BGB.
aa. Alfons hat dabei gemäß § 164 Abs. 1 BGB im Namen der Schneider-OHG gehandelt.
bb. Alfons hatte auch Vertretungsmacht nach § 54 Abs. 1, da er Generalhandlungsbevollmächtigter der Gesellschaft ist.
cc. Der Erwerb von Breitreifen ist auch vom Umfang der Generalhandlungsvollmacht gemäß § 54 Abs. 1 gedeckt, da dies ein Geschäft darstellt, das der Betrieb eines Großhandels für Autozubehör als konkretes Handelsgewerbe gewöhnlich mit sich bringt.
dd. Die Tatsache, daß dem Alfons ein solches Geschäft untersagt war, da der vereinbarte Kaufpreis über DM 10.000,- liegt, ist unschädlich. Sie stellt zwar eine Beschränkung der Handlungsvollmacht des Alfons dar; gemäß § 54 Abs. 3 ist sie Bodo gegenüber jedoch unbeachtlich, da Bodo diese nicht kannte und auch nicht kennen konnte.

Es liegt damit eine wirksame Vertretung der OHG durch Alfons vor.

Ergebnis: Bodo kann damit den Kaufpreis verlangen.

10. Eine Prokura kann nach § 4 Abs. 1 nur von Vollkaufleuten erteilt werden, während die Handlungsvollmacht auch Minderkaufleuten offen steht.

Die Prokura ist gemäß § 53 Abs. 1 auch zum Handelsregister anzumelden, während die Erteilung einer Handlungsvollmacht nicht einmal eine eintragungsfähige Tatsache darstellt.

11. Die Handlungsvollmacht erstreckt sich auf alle Geschäfte, die der Betrieb eines derartigen (konkret zu bestimmenden) Handelsgewerbes gewöhnlich mit sich bringt, während es bei der Prokura auf die Geschäfte ankommt, die der Betrieb irgendeines Handelsgewerbes mit sich bringt; dies ist abstrakt zu bestimmen und nicht auf gewöhnliche Geschäfte beschränkt. Darüber hinaus enthält § 54 Abs. 2 noch weitere, über § 49 Abs. 2 hinausgehende Beschränkungen der Vertretungsbefugnis eines Handlungsbevollmächtigten. Dieser ist, sofern ihm nicht ein anderes gestattet ist, auch nicht befugt, Wechselverbindlichkeiten einzugehen, Darlehen aufzunehmen und Prozesse zu führen. Weitergehende rechtsgeschäft-

liche Beschränkungen sind möglich; sie sind gegenüber Dritten wirksam, wenn diese sie kannten oder kennen mußten (§ 54 Abs. 3), während nach § 50 Abs. 1 eine gegenüber § 49 weitergehende Beschränkung der Prokura Dritten gegenüber unabhängig von deren Kenntnis unwirksam ist.

12. Im Fall a. kann Meier die OHG mangels ausreichender Vertretungsmacht nicht wirksam verpflichten. Zwar hat er eine Vertretungsmacht für alle Geschäfte, die zum Betrieb des konkreten Handelsgewerbes gehören nach § 54 Abs. 1; nach § 54 Abs. 2 ist eine Kreditaufnahme aber davon ausgeschlossen.

Im Fall b. ist zwar nicht § 54 Abs. 2 einschlägig; da es sich aber um eine Betriebsvergrößerung handelt, reicht die Vollmacht nach § 54 Abs. 1 nicht aus, da diese Geschäfte nicht mehr zum Betrieb des konkreten Handelsgewerbes gehörten.

§ 11 Selbständige Hilfspersonen des Kaufmanns

A. Einleitung

Zu den selbständigen Hilfspersonen des Kaufmanns zählen solche Gewerbetreibende, die ein Kaufmann beim Warenumsatz zum Zwecke des Abschlusses von Verträgen mit Kunden oder zur Vertragserfüllung einschaltet. Sie besitzen ebenfalls die Kaufmannseigenschaft.

Art der Hilfsperson	Kaufmannseigenschaft	Regelungsbereich
Handelsvertreter	§ 1 II Nr. 7	§§ 84 – 92 c
Handelsmakler	§ 1 II Nr. 7	§§ 93 – 104
Kommissionär (+ Kommissionsagent)	§ 1 II Nr. 6	§§ 383 – 406
Vertrags-/Eigenhändler	§ 1 II Nr. 1	nicht geregelt; die §§ 84 ff sind teilweise analog anwendbar
Spediteur	§ 1 II Nr. 6	§§ 407 – 415
Lagerhalter	§ 1 II Nr. 6	§§ 416 – 424
Frachtführer	§ 1 II Nr. 5	§§ 425 – 452

B. Handelsvertreter (§§ 84 – 92 c)

I. Rechtliche Ausgestaltung

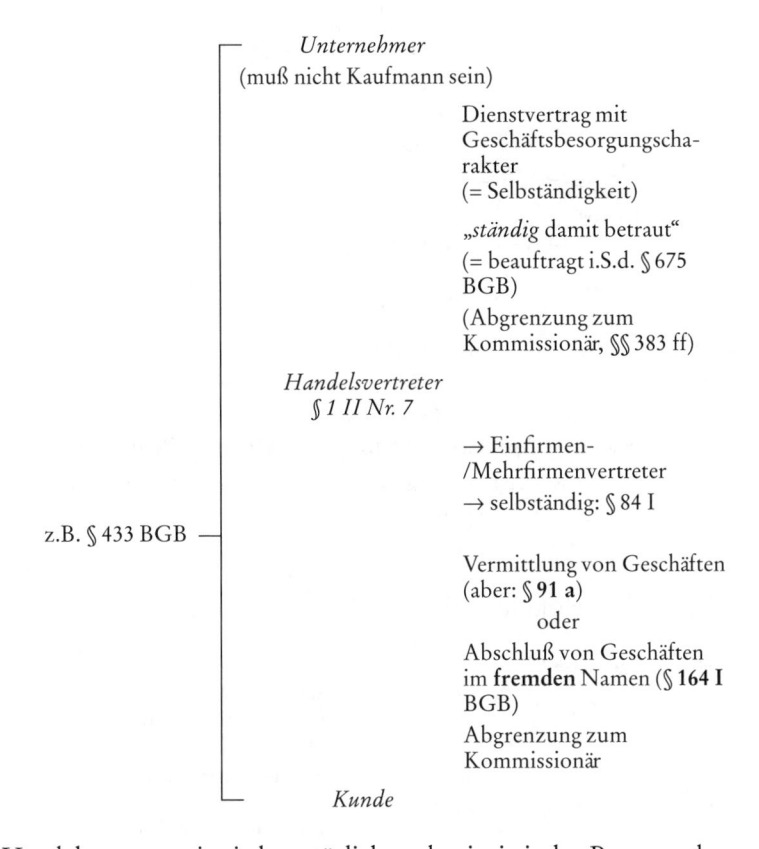

```
         ┌─ Unternehmer
         │  (muß nicht Kaufmann sein)
         │                    Dienstvertrag mit
         │                    Geschäftsbesorgungscha-
         │                    rakter
         │                    (= Selbständigkeit)
         │                    „ständig damit betraut"
         │                    (= beauftragt i.S.d. § 675
         │                    BGB)
         │                    (Abgrenzung zum
         │                    Kommissionär, §§ 383 ff)
         │  Handelsvertreter
         │  § 1 II Nr. 7
         │                    → Einfirmen-
         │                    /Mehrfirmenvertreter
         │                    → selbständig: § 84 I
z.B. § 433 BGB ─┤
         │                    Vermittlung von Geschäften
         │                    (aber: § 91 a)
         │                         oder
         │                    Abschluß von Geschäften
         │                    im fremden Namen (§ 164 I
         │                    BGB)
         │                    Abgrenzung zum
         │                    Kommissionär
         └─ Kunde
```

Handelsvertreter ist jede natürliche oder juristische Person oder Personenhandelsgesellschaft (OHG/KG), die als selbständiger (§ 84 Abs. 1 Satz 2) Gewerbetreibender ständig damit betraut ist (im Rahmen eines Geschäftsbesorgungsvertrages nach §§ 675, 611 BGB), für einen anderen Unternehmer, der nicht unbedingt selbst Kaufmann sein muß, Geschäfte zu vermitteln (als Vermittlungsvertreter) oder in dessen Namen abzuschließen (Abschlußvertreter); § 84 Abs. 1 Satz 1.

II. Generalvertreter

Generalvertreter
zulässig: § 84 III

Typ 1

echte Untervertretung
Unternehmer
Generalvertreter (z.B. **regional**)

Vertreter 1   Vertreter 2   Vertreter 3   Vertreter 4   Vertreter 5   Vertreter 6
(werden nicht als Vertreter des Unternehmers tätig)

Typ 2

unechte Untervertretung
Unternehmer
Generalvertreter
Vertreter 1   Vertreter 2   Vertreter 3   Vertreter 4   Vertreter 5

(dem Generalvertreter nur unterstellt; Abschluß und Vermittlung von Geschäften für den Unternehmer; str.)

III. Die Charakteristika des Handelsvertreters

Selbständiger Gewerbetreibender

    er kann im wesentlichen seine Arbeitszeit und Arbeitsintensität frei bestimmen
    <*> Angestellter Reisender

Ständiges Betrauungsverhältnis

    eine auf Dauer berechnete beiderseitige Bindung auf eine selbständig ausgeübte Vermittlungs- oder Abschlußtätigkeit
    <*> Maklervertrag, § 652 BGB
    <*> Handelsmaklervertrag, § 93 HGB
    <*> Auftr. verh. nach § 662 BGB
    <*> Dienstvertrag nach § 611 BGB

Tätigkeit für einen anderen Unternehmer	Kundenstammpflege und Kundenwerbung für den anderen Unternehmer <*> Geschäftsabrundungsvertragsverhältnisse
Vermittlung und Abschluß von Geschäften	mehr als nur reine Werbung für die Produkte des vertretenen Unternehmens bei potentiellen Kunden <*> Ärztepropagandist, Reisender <*> Industriepropagandist

IV. Rechte und Pflichten der Parteien aus dem Handelsvertretervertrag

Unternehmer	Handelsvertreter
Anspruch auf Tätigwerden des HV, § 86 I, 1. Hs	Unterstützungsanspruch des HV, § 86 a I
Anspruch auf Wahrung der Interessen des Unternehmers, § 86 I, 2. Hs.	Informationsrecht, § 86 a II
Wettbewerbsverbot, § 86 I, 2. Hs. (nach Vertragsende § 90 a)	Treuepflicht des Unternehmers
Informations- und Mitteilungsanspruch, § 86 II	Unterrichtungsrecht bei beschränkter Geschäftsannahme, § 86 a II 3
Sorgfaltspflicht bei Auswahl des Dritten, § 86 III	**Provisionsanspruch**, §§ 86 b – 87c
	Delkredereprovision (§ 86 b) bei Verpflichtung, für die Erfüllung der Verbindlichkeit einzustehen (Bürgschaft oder Garantievertrag oder Schuldbeitritt)
	Provision (§ 87) für erstmalige Vertragsschlüsse (§ 87 I 1, 1. Alt.) oder Nachbestellungen (§ 87 I 1, 2. Alt.), für Abschlüsse in einem bestimmten Bezirk (§ 87 II), für Abschlüsse nach Ausscheiden des HV (§ 87 III, sog. Überhangprovision)
	Voraussetzung für den Provisionsanspruch ist Vertragsschluß und Erfüllung durch den Unternehmer und den Dritten (§ 87 a I, II, 158 I BGB; bei Nicht- oder Andersserfüllung durch den Unternehmer besteht ein Schadensersatzanspruch unter den Voraussetzungen des § 87 a III)

Daneben ist Provision aus § 354 bei besonderer Geschäftsführung möglich.

Ausgleichsanspruch aus § 89 b nach Beendigung des HV-Vertrages
Vor: erhebliche Vorteile aus der Beziehung mit neu geworbenen Kunden
Verlust des Provisionsanspruchs (s. aber § 87 III)
Ausgleich entspricht der Billigkeit
kein Aufwendungsersatzanspruch, § 87 d
Allerdings kann der HV einen Aufwendungsersatzanspruch aus §§ 675, 670 oder §§ 670, 683 S. 1, 677 BGB erlangen, wenn geschäftsfremde Tätigkeiten ausgeführt werden.
Pflicht zur Wahrung von Geschäfts- und Betriebsgeheimnissen, § 90

V. Weitere Probleme im Überblick

1. Innenverhältnis des Handelsvertretervertrages

Der HV kann entweder Abschlußvertreter sein oder nur Vermittler (nicht ausreichend ist der bloße Nachweis von Gelegenheiten zum Vertragsschluß).

a. Abschlußvollmacht
Über § 91 Abs.1 gilt § 55 (Handlungsvollmacht) auch für Nichtkaufleute, so daß für den Abschlußvertreter die §§ 54, 55 Abs. 2 – 4 anwendbar sind.

Die Erteilung der Handlungsvollmacht richtet sich nach den §§ 167 ff BGB und kann als Generalvollmacht für alle Rechtsgeschäfte, als Arthandlungsvollmacht für eine bestimmte Art von Rechtsgeschäften oder als Spezialhandlungsvollmacht für ein oder mehrere bestimmte Rechtsgeschäfte erteilt werden.

Der Rahmen der Abschlußvollmacht kann rechtsgeschäftlich beschränkt werden; zum Schutze des Dritten kann aber eine Beschränkung im Außenverhältnis (über die in § 54 Abs. 2 geregelten Ausnahmen hinaus) dem Dritten bei dessen fehlender positiver Kenntnis oder bei Kennenmüssen der beschränkten Vertretungsmacht vom Unternehmer nicht entgegengehalten werden.

Wenn der HV seine Vollmacht überschreitet, gilt gemäß § 91 a

Abs. 2 die Regelung des § 91 a Abs. 1, so daß § 177 BGB dahingehend modifiziert wird, daß das Geschäft als genehmigt gilt, wenn der Unternehmer nicht unverzüglich nach Kenntnis von dem Geschäft gegenüber dem Dritten ablehnt (in dem Fall gelten die §§ 178, 179 BGB).

Gemäß § 55 Abs. 4 gilt der HV als ermächtigt zur Entgegennahme von Mängelanzeigen, Erklärungen der Zurverfügungstellung der Ware, Erklärungen der Geltendmachung von Rechten aus mangelhafter Leistung oder deren Vorbehaltung.

b. Vermittlungsvollmacht

Der Vermittlungs-HV erhält ebenfalls Vollmacht nach § 167 ff BGB. Auf ihn finden aber auch die §§ 91 Abs. 2, 55 Abs. 4 Anwendung, so daß auch der Vermittlungs-HV zur Entgegennahme der oben genannten Anzeigen und Erklärungen ermächtigt ist. Auch die Vollmacht des Vermittlers ist nach außen beschränkbar, §§ 91 Abs. 2 Satz 2, 54 Abs. 3 und 1. Für den Vermittlungs-HV ohne Vertretungsmacht gilt § 91 a Abs. 1 unmittelbar.

2. *Beendigung des Handelsvertretervertrages*

a. durch ordentliche Kündigung nach § 89
b. durch fristlose Kündigung aus wichtigem Grund nach § 89 a

3. *Sondervorschriften*

§ 92: Versicherungs- und Bausparkassenvertreter
 § 92 b: Handelsvertreter im Nebenberuf (Unanwendbarkeit der §§ 89 und 89 b HGB, kürzere Kündigungsfrist)

4. *Verhältnis zu kartellrechtlichen Vorschriften*

Bei vereinbarten Wettbewerbsverboten (§§ 86 Abs. 1, 2. Hs. und 90 a) ist die Vereinbarkeit mit dem Kartellrecht zu prüfen.
 § 15 GWB (Preisbindung) ist nach hM auf den Handelsvertreter nicht anwendbar.

Die Anwendbarkeit von § 18 GWB (Ausschließlichkeitsbindungen) ist umstritten: Nach Ansicht der Rechtsprechung (BGH JuS 1968, 185; KG WuW/ E OLG 1961) findet § 18 GWB keine Anwendung, wenn sich die Bindung im Rahmen des § 86 I, 2. Hs. HGB hält, während die h.L. (vgl. Immenga/Mestmäcker/Emmerich, GWB, 2. Aufl., 1993, § 18 Rz 50) auch den Handelsvertretervertrag nach dieser Norm beurteilt.

VI. Die Vergütung der Leistungen des Handelsvertreters

1. Erfolgsabhängige Provision

Regelmäßig wird die Leistung des HV's mit einer erfolgsabhängigen Provision vergütet.
  Der Provisionsanspruch durchläuft dabei vier Stufen:
a. Entstehen der Provisionsanwartschaft unter auflösender und aufschiebender Bedingung
b. Ausführung des Geschäftes durch den Unternehmer – aufschiebende Bedingung entfällt
c. Leistung des Dritten – auflösende Bedingung entfällt
d. Fälligkeit des Anspruchs

2. Garantieprovision

Provision, die dem HV zunächst ohne Rücksicht auf seine Tätigkeit bezahlt wird, sie wird jedoch bei der endgültigen Provisionsberechnung wieder in Abzug gebracht.

3. Fixum

Festbetrag, auf den der HV ohne Rücksicht auf seine Provisionsansprüche Anspruch hat.

4. Überhangprovision

Eine Überhangprovision ist in den Fällen gegeben, in denen noch während des Handelsvertretervertrages die Provisionsanwartschaft begründet wird, aufschiebende und/oder auflösende Bedingung aber erst nach Beendigung des Vertragsverhältnisses wegfallen.

5. *Nachträglicher Provisionsanspruch nach § 87 III*

Die Provisionsanwartschaft entsteht erst nach Beendigung des Vertretervertrages, jedoch innerhalb einer angemessenen Frist, trotzdem war der HV maßgeblich an der Geschäftsvermittlung beteiligt.

6. *Provision aus künftig zustande kommenden Geschäften (§ 89 b)*

Die Provision, die regelmäßig Grundlage für die Berechnung des Ausgleichsanspruchs ist.

7. *Inkassoprovision (§ 87 IV/§ 55 III)*

Provision für die Einziehung der vom Kunden geschuldeten Leistungen

8. *Delkredereprovision (§ 86 b)*

Provision für die Verpflichtung des HV's, für die Verbindlichkeit eines Geschäftspartners einzustehen, wie zB durch Bürgschaft oder Schuldbeitritt.

VII. Der Provisionsanspruch nach §§ 87 – 87 c

                          Zeitachse

Vermittlungstätigkeit des HV's   18. Dezember 1993   § 87 I
Kunde ist abschlußbereit

    (nach neuem Recht ist dieser Zeitpunkt entscheidend für Provisionen nach § 87 III HGB)

Unternehmer zeigt nach § 86 a II 2   4. Januar 1994
die Annahme des Geschäftes an

    (nach früherem Recht war dieser Zeitpunkt entscheidend für die Bestimmung der Maßgeblichkeit der Provision nach § 87 III)
    → Provisionsanwartschaft des HV's entsteht

(scheidet der HV jetzt aus, erhält er die sog. Überhangprovision; scheidet er vorher aus, gilt § 87 III: nachträglicher Provisionsanspruch)

Unternehmer führt das Geschäft aus	10. April 1994	§ 87 a I 1

→ aufschiebende Bedingung entfällt
→ Provisionsanspruch des HV's ist gegeben

Rechnungsstellung des Unternehmens mit Zahlungsziel	12. April 1994 12. Mai 1994	
Kunde leistet nicht bis zum angegebenen Zahlungsziel	12. Mai 1994	§ 87 a II

Steht fest, daß der Kunde nicht leistet?
wenn ja: kein Provisionsanspruch des HV's

Kunde leistet	15. Juni 1994	§ 87 a I 3

→ auflösende Bedingung entfällt

Fälligkeit des Provisionsanspruchs, falls dreimonatiger Abrechnungszeit vereinbart (Höhe richtet sich nach der Leistung des Kunden)	31. Juli 1994	§§ 87 a IV, 87 c I

VIII. Wegfall des Provisionsanspruchs bei Feststehen der Nichtleistung durch den Dritten (§ 87 a II, 1. Hs)

Voraussetzung: Nichtleistung des Dritten. Leistet dagegen der Unternehmer nicht, hat der Handelsvertreter einen Provisionsanspruch aus § 87 a III 1.

Die *Nichtleistung* des Dritten *muß feststehen* (BGH WM 1984, 271):

(+) bei Zahlungsunfähigkeit für längere Zeit; die bloße Vermutung reicht allerdings nicht aus (OLG Celle BB 1972, 594)

(+) bei Bestreiten der Zahlungspflicht, wenn die Klage zB wegen erheblicher Beweisschwierigkeiten für den Unternehmer unzumutbar ist; grundsätzlich muß der Unternehmer bei Erfolgsaussichten hinsichtlich der Klage aber den Klageweg beschreiten (*Heymann/Sonnenschein*, § 87 a Rz 15)

(+) bei zahlreichen Prozessen gegen kleinere zahlungs- und abnahmeunwillige Kunden (BGH DB 1983, 2136)

(+) wenn der Prozeß nur geführt wird, um dem Handelsvertreter die Provision zu erhalten (OLG Frankfurt aM DB 1983, 1592)
(-) bei Kündigung eines Werkvertrages durch den Dritten, weil der Unternehmer seinen Vergütungsanspruch nach § 649 BGB weitgehend behält (BGH WM 1984, 271)
(-) bei Erlaß der Schuld durch den Unternehmer
(-) bei einverständlicher Vertragsaufhebung durch den Unternehmer und den Dritten (Fall des § 87 a III 1)
Eine Vereinbarung darüber, wann eine Nichtleistung vorliegt, ist zulässig (*Baumbach/Duden/Hopt* § 87 a Rn 19; OLG Frankfurt aM BB 1977, 1170; BGH BB 1971, 1430: Rückgriff auf die Grundsätze ordnungsgemäßer Buchführung).

Rechtsfolge des § 87 a II, 2. Hs: Dem Unternehmer steht gegen den Handelsvertreter ein vertraglicher Rückzahlungsanspruch zu. Auf einen Wegfall der Bereicherung kann sich der Handelsvertreter daher nicht berufen. Zurückzuzahlen sind nach § 87 a I 2 geleistete Vorschüsse und gezahlte Provisionen.

Diese Beträge sind vom Tage des Erhalts an zu verzinsen, §§ 353, 354 II, 343, denn der Handelsvertreter ist nach § 1 II Nr. 7 Mußkaufmann.

IX. Wettbewerbsverbote für Handelsvertreter – Vergleich mit Handlungsgehilfen

	Handelsvertreter	Handlungsgehilfe
während der Vertragsdauer:	grds. (–), nur Pflicht der Interessenwahrung (§ 86 I, 2 Hs.)	nach § 60 außer bei Einwilligung verboten – Handelsgewerbe bzw. Geschäfte im gleichen Handelszweig zu betreiben – uU Konkurrenz durch Kapital oä zu unterstützen Verstoß: §§ 61 HGB, 626, 826 BGB, 1 UWG
nach Vertragsende:	grds. (–), außer bei WettbAbrede	grds. (–), außer bei WettbAbrede
WettbAbrede: Form	§ 90 a I 1	§ 74 I
Inhalt:	Unterlassung bezeichneter Tätigkeit	jede Beschränkung gewerblicher Tätigkeit
Höchstdauer:	2 Jahre, § 90 a I 2	idR 2 Jahre, vgl. § 74 a I 2

Entschädigung:	§ 90 a I 3 – Anspruch folgt aus Gesetz – keine Anrechnung anderen Verdienstes oder Ausgleichs nach § 89 b	§ 74 II – Anspruch folgt aus Abrede – Anrechnung anderen Arbeitsentgelts und dessen, was zu erwerben böswillig unterlassen wird
bei Verstoß gegen Abrede möglich	– Schadensersatzanspruch – Unterlassungsanspruch – Wegfall der Entschädigung – Rücktritt des Unternehmers	– Schadensersatzanspruch – Unterlassungsanspruch – Wegfall der Entschädigung – Rücktritt des Arbeitsgebers
bei Kündigung aus wichtigem Grund	– des HV: Lossagung möglich, § 90 a III – des Unternehmers: uU Kürzung der Entschädigung (§ 90 II 2 verfassungswidrig)	– des HG: Abrede unverb., § 75 I – des Arbeitgebers: Abrede unverb., § 75 I analog (§ 75 III verfassungswidrig)
Wettbewerbsabrede – unverbindlich:	– falls es über berechtigte Unternehmerinteressen hinausgeht; str. – bei dem HV ggü § 90 a I–III nachteilige Abrede gemäß § 90 a IV; str.	– falls es über berechtigte Arbeitsgeberinteressen hinausgeht, § 74 a I 1 – bei dem HG ggü §§ 74 ff. nachteiliger Abrede gemäß § 75 d – falls Fortkommen des HG unbillig erschwert, § 74 a I 2
– nichtig:	im Fall des § 138 BGB	§§ 74 a II, III HGB, 138 BGB

X. (Un-)selbständige Hilfspersonen des Kaufmanns als Abschluß- und/oder Vermittlungsvertreter mit rechtsgeschäftlicher Vollmacht

Arten	Umfang der Vertretungsmacht	Vertretung ohne Vertretungsmacht
Prokurist	§§ 49, 50 I (II) Ausnahme § 50 III	§§ 177 ff BGB
Handlungsbevollmächtigter (unselbständig)	§ 54 I–III	§§ 177 ff BGB
Handlungsgehilfe, der außerhalb des Betriebes des Prinzipals tätig wird (unselbständig)	Abschluß: § 55 I i.V.m. § 54 I–III § 55 II–IV	§ 75 h II → §§ 75 h I, 177 ff BGB
	Vermittlung: §§ 75 g, 55 IV (nach § 75 g S. 2 beschränkbar)	§ 75 h I → §§ 177 ff BGB

Handelsvertreter	Abschluß: § 55 I–§ 91 I	§§ 91 a II → I, 177 ff BGB
————————	→ § 54 I–III	
(+) §§ 55,91 I (−)	§ 55 II–IV	
unselbst. selbst.	Vermittlung : § 91 II → § 55	§ 91 a I → §§ 177 ff BGB
§ 84 II § 84 I	IV vergleichbar	
	beschränkbar: § 91 II 2	

C. Handelsmakler (§§ 93 – 104)

I. Rechtliche Ausgestaltung

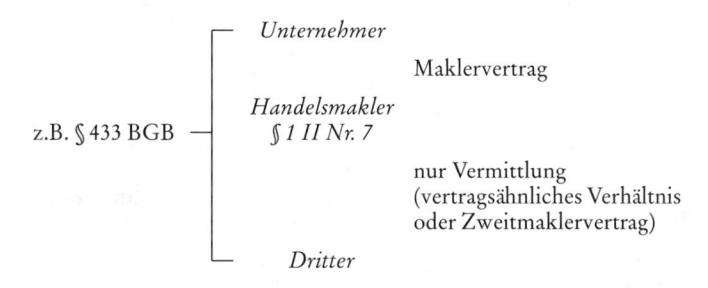

```
                  ┌─ Unternehmer
                  │                    Maklervertrag
                  │   Handelsmakler
   z.B. § 433 BGB ┤      § 1 II Nr. 7
                  │                    nur Vermittlung
                  │                    (vertragsähnliches Verhältnis
                  │                    oder Zweitmaklervertrag)
                  └─ Dritter
```

Handelsmakler ist, wer es gewerbsmäßig für einen anderen, der nicht unbedingt selber Kaufmann sein muß, übernimmt, für diesen Verträge über die Anschaffung oder Veräußerung von Waren oder Wertpapieren oder sonstigen Gegenständen des Handelsverkehrs (zB Bankkredite oder sonstige Bankgeschäfte; nicht jedoch Grundstücke, § 93 Abs. 2) zu vermitteln, ohne ständig mit der Vermittlung betraut zu sein, § 93 Abs. 1. Bei ständiger Betrauung handelt es sich um einen Vermittlungshandelsvertreter.

Wer andere Gegenstände als die in Absatz 1 aufgeführten vermittelt, ist Zivilmakler nach §§ 93 Abs. 2 HGB iVm 652-654 BGB. Gleiches gilt für denjenigen, der nicht gewerbsmäßig, sondern nur gelegentlich Vermittlungen durchführt.

Für das Recht des Handelsmaklers gelten primär die §§ 93 ff und subsidiär die §§ 652 ff BGB

Rechtliche Beziehungen der Beteiligten

1. Auftraggeber-Makler

Entweder wird zwischen diesen Personen stillschweigend oder ausdrücklich ein Maklervertrag geschlossen, oder es erfolgt ein einseitiges Rechtsgeschäft im Rahmen einer Auslobung nach § 657 BGB.

Der Maklervertrag kann grundsätzlich *formfrei* geschlossen werden. Ein Formzwang kann aber nach § 313 Satz 1 BGB entstehen, wenn es um die Vermittlung von Grundstücken geht oder wenn durch Vertragsklauseln ein mittelbarer Abschlußzwang erzeugt wird (dies gilt aber nur für den Zivilmakler, denn der Handelsmakler ist gemäß § 93 Abs. 2 nicht mit der Vermittlung von Grundstücken befaßt).

Im Unterschied zum Dienstvertrag (§§ 611 ff BGB) und Werkvertrag (§§ 631 ff BGB) besteht für den Makler keine Verpflichtung zum Tätigwerden (Ausnahme: Alleinauftrag des Handelsmaklers, s. unten IV). Vom Kommissionär unterscheidet sich der Handelsmakler dadurch, daß er nicht im eigenen Namen für fremde Rechnung kauft oder verkauft. Der Unterschied zum Zivilmakler liegt darin, daß der Handelsmakler reiner Vermittler ist, d.h. der bloße Nachweis der Gelegenheit zum Vertragsschluß reicht nicht für die Anwendung der §§ 93 ff, vielmehr muß der Handelsmakler dergestalt handeln, daß er mit beiden Parteien in Kontakt steht und dadurch (mit-)ursächlich zum Vertragsabschluß beiträgt. Darüber hinaus setzt die Anwendung des Handelsmaklerrechts voraus, daß dieser ein Gewerbe betreibt, während der Zivilmakler nur gelegentlich makelt. Schließlich ist der Handelsmakler beiden Parteien verpflichtet (Neutralitätspflicht des Handelsmaklers aus §§ 94, 98, 99, 101), der Zivilmakler hingegen nur seinem Auftraggeber.

Der Handelsmaklervertrag endet mit dem jederzeit zulässigen (Ausnahme: Alleinauftrag, s. unten IV.) Widerruf durch den Auftraggeber (Kündigung ex nunc) oder dem Tod des Handelsmaklers. Der Auftraggeber hat auch vorher das Recht, weitere Makler einzuschalten (anders beim Alleinauftrag (s. unten IV.). Der Auftraggeber kann die Ware aber auch selbst verkaufen. Dafür hat der Handelsmakler aber auch nur das Recht und nicht die Pflicht zum Tätigwerden.

2. Makler-Dritter

Zwischen diesen beiden Personen bestehen keine Vertragsbeziehungen (Ausnahme: Doppelmaklervertrag, bei dem der Makler mit beiden Parteien des späteren Kaufvertrages einen Maklervertrag schließt), aber ein vertragsähnliches Vertrauensverhältnis, aus dem der Makler zur Treue und Neutralität verpflichtet ist.

Gesetzliche Ausgestaltungen finden sich in:
- § 94, Zustellung von Schlußnoten
- § 98, Schadensersatzhaftung
- § 100, Pflicht zur Tagebuchführung, Haftung auf Schadensersatz aus §§ 823 Abs. 2 BGB iVm 100
- § 103, Informationspflicht

3. Dritter – Auftraggeber

Zwischen diesen beiden Parteien kommt durch die Vermittlung des Handelsmaklers ein Vertrag über Gegenstände des Handelsverkehrs zustande. Das Verhältnis dieser Parteien richtet sich nach allgemeinem Handels- und Schuldrecht.

II. Rechte und Pflichten aus dem Handelsmaklervertrag

1. Handelsmakler

- keine Pflicht zum Tätigwerden und kein Erfolgsversprechen (daher sind die §§ 320 ff BGB unanwendbar)
- Interessenwahrung und Treuepflicht (Neutralität)
- Schweigepflicht
- Informationspflicht (auch bezüglich etwaiger Interessenkonflikte)
- Verbot, vom Dritten Provision anzunehmen (Rechtsfolge: Schadensersatzpflicht, Verwirkung des Lohnanspruchs), sofern keine erlaubte Doppeltätigkeit
- nachwirkende Treuepflicht
- Zustellung von Schlußnoten, § 94; Mitteilungspflicht nach § 94 III, wenn eine Seite die Schlußnote nicht annimmt oder nicht unterschreibt
- Aufbewahrungspflicht von übergebenen Mustern und Proben, § 96

Bei Verletzung dieser Sorgfaltspflichten haftet der Handelsmakler auf Schadensersatz aus § 98 (dem Dritten gegenüber aber nur für die diesem gegenüber bestehenden spezifischen Pflichten), auch wenn noch kein Vertrag zwischen Auftraggeber und Drittem geschlossen wurde
- Verbot der gänzlichen Überlassung der Tätigkeit an einen anderen Makler, § 664 Abs. 1 Satz 1 BGB; allerdings hat der Makler nach § 664 Abs. 1 Satz 2 HGB das Recht, einen Untermakler einzuschalten, für den er im Rahmen des § 278 BGB haftet, § 664 Abs. 1 Satz 3 BGB
- Sorgfaltspflicht eines ordentlichen Kaufmanns aus § 347 und Rücksichtnahme auf Handelsbräuche aus § 346 unter Kaufleuten

2. *Auftraggeber*

- Pflicht zur Zahlung des Maklerlohns, § 99 (im einzelnen s. unten bei den Voraussetzungen des Provisionsanspruchs)
- Pflicht zur Mitteilung der Aufgabe des Vertragsschluß- und Ausführungswillens
- Pflicht zur Mitteilung von Eigengeschäften des Auftraggebers
- Schweigepflicht des Auftraggebers
- Mitteilungspflicht über Nachgeschäfte, die ohne den Makler zustandekommen aus §§ 242, 652 BGB

III. Voraussetzungen für den Provisionsanspruch

1. Der Makler muß in Kenntnis des Auftraggebers tätig werden, damit dieser bei den Vertragsverhandlungen mit dem Dritten den Provisionsanspruch des Maklers mitberücksichtigen kann.
2. Es muß die wirtschaftliche und personelle Identität des vermittelten Vertrages bestehen, d.h. die Parteien müssen dieselben und der Vertrag darf dem Inhalt nach nicht völlig anders ausgestaltet sein.
3. Der Vertrag zwischen Auftraggeber und Drittem muß wirksam zustande gekommen sein, wobei es keine Rolle spielt, ob der Vertrag erst nach Ablauf des Maklervertrages oder nach dem Tod des Maklers zustande kommt.
4. Der Vertrag muß mit einem Dritten geschlossen werden. Kein Provisionsanspruch entsteht daher bei
a. Selbsteintritt des Handelsmaklers;
b. wirtschaftlicher Identität des Dritten mit dem Makler oder enger

Verbundenheit des Maklers mit dem Dritten, zB bei 40 %iger Beteiligung des Maklers an dem Dritten oder wenn der Makler persönlich haftender Gesellschafter einer Gesellschaft ist, die mit dem Auftraggeber einen Vertrag schließt.

Nicht ausreichend für den Ausschluß des Provisionsanspruchs ist dagegen die bloße persönliche Beziehung des Maklers mit dem Dritten.

5. Das Handeln des Maklers muß (zumindest mit-) ursächlich für den Vertragsschluß sein. Die Beweislast für die (Mit-)Ursächlichkeit trifft den Makler.

a. Der Anspruch bleibt auch bestehen bei
− Rücktritt oder Wandelung
− Eintritt einer auflösenden Bedingung
− Aufhebung des Vertrages

b. Der Anspruch entfällt dagegen bei
− Widerruf vor Ausführung des Geschäfts durch den Auftraggeber
− Nichtigkeit wegen Gesetzesverstoß (zB unerlaubte Arbeitsvermittlung oder Rechtsberatung)

c. Der Anspruch wird vom Makler nach § 654 BGB verwirkt, wenn er sich vorsätzlich oder grob fahrlässig (Sorgfaltsmaßstab: §§ 346, 347) treuwidrig verhält, selbst wenn dem Auftraggeber dadurch kein Schaden entstanden ist.

6. Der Anspruch des Maklers auf die Provision richtet sich nach § 99 HGB grundsätzlich gegen den Auftraggeber und den Dritten. Diese schulden die Provision je zur Hälfte, sind aber keine Gesamtschuldner. § 99 greift jedoch nicht, wenn

a. beide Parteien zusammen (oder jede Partei einzeln) mit dem Handelsmakler etwas Abweichendes vereinbart haben;

b. ein abweichender Ortsgebrauch gegeben ist;

c. der Handelsmakler nach außen erkennbar nur für eine Partei auftritt.

7. Die Höhe der Provision richtet sich in erster Linie nach der Vereinbarung, dann nach der Taxe, dann nach der Üblichkeit.

Einen zusätzlichen Aufwendungsersatzanspruch hat der Handelsmakler nicht, § 652 Abs. 2 BGB.

8. Fällig wird die Provision mit dem Zustandekommen des Vertrages (§ 652 Abs. 1 Satz 1 BGB), soweit nicht vorherige Fälligkeit (zB schon mit Abschluß eines Vorvertrages) oder spätere Fälligkeit (zB erst mit Ausführung des Geschäfts) vereinbart wird.

9. Der Provisionsanspruch verjährt nach § 196 Abs. 1 Nr. 1, 7, Abs. 2 BGB in zwei bzw. vier Jahren.

IV. Der Alleinauftrag

Eine besondere Ausgestaltung des Handelsmaklervertrages ist der *Alleinauftrag*, auch Festauftrag genannt. Bei diesem verzichtet der Auftraggeber darauf, mehrere Makler einzuschalten und verzichtet gleichzeitig dem Handelsmakler gegenüber auf das jederzeitige Widerrufsrecht. Der Vertrag kommt wie der normale Maklervertrag zustande. Er ist nicht widerruflich, sondern gilt für eine angemessene Zeit (Auslegung nach § 157 BGB; ein zeitlich unbegrenzter Alleinauftrag ist aber gemäß § 138 Abs. 1 BGB nichtig).

Im Gegensatz zum normalen Handelsmaklervertrag hat der Handelsmakler beim Alleinauftrag eine Pflicht zum Tätigwerden. Unberührt bleibt dagegen – wie beim normalen Maklervertrag – das Recht des Auftraggebers, allein Geschäfte abzuschließen.

D. Einkaufs-/Verkaufskommissionär (§§ 383 – 406)

I. Rechtliche Ausgestaltung

Kommittent

Komissionsauftrag   *Abwicklungsgeschäft*
                        (nach Durchführung des Ausführungsgeschäftes)

Kommissionär
§ 1 II Nr. 6

                        für Rechnung eines anderen *ohne ständige*
                        Betrauung im *eigenen* Namen (Fall der mittelbaren
                        Stellvertretung)

Kaufvertrag   *Ausführungsgeschäft*
Käufer oder Verkäufer

Kommissionär ist derjenige, der es als Kaufmann im Betriebe seines Handelsgewerbes im eigenen Namen für fremde Rechnung übernimmt (nämlich die des Kommittenten), Geschäfte abzuschließen.

II. Rechtliche Beziehungen der Beteiligten

Beim Kommissionsgeschäft sind Kommissionsvertrag Ausführungsgeschäft und Abwicklungsgeschäft voneinander zu unterscheiden:

1. Der Kommissionsvertrag

Er ist ein formloser gegenseitiger Geschäftsbesorgungsvertrag (§ 675 BGB), der bei Einzelgeschäften Werkvertrag ist und bei ständiger Geschäftsbeziehung Dienstvertrag über Dienste höherer Art.
   Dies ist im einzelnen streitig (aA zB *Capelle/Canaris* § 30 I 1: idR Dienstvertrag; vgl. auch *Schlegelberger/Hefermehl* § 383 Rz 37). Wichtig ist die Unterscheidung hinsichtlich des Kündigungsrechts (§ 649 BGB einerseits und § 627 BGB andererseits) und hinsichtlich der Verjährung von Schadensersatzansprüchen (§ 638 BGB einerseits und § 195 BGB andererseits).
   Die §§ 320 ff BGB sind anwendbar (synallagmatisch sind der Provisionsanspruch aus § 396 Abs. 1 und der Anspruch auf Vornahme des Ausführungsgeschäfts gemäß § 384 Abs. 1 sowie der Provisionsanspruch und der Anspruch auf Herausgabe des Erlangten gemäß § 384 Abs. 2, 2. Hs).

Rechte und Pflichten aus dem Kommissionsvertrag

Kommissionär	Kommittent
– Ausführungspflicht mit kaufmännischer Sorgfalt, §§ 384 I, 347	– Weisungsrecht, §§ 384 I, 385
– Übertragungspflicht hinsichtlich des Erlangten (Abwicklungsgeschäft), § 394 II, 2. Hs.	– Recht, weisungswidrige Geschäfte nicht gegen sich gelten lassen zu müssen, § 385 I, 2. Hs. (Ausnahme in § 386 HGB) und daraus resultierender Schadensersatzanspruch, § 385 I, 1. Hs.
– Treuepflicht (Interessenwahrung), § 384 I, 2. Hs.	
– Benachrichtigungspflicht, § 384 II	– bei Verstoß gegen ein Preislimit besteht die Pflicht zur unverzüglichen Zurückweisung, § 386 I, 1. Hs. (andernfalls Genehmigungsfiktion, § 386 I, 2.Hs.)
– Rechenschaftslegungspflicht, § 384 II	
– Provisionsanspruch, § 396 I, evtl. Delkredereprovision, § 394	

- Aufwendungsersatzanspruch, §§ 396 II HGB, 675, 670 BGB
- (Besitz)Pfandrecht, § 397, bzw. pfandähnliches Befriedigungsrecht, § 398
- eventuell Mitwirkungspflichten (zB Akkreditivstellung bei Einkaufskommission)

2. Das Ausführungsgeschäft

Hierunter versteht man den Vertrag zwischen dem Kommissionär und dem Dritten.

Das Geschäft ist rechtlich unabhängig von dem Kommissionsvertrag und dem Abwicklungsgeschäft und wird auch bei Kenntnis des Dritten von der Kommission nicht berührt. In der Person des Kommittenten liegende Umstände (zB Willensmängel, Unmöglichkeit der Leitung) berühren das Ausführungsgeschäft grundsätzlich nicht (*Baumbach/Duden/Hopt*, HGB § 383 Rn 14).

Eine Durchbrechung dieses Grundsatzes gilt nur in Fällen der Drittschadensliquidation, wenn dem Kommissionär Schadensersatzansprüche gegen den Dritten zustehen (zB aus § 325 BGB), denn der Kommissionär ist dann zwar als Vertragspartner Gläubiger des Anspruchs, der Schaden tritt aber beim Kommittenten ein.

Zum Ausführungsgeschäft gehören sowohl der schuldrechtliche Vertrag als auch das Erfüllungsgeschäft.

Forderungen aus dem Ausführungsgeschäft

Gläubiger aller Ansprüche ist zunächst der Kommissionär als Vertragspartner des Dritten. Erst nach der Abtretung der Forderung an den Kommittenten (wozu der Kommissionär gemäß § 384 Abs. 2 HGB verpflichtet ist), kann der Kommittent gemäß § 392 Abs. 1 die Forderung geltend machen. Die Forderungen aus dem Ausführungsgeschäft können auch im voraus abgetreten werden.

Zum Schutz des Kommittenten gilt eine Forderung gemäß § 392 Abs. 2 im Verhältnis der Parteien des Kommissionsvertrages bzw. dem Kommittenten und den Gläubigern des Kommissionärs als solche des Kommittenten. Bei Abtretung seitens des Kommissionärs an seinen Gläubiger verfügt er als Nichtberechtigter, so daß der Zessionar die Forderung nicht erwerben kann (kein gutgläubiger Forderungserwerb möglich). Tritt der Kommissionär die Forderung hingegen an den Zessionar ab, ohne daß dieser sein Gläubiger ist, gilt § 392 Abs. 2 nicht, selbst wenn der Zessionar wußte, daß es sich um eine Kommissionsforderung handelt.

Umstritten ist, ob dies auch bei einer Aufrechnung gilt. Problematisch dabei ist, ob die aufzurechnenden Forderungen konnex sind, denn § 392 Abs. 2 könnte die Gegenseitigkeit der Forderungen beeinflussen. Nach hM findet § 392 Abs. 2 keine Anwendung, wenn der Schuldner des Ausführungsgeschäfts zugleich der Gläubiger des Kommissionärs ist und der Kommissionär mit der Kommissionsforderung aufrechnet (*Baumbach/Duden/Hopt*, HGB § 392 Rn 5: in diesem Fall ist auch der Vertragspartner schutzwürdig).

Nach aA kann nur aufgerechnet werden, wenn der Dritte nichts von der Kommission wußte (*Schwartz*, NJW 1969, 1942, 1943). Nach wiederum aA ist eine Aufrechnung wegen § 392 Abs. 2 ausgeschlossen (*Schlegelberger/Hefermehl*, § 392 Rz 24).

3. Das Abwicklungsgeschäft

In diesem wird das Ergebnis der Kommission vom Kommissionär auf den Kommittenten überführt.

4. Die dingliche Übertragung

(Gilt sowohl für das Ausführungs- als auch das Abwicklungsgeschäft)

a. Verkaufskommission
aa. Besitzübergabe an den Kommissionär und anschließende Übereignung an den Dritten nach §§ 929 Satz 1 iVm 185 Abs. 1 BGB, d.h. ohne Zwischenerwerb des Kommissionärs und ohne Insolvenzrisiko
bb. alternativ: Übereignung an den Kommissionär mit anschließender Weiterübereignung an den Dritten, d.h. Zwischenerwerb des Kommissionärs mit dem Risiko der Insolvenz

b. Einkaufskommission
aa. Mit Zwischenerwerb des Kommissionärs und Insolvenzrisiko
(1) Übereignung des Dritten an den Kommissionär und anschließende Weiterübereignung an den Kommittenten
(2) Insichgeschäft des Kommissionärs gemäß §§ 929 Satz 1, 930, 181 BGB
(3) Antezipierte Einigung und antezipiertes Besitzkonstitut
bb. Direkterwerb des Kommittenten
(1) Kommissionär tritt ausnahmsweise im Namen des Kommittenten auf, § 164 Abs. 1 BGB

(2) Geschäft für den, den es angeht (sehr umstritten)

E. Vertrags-/Eigenhändler

I. Rechtliche Ausgestaltung

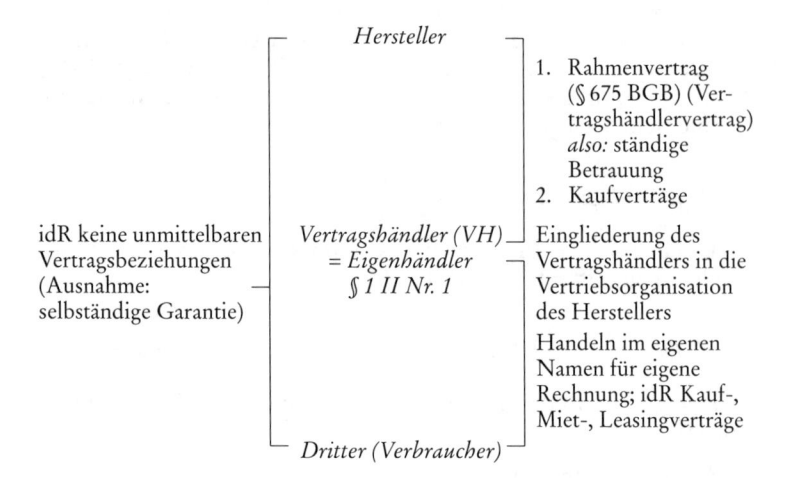

	Hersteller	
idR keine unmittelbaren Vertragsbeziehungen (Ausnahme: selbständige Garantie)	*Vertragshändler (VH) = Eigenhändler* § 1 II Nr. 1	1. Rahmenvertrag (§ 675 BGB) (Vertragshändlervertrag) *also:* ständige Betrauung 2. Kaufverträge Eingliederung des Vertragshändlers in die Vertriebsorganisation des Herstellers Handeln im eigenen Namen für eigene Rechnung; idR Kauf-, Miet-, Leasingverträge
	Dritter (Verbraucher)	

II. Pflichten aus dem Vertragshändlervertrag

Auf den Vertragshändler, einer Mischform aus selbständigem Unternehmer und Handelsvertreter, sind handelsvertreterrechtliche und kaufrechtliche Vorschriften anzuwenden (Kombinationstheorie).

Vertragshändlerpflichten

- Absatz und Werbung, § 86 analog
- Weisung befolgen, §§ 675, 665 BGB
- Auskunftspflicht, §§ 675, 666 BGB, 82 II analog
- Interessenwahrnehmung, § 86 I analog
- Konkurrenzverbot
- Abnahme bestimmter Mengen

Hersteller-/Lieferantenpflichten

- Warenlieferung
- Unterstützung, § 86 a analog
- Eingliederung des Vertragshändlers in die Vertriebsorganisation Keine Pflicht, aber häufig vereinbart wird ein Alleinvertriebsrecht oder ein Gebietsschutz für den Händler.

III. Vertragsbeendigung

Da der Vertragshändlervertrag von gegenseitiger Treue und Rücksicht geprägt ist, steht dem Vertragshändler bei erheblichen Vertragsverletzungen durch den Hersteller oder Lieferanten ein Recht zur fristlosen Kündigung und ein Anspruch auf Schadensersatz zu.

Sehr umstritten ist, ob § 89 b analog anzuwenden ist, wenn das Vertragsverhältnis aufgelöst ist, und daraus der Vertragshändler einen *Ausgleichsanspruch* gegen den Hersteller/Lieferanten hat. Da der Anspruch aus § 89 b ein Vergütungsanspruch für den Wegfall der Provisionsverpflichtung ist, ist nach hM Voraussetzung:
1. Rechtsverhältnis, das über die Verkäufer-Käufer-Beziehung hinausgeht (=Vertragshändlervertrag)
2. Verpflichtung, dem Hersteller/Lieferanten bei Ausscheiden den Kundenstamm zu überlassen, wobei strittig ist, ob diese Verpflichtung vertraglicher Natur sein muß (BGH-Rspr.) oder ob die tatsächliche Nutzungsmöglichkeit allein ausreichend ist (hL)
3. Es bedarf keiner besonderen Schutzwürdigkeit des Vertragshändlers, denn diese ist bereits immanent im Vertragshändlervertrag enthalten.

Der Anspruch wird auch nicht durch die Sogwirkung der Marke ausgeschlossen, weil durch die Aktivitäten des Vertragshändlers (vor allem seine Werbung) schon eine für den Anspruch aus § 89 b ausreichende Mitverursachung gegeben ist (allgA).

IV. Anwendung der Handelsvertreter-Vorschriften auf den Vertragshändler

Beim Vertragshändler, für den das HGB keine speziellen Vorschriften bereithält, stellt sich generell das Problem einer analogen Anwendung von Vorschriften aus dem Handelsvertreterrecht, wie es unter II. und III. schon beispielhaft praktiziert worden ist. Analogiefähig sind indes nur einige Vorschriften, während viele von einer Analogie ausgenommen sind und bei einzelnen noch Streit über die Analogiefähigkeit besteht. Daß jedenfalls eine Analogie überhaupt in Betracht zu ziehen ist, liegt an einer zumindest teilweise gemeinsamen Interessenlage:
1. Einbeziehung in das Vertriebsnetz des Herstellers/Lieferanten mit Rahmenvertrag
2. Pflicht zur Absatzförderung der Ware des Herstellers/Lieferanten

3. Verbot des Vertriebs von Konkurrenzprodukten

Es bestehen aber auch erhebliche Unterschiede:

Handelsvertreter	*Vertragshändler*
persönliche Dienste, kaum Kapitaleinsatz	persönliche Dienste und gleichwertig Kapitaleinsatz
Arbeit auf fremde Rechnung/Provision	Arbeit auf eigene Rechnung/z.T. erhebliche Handelsspanne
Schutz vor Risiken (§ 87 a II, III) durch Übernahme mehrerer Vertretungen möglich	„setzt alles auf eine Karte"
idR Mitnahme der Kunden bei Vertragsende	Verlust des Kundenstammes bei Vertragsende

Die Analogiefähigkeit der einzelnen Vorschriften wird folgendermaßen beurteilt:

analogieunfähig: §§ 84, 86 b, 87 I, 87 a, 87 b, 87 c, 88 a, 91, 91 a, 92, 92 a, 92 b
analogiefähig: §§ 86, 86 a, 87 d, 90, 90 a
streitig bei: §§ 87 III, 88, 89, 89 a, 89 b

F. Unterscheidungskriterien für die vier selbständigen Hilfspersonen des Kaufmanns

	gewerbsmäßig	ständig/*nicht* ständig betraut	auf eigene/ fremde Rechnung	im eigenen/ fremden Namen	Vermittlung/ Abschluß von Geschäften
Handelsvertreter, §§ 84-92 c	+	ständig	auf fremde Rechnung	im fremden Namen	Vermittlung und Abschluß
Kommissionär, §§ 383-406	+	nicht ständig *sonst* Kommissionsagent	auf fremde Rechnung	im eigenen Namen	Abschluß
Handelsmakler, §§ 93-104	+	nicht ständig	auf fremde Rechnung	im fremden Namen	Vermittlung
Vertrags-/ Eigenhändler	+	ständig	auf eigene Rechnung	im eigenen Namen	Abschluß

G. Gegenstand und Art des Geschäfts bei den vier selbständigen Hilfspersonen des Kaufmanns

	Gegenstand des Geschäfts	Art des Geschäfts
Handelsvertreter §§ 84-92 b	alle	Kauf-, Werk-, Werklieferungsvertrag, Dienstvertrag, Pachtvertrag etc.
Kommissionär §§ 383-406	Waren/Wertpapiere (s. aber § 406)	Kaufvertrag (Kauf/Verkauf)
Handelsmakler §§ 93-104	Waren/Wertpapiere/Versicherung/Güterbeförderung/Schiffsmiete sonstige Gegenstände des Handelsmaklers (Bank/Kredit/sonstige Bankgeschäfte) *nicht*: § 93 II (Grundstücksgeschäfte) § 611 (Dienstverträge)	*Vermittlung* von Verträgen, gerichtet auf *Anschaffung und Veräußerung* bei Waren/Wertpapieren, sonst auf Abschluß des betreffenden Geschäfts
Vertrags-/ Eigenhändler	Absetzen der Erzeugnisse des Herstellers	*Kaufvertrag*/Mietkauf/Leasingvertrag

H. Fälle

Fall 1:
Handelsvertreter Schelm (S) vermittelt am 29.12. den Verkauf eines Pkw. Der Unternehmer (U) schließt den Kaufvertrag am 2.1 über DM 10.000, – ab. Es wird vereinbart, daß der Altwagen für DM 3.000, – in Zahlung genommen wird. Der Vertrag des S endet am 31.12. Hat S einen Provisionsanspruch?

Lösung:
1. § 87 Abs. 1 HGB greift nicht ein, da der Kaufvertrag nicht während des bestehenden Handelsvertretervertrages abgeschlossen wurde.
2. Es besteht jedoch ein Anspruch gem. § 87 Abs. 3 HGB; insbesondere ist auch die gem. §§ 87, 87 a HGB erforderliche Kausalität gegeben.
3. *Höhe*: Der Anspruch wird nach den vollen DM 10.000, – berechnet, da die Inzahlungnahme des Wagens als bloße Zahlungsmodalität

(= Leistung erfüllungshalber) unbeachtet bleibt, § 87 b Abs. 2 S. 1 HGB.

Fall 2:
Unternehmer (U) kündigt dem Handelsvertreter (H) wegen starken Umsatzrückgangs mit einer Frist von 3 Monaten (§ 89 Abs. 1 S. 2 HGB). Dieser hält die Kündigung für unwirksam, hilfsweise will er Ausgleich nach § 89 b HGB. Zu Recht?

Lösung:
1. Eine fristlose Kündigung, § 89 a HGB, wäre nur aus wichtigem Grund (z.B. wegen einer groben Pflichtverletzung des H) möglich. Hier handelte es sich aber um eine ordentliche Kündigung, § 89 Abs. 1 S. 2 HGB, welche auch fristgemäß erfolgte; sie ist daher wirksam.
2. Ein Ausgleichsanspruch gem. § 89 b Abs. 1 HGB besteht dann, wenn folgende Voraussetzungen erfüllt sind:
a. U muß noch erhebliche Vorteile aus den von H geknüpften Geschäftsverbindungen haben (z.B. Aussicht auf Neubestellungen).
b. H muß durch die Beendigung des Handelsvertretervertrages Provisionsansprüche verlieren.
c. Der Ausgleich muß der Billigkeit entsprechen (Wertungsfrage!), wobei nur vertragsbezogene Umstände heranzuziehen sind.
d. Es darf kein Ausschlußgrund gemäß § 89 b Abs. 3 HGB entgegenstehen.

Fall 3:
Makler (M) schließt folgende Maklerverträge gemäß § 652 ff BGB ab:
1. Mit S über die Vermittlung einer Eigentumswohnung.
2. Mit T über die Vermittlung einer Versicherung. Bei dieser Vermittlung wurde M nicht tätig.
3. Mit U über den Kauf von Weizen.
M erzählt dem U nicht, daß der Weizen mangelhaft ist. U wandelt den Vertrag wegen dieses Mangels. Rechtsfolgen bei den einzelnen Verträgen?

Lösung:
Zu 1. Es liegt kein Maklervertrag iSd §§ 93 ff HGB vor, da die Vorschriften über Handelsmakler gem. § 93 Abs. 2 HGB nur bei Verträgen über bewegliche Sachen Anwendung finden, die Eigentumswohnung stellt jedoch eine unbewegliche Sache dar. Rechte aus dem Vertragsverhältnis richten sich daher nach den §§ 652 ff BGB.

Anmerkung: Die Bestimmungen der §§ 652 ff HGB gelten auch für den Handelsmakler, soweit in den §§ 93 ff HGB keine Sonderregelung vorgesehen ist (vgl. § 2 EGHGB).
Zu 2.
a. Ein Provisionsanspruch des M besteht nicht, da er nicht tätig wurde, § 652 Abs. 1 BGB in Ergänzung zu §§ 93 ff HGB.
b. Andererseits ist M auch nicht schadensersatzpflichtig wegen des Nichttätigwerdens, da eine Pflicht zum Tätigwerden nicht besteht (die Provision soll ja gerade Anreiz für das Tätigwerden sein).
Anmerkung: Eine Verpflichtung des Maklers zum Tätigwerden besteht grundsätzlich nicht, sieht man einmal von der besonderen Erscheinungsform des Maklervertrages *als Alleinauftrag* ab. Der Alleinauftrag ist dadurch gekennzeichnet, daß den Makler eine *Tätigkeitspflicht* trifft.
Zu 3.
a. Ob der Provisionsanspruch des M besteht, ist *streitig*.
aa. Der Kaufvertrag kam zustande.
bb. Der Kaufvertrag wurde hier gewandelt.
Problem: Wandelung des Kaufvertrages
Grundsätzlich berührt der Vollzug der Wandelung den einmal entstandenen Provisionsanspruch nicht. Eine andere Auffassung besagt, daß kein Provisionsanspruch besteht bei Wandelung wegen eines bei Vertragsschluß vorhandenen Mangels (RG HRR 37, 1580), wenn die Anfechtungsvoraussetzungen des § 119 Abs. 2 BGB durch §§ 459 ff BGB verdrängt sind (OLG Braunschweig NJW 1984, 1083).
hier: Da U das Wandelungsrecht ausgeübt hat und M den Mangel bei Abschluß des Kaufvertrages kannte, besteht kein Provisionsanspruch.
b. Provisionsanspruch des M aus einer Schadensersatzforderung des U gegen den V wegen des Weizens?
aa. Schadensersatzanspruch (§§ 463, 459 BGB) (+)
bb. Grundsätzlich berühren Schadensersatzansprüche den Provisionsanspruch nicht.
aber: ausgeschlossen bei Verletzung einer Nebenpflicht des Maklers
hier: (+). Aufgrund der allgemeinen vertraglichen Treue- und Sorgfaltspflichten hat der M seinen Auftraggeber U vor Schaden zu bewahren und dessen Interessen zu beachten. M wußte, daß der Weizen nicht von mittlerer Art und Güte (§ 360) ist. Er hätte M über diesen Umstand aufklären müssen. Insoweit ist dem M sein eigenes Verschulden anzurechnen.

Ergebnis: Ein Provisionsanspruch des M entfällt.

Fall 4:
Kommissionär (K) soll für den Kaufmann (G) Obst „in Kommission nehmen" und die einzelnen Sorten einzeln verkaufen, weil so ein höherer Preis zu erzielen ist, als bei einem Gesamtverkauf. Das Obst droht zu verderben, G ist nicht erreichbar. K verkauft „in einem Schwung" an Y mit einem Verlust von 10 % gegenüber Einzelverkäufen.
Muß G das Geschäft gegen sich gelten lassen?

Lösung:
1. Grundsätzlich muß der Kommissionär nach den Weisungen des Kommittenten handeln (§ 384 Abs. 1).
   Handelt der Kommissionär nicht gemäß den Weisungen des Kommittenten, so ist er diesem zum Ersatz des entstandenen Schadens verpflichtet (§ 385 Abs. 1 S. 1, 1. Hs.).
   Der K hatte – ohne Benachrichtigung des Kommittenten – das noch vorhandene Obst „in einem Schwung" verkauft, obwohl K die einzelnen Sorten auch einzeln verkaufen sollte. Die Voraussetzungen des § 385 Abs. 1 S. 1, 1. Hs. sind somit erfüllt.
2. *Ausnahme:* § 385 Abs. 2
   Die Nichteinhaltung der Weisung war jedoch gerechtfertigt, da das Obst schlecht wurde.
   Gemäß § 385 Abs. 2 i.V.m. § 665 BGB muß sich der G daher den Verkauf zurechnen lassen; er muß die Provision des K bezahlen, welche sich aus dem Vertrag oder aus § 354 ergibt.

Fall 5:
K verkauft für G Waren in Kommission. Eine Vergütung ist nicht vereinbart. Nach Ausführung des Geschäfts will er von G 5.000,– DM, weil er für vergleichbare Fälle immer soviel nehme. Üblich sind dafür allgemein 3.000,– DM. Was kann K fordern?

Lösung:
1. Da der Vertrag keine entsprechende Vergütungabrede enthält, ergibt sich kein vertraglicher Anspruch.
2. Gem. § 396 Abs. 1 S. 1 i.V.m. § 354 Abs. 1 kann der Kommissionär die Provision fordern, wenn das Geschäft zur Ausführung gekommen ist.
   hier: (+), das Geschäft ist zur Ausführung gekommen.
   Höhe der Provision?
   Die Provision bestimmt sich nach Ortsgebrauch.

Fälle

Ergebnis: Es besteht ein Provisionsanspruch i.H.v. 3.000, – DM.

Fall 6:
Im Fall 5 soll K nicht „bestmöglich", sondern zu mindestens 5.000, – DM verkaufen. Er verkauft zu 4.000, – DM, obwohl kein Verderben zu befürchten ist. Folgen?

Lösung:
1. Grundsätzlich muß G das Geschäft nicht gegen sich gelten lassen, § 385 Abs. 1, da K seiner Weisung nicht Folge leistete.
2. Bei einem – wie hier vorliegenden – limitierten Kommissionsvertrag muß jedoch bei einer Unterschreitung des Verkaufspreises eine unverzügliche Zurückweisung erfolgen, § 386 Abs. 1, sonst gilt das Geschäft als genehmigt und der Kommittent muß es wie bei einer ordnungsgemäßen Erfüllung gegen sich gelten lassen, d.h. also auch die Provision bezahlen. Nur bei unverzüglicher Zurückweisung hat daher K keine Ansprüche gegen G.

Fall 7:
X gibt dem Kommissionär (K) eine antike Uhr „in Kommission". K verkauft diese an D. Kann X von D den Kaufpreis verlangen?

Lösung:
1. Da der Kommissionär Verträge für Rechnung eines anderen im eigenen Namen schließt, § 383, wird er auch Vertragspartner des abgeschlossenen Vertrages mit Dritten.
Die Forderung steht daher zunächst dem K zu.
2. Gem. § 384 Abs. 2 ist er zur Abtretung der aus dem Ausführungsvertrag erlangten Forderung verpflichtet. Da dies im vorliegenden Fall noch nicht geschehen ist, hat X keinen Anspruch gegen D.

Fall 8:
Der KFZ-Werkstätteninhaber A übernahm für den Bezirk Oberfranken den Alleinvertrieb der Automarke Y des Herstellers B. Im Rahmenvertrag zwischen A und B war u.a. vorgesehen: A sollte die Automobile von B im eigenen Namen und für eigene Rechnung verkaufen, sich für den Vertrieb dieser Marke besonders einsetzen, für keinen anderen Automobilhersteller tätig werden, Weisungen des B hinsichtlich Werbung und Mängelgewährleistung befolgen, B laufend über Abschlüsse und Kundenbeziehungen informieren sowie bei Ausscheiden aus der Absatzorganisation dem B den Kundenstamm überlassen. A arbeitete teilweise mit Eigenkapital, räumte insbesondere Kunden längere Zahlungsziele ein, nahm Wechsel ent-

gegen und Gebrauchtwagen in Zahlung. Nach 2 Jahren kündigte B fristgerecht den Vertrag mit A, um den Betrieb einem anderen Händler zu übertragen. A verlangte einen Betrag von 100.000, – DM als Abfindung dafür, daß er B einen Kundenstamm von etwa 300 Käufern der Marke Y verschafft habe.
Muß B zahlen, wenn der Vertrag hierüber keine Regelungen enthält?

Lösung:
1. Anspruchsgrundlage für den Ausgleichsanspruch könnte § 89 b sein.
A ist jedoch *Vertragshändler*, also kein Handelsvertreter, so daß § 89 b nicht unmittelbar anwendbar ist.
2. Anspruchsgrundlage für den Ausgleichsanspruch könnte jedoch § 89 b *analog* sein.
Die Anwendbarkeit des § 89 analog auf Vertragshändler wird unterschiedlich beurteilt.
In der *Rechtsprechung* wird dem Vertragshändler entsprechend § 89 b ein Ausgleichsanspruch zugebilligt, wenn zwischen ihm und dem Hersteller ein Rechtsverhältnis besteht, das über die bloße Beziehung wie zwischen Käufer und Verkäufer hinausgeht, und wenn der Vertragspartner so in die Absatzorganisation des Lieferanten eingegliedert ist, daß er wirtschaftlich in erheblichem Umfang dem Handelsvertreter vergleichbare Aufgaben zu erfüllen hat. Er muß zudem vertraglich verpflichtet sein, seinem Hersteller bei Beendigung des Vertragsverhältnisses seinen Kundenstamm zu überlassen.
Im *Schrifttum* werden unterschiedliche Auffassungen vertreten. Die *h.M.* folgt der Rechtsprechung und bejaht eine Analogie des § 89 b auf den Vertragshändler. Eine Mindermeinung lehnt die Analogie ab. Es ist der Auffassung der Rechtsprechung zu folgen.
a. Im vorliegenden Fall sollte sich A besonders für die Automarke Y einsetzen, also das Interesse des Herstellers i.S.v. § 86 wahrnehmen. A war weiter zum Alleinvertrieb dieser Automarke befugt, was ein weiteres Indiz für ein Innenverhältnis ähnlich den Verhältnissen beim Handelsvertreter darstellt.
b. Ferner mußte der Vertragshändler bei Beendigung des Vertrages den Kundenstamm an den Hersteller übergeben.
c. Nach § 89 b Abs. 1 Nr. 3 muß die Zahlung eines Ausgleichs unter Berücksichtigung aller Umstände der *Billigkeit* entsprechen. Hierzu gehören alle wirtschaftlichen und sozialen Gesichtspunkte. Von einer Billigkeit ist hier auszugehen.

3. Höhe des Ausgleichs: Was angemessen in diesem Fall ist, ist eine Wertungsfrage.

Ergebnis: Sollte der Betrag von DM 100.000,– angemessen sein, so steht dem A dieser Betrag zu.

I. Fragen zur Wiederholung und Vertiefung

1. Durch welche Kriterien lassen sich die von ihnen aufzuzählenden selbständigen Hilfspersonen eines Kaufmanns voneinander abgrenzen?
2. Handelt der Kommissionär im eigenen/fremden Namen und auf eigene/fremde Rechnung? Von wem erlangt der Vertragspartner des Verkaufskommissionärs nach welchen Vorschriften das Eigentum an der Kommissionsware?
3. Der Kommissionär K soll auf Anordnung des Kommittenten M ein Bild für genau DM 50.000,– verkaufen. K findet einen Käufer, der DM 100.000,– für das Bild bezahlen will, allerdings nur, wenn er es gleich mitnehmen kann. K kann M telefonisch nicht erreichen, glaubt aber, bei diesem Preis wäre M sicher einverstanden. Als M später von diesem Vertragsabschluß erfährt, will er das Geschäft nicht für seine Rechnung gelten lassen, weil er der „Preistreiberei" im Bilderhandel keinen Vorschub leisten will, und meint, K hätte nicht von seinen Anordnungen abweichen dürfen. Zu Recht?
4. Was bedeuten im Recht des Handelsvertreters die Begriffe des Fixums sowie der Garantie-, Inkasso- und Delkredereprovision?

Antworten

1. Zu den selbständigen Hilfspersonen des Kaufmanns gehören die Handelsvertreter, der Kommissionär (bzw. Kommissionsagent), der Handelsmakler und der Vertrags-/Eigenhändler. Alle haben ein Merkmal gemeinsam, sie sind gewerbsmäßig tätig. Sie unterscheiden sich aber darin, ob sie ständig/nicht ständig betraut sind, auf eigene/fremde Rechnung sowie im eigenen/fremden Namen bei der Vermittlung/dem Abschluß von Rechtsgeschäften tätig werden.
2. Der Kommissionär handelt im eigenen Namen, aber auf fremde Rechnung. Der Kommittent könnte dem Kommis-

sionär das Eigentum an der Ware übertragen (§ 929 Satz 1 BGB), und dieser verschafft es dann dem Käufer ebenfalls nach § 929 Satz 1 BGB. Regelmäßig erfolgt jedoch kein Zwischenerwerb des Kommissionärs. Vielmehr erwirbt der Käufer von ihm als dem Nichtberechtigten mit Einwilligung des Eigentümers nach §§ 929 Satz 1, 185 Abs. 1 BGB.

3. M braucht das von K geschlossene Geschäft grundsätzlich dann nicht für seine Rechnung gelten zu lassen, wenn einer Weisung zuwidergehandelt wurde, § 385 Abs. 1, 2 Hs.; dies war hier der Fall.
   Gemäß § 385 Abs. 2 ist jedoch § 665 BGB anwendbar.
   Da K beim höheren Verkaufspreis von DM 100.000,– von einer Billigung durch M ausgehen durfte, § 665 Satz 1 BGB, und ein Zuwarten bis zu einer möglichen Benachrichtigung des M den Entgang dieses Geschäfts bedeutet hätte, § 665 Satz 2 BGB, durfte K hier abweichen. M muß das Geschäft für seine Rechnung gelten lassen.

4.a. *Fixum* = Festbetrag, auf den der Handelsvertreter ohne Rücksicht auf seine Provisionsansprüche Anspruch hat
 b. *Garantieprovision* = Provision, die dem Handelsvertreter zunächst ohne Rücksicht auf seine Tätigkeit bezahlt, bei der endgültigen Provisionsberechnung jedoch wieder in Abzug gebracht wird
 c. *Inkassoprovision* = Provision für die Einziehung der vom Kunden geschuldeten Leistungen
 d. *Delkredereprovison* = Provision für die Verpflichtung des Handelsvertreters, für die Verbindlichkeit eines Geschäftspartners einzustehen.

§12 Speditions-, Fracht- und Lagergeschäft

A. Das Speditionsgeschäft (§§ 407 – 415)

I. Rechtliche Beziehungen

Versender (Verkäufer)	Speditionsgeschäft §§ 611, 631, 675, 407 ff	Spediteur
Grundgeschäft (Kaufvertrag)		Frachtgeschäft §§ 631 BGB, 435 ff
Empfänger (Käufer)	Auslieferung des Frachtgutes §§ 435, 436 HGB	Frachtführer

Begriff: Spediteur ist, wer es gewerbsmäßig übernimmt, im eigenen Namen (anders als der Frachtmakler nach § 93 HGB, der im fremden Namen auftritt) Güterversendungen durch Frachtführer oder Verfrachter von Seeschiffen für Rechnung eines anderen (des Versenders) zu besorgen. Der Spediteur ist Kaufmann nach § 1 Abs. 2 Nr. 6. Die Regeln über den Spediteur gelten auch für die Gelegenheitsspedition eines sonstigen Kaufmanns (§ 415). Beim Versendungskauf nach § 447 BGB ist der Spediteur nicht Erfüllungsgehilfe des Verkäufers, in anderen Fällen dagegen schon.

Der Spediteur selbst befördert das Frachtgut nicht, sondern besorgt die Versendung durch einen Frachtführer. Sofern der Spediteur das Gut selbst befördert (vgl. das Selbsteintrittsrecht in § 412), ist er zugleich Frachtführer, und neben den §§ 407 ff finden auch die §§ 425 ff Anwendung.

Keine Spediteure sind der Zeitungsspediteur, der Bahnspediteur, der Möbelspediteur und der Inhaber eines Reisebüros.

II. Der Speditionsvertrag

1. Vertragsparteien sind der Versender und der Spediteur
Der Speditionsvertrag ist nach hM entweder Werkvertrag (§§ 631, 675 BGB) oder Dienstvertrag (§§ 611, 675 BGB), jeweils in der Form des Geschäftsbesorgungsvertrages (*Baumbach/Duden/Hopt*, § 407 Rn 5; *Bandasch* § 407 Rz 4; *Glanegger/Niedner/Renkl/Ruß* § 407 Rz 7; aA *Heymann/Honsell* vor § 407 Rz 12; *Schlegelberger/Schröder* § 407 Rz 10; immer Dienstvertrag).
Der Vertrag kann formlos geschlossen werden und stellt ein einseitiges oder zweiseitiges Handelsgeschäft dar.
2. Grundsätzlich gelten die Regeln über das Kommissionärsrecht entsprechend über § 407 Abs. 2, sofern diese nicht durch die §§ 407 ff modifiziert werden, also die §§ 384 Abs. 1, 385, 386, 388, 389, 390, 392, 393 Abs. 1.
3. Allgemeine Geschäftsbedingungen
In der Regel werden die Allgemeinen Deutschen Speditionsbedingungen (ADSp) als AGB in den Vertrag einbezogen (Text bei *Baumbach/Duden/Hopt* unter 19). Dabei sind zwei Fälle zu unterscheiden:
a. Versender ist selbst Kaufmann
Wegen § 24 Abs. 1 Nr. 1 AGBG ist eine ausdrückliche Einbeziehung nach § 2 AGBG nicht unbedingt erforderlich, sondern es reicht eine stillschweigende Einbeziehung aus. Nach ständiger Rechtsprechung des BGH ist eine Einbeziehung selbst dann durch stillschweigende Unterwerfung möglich, wenn der Versender wußte oder hätte wissen müssen, daß der Spediteur gewöhnlich die ADSp verwendet (BGHZ 1, 83, 85; 18, 98, 99; 86, 136, 138). Dies gilt auch für ausländische Spediteure (BGH NJW 1976, 2075).
b. Versender ist Nichtkaufmann
Damit die ADSp Geltung erhalten, müssen sie über § 2 AGBG in den Vertrag einbezogen werden. Der Inhalt der ADSp kann auch mit einem Nichtkaufmann vereinbart werden, obwohl sie nach § 2 a ADSp nur für Kaufleute gelten. AGB für Nichtkaufleute bestehen hingegen nicht.
4. Beendigung des Speditionsvertrages
Der Speditionsvertrag endet
– durch Erfüllung
– durch Widerruf des Versenders, §§ 407 Abs. 2 i.V.m. 405 Abs. 3 (und § 21 ADSp), (aA *Schlegelberger/Schröder* § 407 Rz 44; durch Kündigung nach §§ 627, 675 BGB)

– durch Konkurs des Versenders, § 23 Abs. 2 KO iVm § 23 Abs. 1 KO
– durch Rücktritt des Versenders oder des Spediteurs bei unverschuldeter Unmöglichkeit der Ausführung nach § 18 Satz 2 u. 4 ADSp
– wie jeder Vertrag nach allgemeinen Regeln des Schuldrechts
Der Speditionsvertrag endet nicht
– bei Kündigung zur Unzeit, §§ 671 Abs. 2, 675 BGB
– bei Tod des Versenders, §§ 672, 675 BGB
– bei Konkurs des Spediteurs, § 17 KO

5. Sonstiges

Erfüllungsort nach § 269 BGB ist für das Speditionsgeschäft hinsichtlich der Verpflichtungen des Spediteurs der Ort der gewerblichen Niederlassung des Spediteurs, für die Verpflichtung des Versenders dessen Wohnsitz.

Eine andere Regelung ergibt sich aus § 65 ADSp: ausschließlicher Gerichtsstand und Erfüllungsort ist für alle Verpflichtungen der Sitz der Handelsniederlassung des Spediteurs, an die der Auftrag gerichtet ist.

III. Sonderfälle des Speditionsvertrages

1. Fixkostenspedition nach § 413 Abs. 1

Bei der Vereinbarung eines festen Satzes der Beförderungskosten hat der Spediteur nur die Rechte und Pflichten eines Frachtführers. Dies ist in der Praxis der häufigste Fall. Der Spediteur hat damit keinen Anspruch auf Provision, sondern nur auf den festen Satz und eventuell auf Aufwendungsersatz. Bei Einschaltung eines Zwischenspediteurs ist dieser dann Erfüllungsgehilfe nach §§ 278 BGB und 431 HGB.

2. Sammelladung nach § 413 Abs. 2

Beim Sammelladungsvertrag besorgt der Spediteur die Versendung mehrerer Güter verschiedener Versender an einen oder mehrere Empfänger. § 413 Abs. 1 HGB findet in diesem Fall Anwendung, so daß obige Rechtsfolgen eintreten.

IV. Rechte und Pflichten des Spediteurs

Rechte des Spediteurs

- Provisionsanspruch gegen den Versender, fällig mit Übergabe des Frachtguts, § 412; Höhe des Anspruch nach Vereinbarung, hilfsweise Tarif (über ADSp), hilfsweise das Übliche (§§ 612 Abs. 2, 632 Abs. 2 BGB)
- daneben Aufwendungsersatzanspruch aus §§ 407 Abs. 2, 396 Abs. 2 HGB, 670, 675 BGB (vor allem bezüglich der Frachtkosten); zur Höhe beachte § 408 Abs. 2
- gesetzliches Pfandrecht aus § 410 HGB bezüglich Forderungen aus Fracht, Provision und Ersatzansprüchen, nicht dagegen alten Forderungen (abweichend hier § 50 ADSp) Voraussetzung ist (zumindest mittelbarer) Besitz an den in § 410 genannten Papieren.
- Gutgläubiger Erwerb des Pfandrechts an dem Versender nicht gehörenden Waren nach §§ 1207, 1257, 932 BGB, 366 HGB möglich.
- kaufmännisches Zurückbehaltungsrecht bei beiderseitigem Handelsgeschäft aus § 369
- Recht zur Einschaltung eines Zwischenspediteurs nach § 411, sofern dies nötig oder förderlich oder üblich ist (Grenze: Interessen des Versenders, § 408 Abs. 1, 2. Hs.)
- Recht, die Interessen des Versenders im Prozeßwege zu verfolgen (*B/D/H* § 408 Rn 2)
- Recht zum Selbsteintritt gemäß § 412, sofern nichts anderes vereinbart ist

Pflichten des Spediteurs

- Interessenwahrung gegenüber dem Versender gemäß § 408 Abs. 1, 2. Hs.
- Weisungsgebundenheit gemäß § 408 Abs. 1, 2. Hs.
- Ausführung der Geschäftsbesorgung mit der Sorgfalt eines ordentlichen Kaufmanns, § 408 Abs. 1, 1. Hs.
- Unterrichtungs- und Auskunftspflicht aus §§ 666, 675 BGB (nicht §§ 407 Abs. 2, 384 Abs. 2, hM)
- Herausgabe des Erlangten aus §§ 667, 675 BGB (nicht § 384 Abs. 2, hM)
- Haftung für das Frachtgut aus §§ 407 Abs. 2, 390. Bei Einschaltung eines Frachtführers oder eines Zwischenspediteurs haftet der Spediteur für diese nicht über § 278 BGB, da beide keine Erfüllungsgehilfen sind. Haftung nur für culpa in eligendo (Voraussetzung: Auswahlverschulden). Beim Schadensersatzanspruch gegen den Frachtführer gelten die Grundsätze der Drittschadensliquidation, so daß der Spediteur den im eigenen Namen geltend gemachten Anspruch an den Versender abtreten muß.
- Wenn die ADSp Vertragsbestandteil sind, beseht eine Pflicht zum Abschluß einer Speditionsversicherung (§ 39 ADSp), die den Spediteur von der Haftung befreit. Bei schuldhafter Unterlassung der Versicherung besteht dennoch eine Haftungsmilderung (§§ 51, 54, 57 ADSp: Beweislastumkehr, Höchstbeträge, Haftungsminderung).
- Schadensersatzpflicht bei nicht weisungsgemäßer Ausführung des Speditionsgeschäfts aus §§ 407 Abs. 2, 385

Das Speditionsgeschäft (§§ 407 – 415)

V. Fälle

Fall 1:
V hat eine Maschine an K in das Ausland verkauft. Er beauftragt den Spediteur (S) mit der Versendung. S übergibt die Maschine an den gewissenhaften Frachtführer (F). Während des Transports wird die Maschine fahrlässig von F beschädigt. Rechte des V?

Lösung:
1. Ein Anspruch des V gegen F aus § 429 Abs. 1 besteht nicht. Verträge bestehen nämlich nur einerseits zwischen V und dem Spediteur S sowie andererseits zwischen dem Spediteur S und dem Frachtführer F. Eine Abtretung der Ansprüche des S gegen den F gem. §§ 398 ff BGB ist noch nicht erfolgt.
2. Ein Anspruch des V gegen F gemäß § 823 Abs. 1 BGB ist dagegen dem Grunde nach zu bejahen, da F rechtswidrig und schuldhaft das Eigentum des V verletzt hat. Fraglich ist jedoch, ob dem V dadurch ein Schaden entstanden ist. Da zwischen V und dem Käufer K der Maschine ein Versendungskauf iSd § 447 BGB vereinbart war, hat V keinen eigenen Schaden, da in diesem Falle K die Gefahr des Verlustes trägt. V kann allerdings im Wege der Schadensliquidation im Drittinteresse den Schaden des K geltend machen.
3. Schadensersatzpflicht des S gegenüber V gem. §§ 407 Abs. 2, 390?
   Ein solcher Anspruch besteht nicht, denn S hat den „gewissenhaften" F ausgewählt, also nicht gegen § 276 BGB verstoßen. Das Verschulden des F im konkreten Einzelfall belastet S nicht, da F ja allgemein zuverlässig war; nur darauf kommt es an.
   Auch über § 278 BGB muß S nicht für das Verschulden des F einstehen; Frachtführer sind nicht Erfüllungsgehilfen des Spediteurs gegenüber dem Versender, da sie nicht dessen Schuld dem Versender gegenüber erfüllen, sondern ihre eigene gegenüber dem Spediteur (denn der Spediteur ist gegenüber dem Versender ja gerade nicht zur Eigenverfrachtung verpflichtet, sondern zur Auswahl des Frachtführers).
   S kann den Schaden des Versenders im Wege der Drittschadensliquidation geltend machen (hier gegenüber F); der Versender V hat wegen § 447 BGB aber keinen Schaden, sondern der Käufer K; dessen Schaden kann S geltend machen, quasi als „doppelte" Drittschadensliquidation.

Fall 2:

S macht nach Erhalt der Maschine im Fall 1 geltend, er habe an ihr ein gesetzliches Pfandrecht wegen seines Provisionsanspruchs aus dem letzten Speditionsgeschäft. Mit Recht?

Lösung:

Gemäß § 410 steht S kein Pfandrecht zu, da nicht das laufende Geschäft betroffen ist, sondern sein Provisionsanspruch sich aus dem letzten Speditionsgeschäft ergab. Das Pfandrecht eines Kommissionärs, § 397, welches in seinen Voraussetzungen weitergehend ist, kann hier nicht etwa über § 407 Abs. 2 herangezogen werden, da § 410 ein Spezialgesetz zu § 397 darstellt.

Anmerkung: Dem S würde ein Pfandrecht zustehen, wenn er rechtsgeschäftlich die ADSp in den Vertrag mit einbezogen hätte.

Das Pfandrecht des § 50 ADSp geht in seinem Umfang erheblich weiter als das gesetzliche Pfandrecht. Hier werden gem. § 50 a Satz 1 ADSp *alle* in der Verfügungsgewalt des Spediteurs befindlichen Güter oder sonstigen Werte erfaßt, nicht nur das Versendungsgut.

B. Das Lagergeschäft (§§ 416 – 424)

I. Rechtliche Beziehungen

Einlagerer	Lagergeschäft	Lagerhalter
	§§ 416 ff HGB, 688 ff BGB	

Begriff: Lagerhalter ist derjenige, der gewerbsmäßig die Lagerung und Aufbewahrung von Gütern übernimmt. Lagerhalter sind in der Regel auch Kommissionäre, Spediteure und Frachtführer, wenn sie Güter lagern. Der Lagerhalter ist Kaufmann nach § 1 Abs. 2 Nr. 6. Einen „Gelegenheitslagerhalter" gibt es nicht; sofern nur gelegentlich von einem Kaufmann etwas gelagert wird, gelten die §§ 343 ff HGB und 688 ff BGB. Keine Anwendung finden die Vorschriften über den Lagerhalter gemäß § 419 Abs. 3, wenn der Vertrag dergestalt geschlossen wird, daß der „Lagerhalter" Eigentum an den Gütern erwerben soll und später Güter gleicher Art und Güte zurückgewähren soll.

Das Lagergeschäft (§§ 416 – 424)

II. Der Lagervertrag

1. Vertragsparteien sind der Einlagerer und der Lagerhalter.
2. Der Lagervertrag ist nach hM kein Real-, sondern ein Konsensualvertrag, d.h. er ist auch schon bei Übergabe der Güter bereits wirksam (ähnlich der Darlehnsvertrag).
3. Der Lagervertrag kann formlos abgeschlossen werden.
4. Für den Lagervertrag gelten mangels Vereinbarung oder AGB die §§ 416 ff und subsidiär die Vorschriften über die Verwahrung des BGB (§§ 688 ff BGB). Im Rahmen von Orderlagerverträgen (vgl. § 424) gilt zusätzlich die Orderlagerscheinverordnung (OLSchvO, abgedruckt bei *Baumbach/Duden/Hopt* Nr. 21).
5. Allgemeine Geschäftsbedingungen
   Bei Lagergeschäften mit Spediteuren gelten die ADSp (vgl. § 2 a ADSp); zur Einbeziehung vgl. Übersicht „Speditionsgeschäft": ausdrücklich, stillschweigend (wegen des Ausschlusses von § 2 über § 24 Abs. 1 AGBG) und durch stillschweigende Unterwerfung. Ansonsten können die „Allgemeinen Lagerbedingungen des deutschen Möbeltransports" u.ä. gelten.
6. Erfüllungsort ist
a. für den Lagerhalter der Lagerort,
b. für den Einlagerer der Wohnsitz oder Ort der Niederlassung bei Vertragsschluß bzw.
c. für den Einlagerer hinsichtlich seiner Rücknahmepflicht der Lagerort.

III. Rechte und Pflichten des Lagerhalters

Rechte	*Pflichten*
– Anspruch auf Lagergeld, § 420 Abs. 1 (ohne Vereinbarung nach §§ 354 Abs. 1 HGB und 689 BGB)	– Ordnungsgemäße Lagerung des Gutes und
– Erstattungsanspruch hinsichtlich notwendiger Kosten aus §§ 420 Abs. 1 HGB, 693 BGB (hingegen besteht kein Anspruch aus § 420 oder GoA bei einem Brand, wenn die Brandursache im Verantwortungsbereich des Lagerhalters liegt, *B/D/H* § 417 Rn 6)	– Beobachtung und eventuell Vornahme erforderlicher Erhaltungsmaßnahmen, § 417 Abs. 1
	– bei Verstoß gegen die Pflichten aus § 417 Abs. 1 Haftung aus §§ 417 Abs. 1, 390 Abs. 1 für Verlust und Beschädigung; Haftung für Erfüllungsgehilfen aus § 278 BGB oder § 15 OLSchVO
– Fälligkeit des Lagergeldes und der Erstattung	– Unterrichtungspflicht bei äußerlich erkennbaren Mängeln am Lagergut, §§ 417 Abs. 1, 388 Abs. 1

Barauslagen nach § 420 Abs. 2 S. 1 sofort; Lagergeld und Erstattung alle drei Monate ab Einlagerung nach § 420 Abs. 2 S. 2, 1. Hs. (bei vorzeitiger Rücknahme anteilig)
- Pfandrecht aus § 421 wegen der Lagerkosten am ganzen Lagergut, solange der Lagerhalter an diesem Besitz hat; gutgläubiger Erwerb an einlagererfremden Sachen nach §§ 1207, 1257, 932 ff BGB, 366 HGB
- Selbsthilferechte
§§ 417 Abs. 1, 388 Abs. 2, 373 Abs. 2 – 5: Verkauf für eigene Rechnung
§§ 417 Abs. 1, 389, 373 Abs. 2 – 5: Hinterlegung und Selbsthilfeverkauf
- Schadensersatzanspruch aus § 694 BGB gegen den Einlagerer, wenn dem Lagerhalter durch die Beschaffenheit des Gutes Schäden entstehen (beachte aber die Exkulpationsmöglichkeiten des Einlagerers)
- Vermischungsrecht bei vertretbaren Sachen (§ 91 BGB) iRv Sammellagerungen, wenn dem Lagerhalter dies ausdrücklich gestattet worden ist, § 419 Abs. 1
- Recht, bei Vorliegen eines wichtigen Grundes die Rücknahme des Gutes durch den Einlagerer verlangen zu können, § 422 Abs. 2 zB bei von dem Lagergut ausgehenden Gefahren
- kein Recht hingegen, die Rücknahme vor Ablauf der vereinbarten Lagerzeit, mangels Abrede vor Ablauf von drei Monaten, danach vor Ablauf eines Monates nach Kündigung zu verlangen, § 422 Abs. 1

- Mitteilungspflicht bei Veränderungen am Lagergut, die dessen Entwertung befürchten lassen, § 417 Abs. 2 S. 1
- Mitteilungspflicht bei drohenden Gefahren, die nicht eine Sacheigenschaft des Lagerguts betreffen, zB drohende Beschlagnahme, § 417 Abs. 2 S. 1 analog
Bei Verstößen gegen Mitteilungspflichten besteht Schadensersatzpflicht aus § 417 Abs. 2 S. 2.
- auf Weisung des Einlagerers besteht eine Versicherungspflicht für das Lagergut, §§ 417 Abs. 2, 390 Abs. 2
- Haftung für Schäden, die Dritte verursachen: Drittschadensliquidation, Abtretung des Anspruchs gegen den Dritten an den Einlagerer
- Pflicht, die Besichtigung des Gutes, Probeentnahmen und Erhaltungsmaßnahmen durch den Einlagerer während der Dienststunden zu dulden, § 418
Bei Verstoß eventuell Vertragsverletzung, die den Einlagerer zum Rücktritt berechtigt (pVV)
keine Haftungsmilderung iRv § 417 Abs. 1, 390 Abs. 1 bei Nichtausübung dieser Rechte durch den Einlagerer iRv § 254 BGB während der Dienststunden zu dulden, § 418
- Herausgabepflicht des Lagergutes bei (jederzeit möglichem, § 695 BGB) Rückgabeverlangen

IV. Fall

Obsthändler (E) übergibt Lagerhalter (L) Boskop-Äpfel zur Sammellagerung. L stellt einen Orderlagerschein aus. Nach Einlagerung und Vermischung stellt L Wurmbefall fest. Er benachrichtigt alle Einlagerer unverzüglich, sondert die wurmstichigen Äpfel aber nicht aus. Alle Äpfel verderben, die Einlagerer wollen Schadensersatz. Zu Recht?

Lösung:

1. L haftet nicht gem. § 417 Abs. 1, § 390 Abs. 1, denn die Verwahrung war hier nicht ursächlich für die Beschädigung, wenn die Äpfel bereits vor der Einlagerung wurmstichig waren. Wurden sie es

erst nach der Einlagerung, so hat L zumindest „ordentlich" gehandelt, denn § 417 Abs. 2 fordert ja gerade nur eine Benachrichtigung, wenn nicht etwa der Wurmbefall auf von L zu vertretende Umstände zurückzuführen ist, wofür der Sachverhalt keine Angaben enthält.
2. L haftet nicht gem. § 417 Abs. 2 S. 2, da er unverzüglich benachrichtigt hat. Positives Handeln wird von ihm darüber hinaus nicht verlangt.
3. Wegen der hier gegebenen Sammellagerung mußte L jedoch gem. § 29 Abs. 2 Orderlagerscheinverordnung (vgl. VO über Orderlagerscheine vom 16.12.1931 (RGBl. I S. 763, ber. 1932 I S. 424)) die zur Erhaltung der Äpfel erforderlichen Arbeiten vornehmen; daher besteht eine Schadensersatzpflicht gem. § 19 Orderlagerscheinverordnung (OLSchVO).

C. Das Frachtgeschäft (§§ 425 – 452)

I. Rechtliche Beziehungen

Versender   Speditionsgeschäft   *Spediteur*
      Kaufvertrag   Frachtgeschäft
Empfänger   Auslieferung   *Frachtführer*

Begriff: Frachtführer ist, wer es gewerbsmäßig übernimmt, die Beförderung von Gütern zu Lande oder auf Flüssen oder auf sonstigen Binnengewässern zu übernehmen (für die Beförderung auf See gilt das Recht des Verfrachters, §§ 556 ff). Der Frachtführer ist gemäß § 1 Abs. 2 Nr. 5 Kaufmann. Für den Gelegenheitsfrachtführer gelten über § 451 die §§ 425 ff entsprechend. **Merke:** Im Gegensatz zum Spediteur übernimmt der Frachtführer die Beförderung des Gutes selbst.
Das Recht des Kommissionärs findet auf den Frachtführer keine entsprechende Anwendung.

II. Der Frachtvertrag

1. Parteien des Frachtvertrages sind der Absender und der Frachtführer.

2. Der Frachtvertrag ist ein Werkvertrag gemäß § 631 BGB, denn der Frachtführer schuldet einen Erfolg, nämlich die Güterbeförderung an einen bestimmten Ort. Der Abschluß des Frachtvertrages ist formlos möglich.
Da regelmäßig Absender und Empfänger nicht personenidentisch sind, liegt mit dem Frachtvertrag ein Vertrag zugunsten Dritter (des Empfängers) gemäß §§ 328 ff BGB vor, aus dem der Empfänger eigene Rechte herleiten kann (vgl. §§ 434 – 436).
3. Beendigung des Frachtvertrages
– durch Erfüllung, § 438
– durch Kündigung des Absenders gemäß § 649 BGB, die jederzeit bis zur vollständigen Ausführung der Beförderung zulässig ist
– mit Kündigung durch den Frachtführer, was nach § 643 BGB nur bei Annahmeverzug des Absenders und bei fruchtloser Fristsetzung zulässig ist
– mit Rücktritt nach §§ 325, 326 BGB oder 428 HGB
– durch Konkurs des Absenders, § 23 II KO
– nicht durch den Tod des Absenders oder des Frachtführers
– nicht durch Konkurs des Frachtführers, § 17 KO
4. Sonstiges
Erfüllungsort des Frachtvertrages ist der Ablieferungsort
5. Sondergesetze
Für die Güterbeförderung zu Lande mit der öffentlichen Eisenbahn gelten nicht die §§ 425 ff HGB, sondern die EVO.
Für die Beförderung mit Kraftfahrzeugen gilt neben den §§ 425 ff HGB das GüKG und die KVO (abgedruckt bei *Baumbach/Duden/Hopt* unter Nr. 22 und 23).
Für die Beförderung auf Binnengewässern gelten zusätzlich das BinSchG und das BinSchVG.

III. Rechte und Pflichten des Frachtführers

Rechte	*Pflichten*
Provisionsanspruch gegenüber dem Auftraggeber in Höhe der Vereinbarung oder gemäß § 354	Beförderung mit der Sorgfalt eines ordentlichen Kaufmanns innerhalb der vertraglich vereinbarten oder ortsüblichen Frist (vgl. § 428)
Anspruch auf Zahlung der Fracht gegenüber dem Absender	Weisungsgebundenheit, § 433 Abs. 1

Aufwendungsersatzanspruch gegenüber dem Absender aus §§ 670, 675 BGB

Anspruch auf Ausstellung eines Frachtbriefes, § 426

Übergabeanspruch auf Begleitpapiere, § 427 (bei Vorsatz besteht verschuldensunabhängiger Schadensersatzanspruch, hM)

Gesetzliches Pfandrecht aus § 440 bezüglich konnexer Forderungen am gesamten Frachtgut, solange der Frachtführer zumindest mittelbaren Besitz hat bzw. darüber hinaus drei Tage nach Ablieferung bei gerichtlicher Geltendmachung. Zum Rang des Pfandrechts vgl. § 443.

Kaufmännisches Zurückbehaltungsrecht aus § 369 bzw. Zurückbehaltungsrecht aus § 273 BGB

Anspruch auf Zahlung gegen den Empfänger nach Abnahme des Gutes *und* des Frachtbriefes, § 436; Rechtsfolge: Absender und Empfänger werden Gesamtschuldner gemäß § 421 BGB

Hinterlegungsrecht bei Annahmehinderung, sofern untunlich, Säumigkeit des Absenders mit Weisung oder Unausführbarkeit der Weisung (rechtlich oder tatsächlich), § 437 Abs. 2 S. 1

Recht zum Selbsthilfeverkauf nach § 437 Abs. 2 S. 2 bei Gefahr im Verzug oder bei Verderb (§§ 373 Abs. 2 – 4)

Pflicht aus § 441, Forderungen von Vormännern (ebenfalls Frachtführer) einzuziehen und deren Pfandrecht auszuüben

Schadensersatzpflicht, wenn der Frachtführer schuldhaft das Gut ohne Bezahlung herausgibt und damit nach § 1253 BGB sein Pfandrecht und das seiner Vormänner erlischt (bzw. 3 Tage später erlischt), § 442

Pflicht zur Erfüllung gegenüber dem Empfänger, wenn das Gut am Ablieferungsort ankommt, insbesondere Übergabe des Frachtbriefes und Herausgabe des Gutes, sofern keine entgegenstehende Weisung des Absenders vorliegt, § 435

Schadensersatzpflicht für die dem Absender oder Empfänger entstehenden Schäden

Unterrichtungs- und Weisungseinholungspflicht bei Annahmehinderung auf seiten des Empfängers, § 437 Abs. 1

Unterrichtungspflicht bezüglich Hinterlegung oder Selbsthilfeverkauf, § 437 Abs. 3

IV. Haftung des Frachtführers (§§ 429 – 432)

1. Haftungsbegründung (§ 429 Abs. 1)

a. Der Frachtführer haftet für Verlust oder Beschädigung des Frachtgutes in der Zeit von der Annahme bis zur Ablieferung und für die Versäumung der Lieferzeit.

Erläuterungen: Verlust ist der Untergang, die Unauffindbarkeit, aber auch die Ablieferung an einen nichtberechtigten Empfänger. Die Annahme muß im Rahmen der Beförderung erfolgen, nicht nur zu Zwecken der Verwahrung. Ablieferung ist die Aufgabe der erlangten Obhut mit ausdrücklichem oder stillschweigendem Einverständnis des Verfügungsberechtigten. Sie ist ein zweiseitiger Akt, die Einwilligung des Empfängers ist ein Rechtsgeschäft.
b. Bedingte Haftungsbegründung für Wertsachen, § 429 Abs. 2

Voraussetzung für eine Haftung des Frachtführers ist, daß der Wert des Frachtgutes vom Absender angegeben wird. Kennt der Frachtführer den Wert des Frachtgutes nicht, entfällt die frachtvertragliche Haftung. Eine anderweitige Kenntniserlangung durch den Frachtführer schadet diesem nicht.
c. Das Verschulden des Frachtführers wird vermutet, es besteht aber die Möglichkeit der Exkulpation.

2. *Haftung für Hilfspersonen (§ 431)*

a. Für Erfüllungsgehilfen haftet der Frachtführer nach § 278 BGB und § 431, 2. Alt.
b. Für „seine Leute" haftet der Frachtführer nach § 431, 1. Alt. Gemeint sind damit Personen, die in seinem Betrieb angestellt sind und dort irgendwelche Arbeiten verrichten, die weder unmittelbar mit der Beförderung betraut sein noch irgendwie sonst mit dem Frachtvertrag zu tun haben müssen.

3. *Haftungsumfang (§ 430)*

Der Frachtführer haftet
a. auf vollen Schadensersatz bei Vorsatz und grober Fahrlässigkeit bezüglich Verlust und Beschädigung, § 430 Abs. 3,
b. auf vollen Schadensersatz bei schuldhafter Überschreitung der Lieferzeit (da in § 430 nicht erwähnt),
c. in allen anderen Fällen beschränkt auf den gemeinen Handelswert (Börsen- oder Marktwert) oder den gemeinen Wert des Frachtgutes.

Durch § 430 Abs. 1 wird also § 249 BGB ausgeschlossen, vor allem § 249 Satz 2 BGB (Reparaturkosten) im Falle der Beschädigung.

Abzuziehen sind ersparte Kosten und Fracht bei Verlust des Frachtgutes. Bei Beschädigung schuldet der Frachtführer die Differenz zwischen Wert der unbeschädigten und beschädigten Sache

4. Haftung für den Unterfrachtführer (§ 432)

a. Nach § 432 Abs. 1 kann der Hauptfrachtführer Unterfrachtführer einsetzen, die dann Erfüllungsgehilfen nach §§ 278 BGB, 431 HGB sind. Für diese haftet der Frachtführer bis zur Ablieferung des Frachtgutes. Der Absender hat gegen den Unterfrachtführer keinen Schadensersatzanspruch, sondern nur einen Zahlungsanspruch gegen den Hauptfrachtführer (nämlich dessen Freistellungsanspruch gegen den Unterfrachtführer nach Abtretung).
b. Nach § 432 Abs. 2 kann der Unterfrachtführer auch in den Frachtvertrag eintreten. Beide haften dann als Samtfrachtführer gesamtschuldnerisch nach § 421 BGB dem Absender und über § 435 auch dem Empfänger.
c. Rückgriff in § 432 Abs. 3
Vor Leistung an den Geschädigten besteht ein Befreiungsanspruch gegen den schuldhaft handelnden Frachtführer.

5. Haftung aus §§ 823 und 831 BGB

Die Deliktshaftung wird durch die §§ 440 Abs. 1 und Abs. 2 nicht beschränkt (BGHZ 46, 140, 142 und 144, arg: Wortlaut „vertragliche"; ebenso *Baumbach/Duden/Hopt* § 429 Rn 2; *Emmerich*, JuS 1967, 345, 346; aA *Schlechtriem*, ZHR 133, 105 ff; BGHZ 86, 234, 238 f; Argument: andernfalls wäre die Haftungsprivilegierung sinnlos).

V. Fälle

Fall 1:
Frachtführer (F) transportiert für Absender (A) eine Maschine zum Ort des Empfängers (E). Aufgrund eines Sinneswandels weist A den F an, die Maschine zurückzubringen.
Was muß F tun?

Lösung:
Das Verfügungsrecht des Absenders, § 433 Abs. 1, bleibt auch am Ablieferungsort grundsätzlich bestehen (argumentum e contrario aus § 433 Abs. 2).
Zwar kann der Empfänger gem. § 435 Satz 1 und 2 die Rechte aus dem Frachtvertrag gegen Erfüllung der sich daraus ergebenden Verpflichtungen geltend machen. Jedoch geht das Weisungsrecht

des Absenders gem. § 435 Satz 3 vor, wenn dieses noch nicht gemäß § 433 erloschen war. Da vorliegend weder der Frachtbrief übergeben noch durch den Empfänger Klage gegen den Frachtführer erhoben war, war gem. § 433 Abs. 2 das Weisungsrecht des Absenders nicht erloschen.
Ergebnis: F muß die Weisung des Absenders A befolgen.

Fall 2:
Im Fall 1 liefert F unter Übergabe des Frachtbriefs die Maschine an E aus und will wissen, von wem er die Fracht verlangen kann.

Lösung:
1. Gem. § 436 kann F die Fracht von E verlangen.
2. Gem. § 641 hat F auch einen Anspruch gegen A; da er aber gegen dessen Weisung verstieß, hat A einen Schadensersatzanspruch (§§ 429 f), mit dem A gegebenenfalls aufrechnen kann.

Fall 3:
Da F im Fall 2 nach 2 Tagen seit der Ablieferung kein Geld hat, will er ein Pfandrecht geltend machen. Zu Recht?

Lösung:
Grundsätzlich steht F gemäß § 440 Abs. 1 ein Pfandrecht zu. Das Pfandrecht besteht auch noch fort, wenn es binnen drei Tagen nach Ablieferung geltend gemacht wird, § 440 Abs. 3. F hat also noch einen Tag Zeit für die gerichtliche Geltendmachung. Sein Herausgabeanspruch richtet sich nach §§ 1257, 1227, 985 BGB.

§ 13 Allgemeine Vorschriften für Handelsgeschäfte (§§ 343 – 372)

A. Einführung

Die §§ 343 – 372 enthalten die grundsätzlich für sämtliche Handelsgeschäfte geltenden gemeinsamen Vorschriften. Handelsgeschäfte sind nach § 343 Abs. 1 alle Geschäfte eines Kaufmanns (§§ 1 – 3, 5, 6), die zum Betriebe seines Handelsgewerbes gehören.

Dabei werden von dem Geschäftsbegriff neben Verträgen und einseitigen Rechtsgeschäften auch geschäftsähnliche Handlungen, wie die Mahnung, erfaßt. Die Feststellung, ob ein Geschäft betriebsbezogen vorgenommen worden ist, ist für Mußkaufleute noch besonders in § 343 Abs. 2 geregelt; im übrigen gilt die nach § 344 Abs. 1 *widerlegbare Vermutung* („im Zweifel") für die Zugehörigkeit von Geschäften zum Handelsgewerbe, und zwar für und gegen den Kaufmann. Für *Schuldscheine* dagegen gilt mangels einer aus der Urkunde folgenden gegenteiligen Annahme eine unwiderlegbare Vermutung für die Betriebsbezogenheit (§ 344 Abs. 2). Schuldscheine sind solche Urkunden, aus denen sich eine Verpflichtung ergibt, ohne daß darin der Schuldgrund angegeben sein oder geschaffen werden muß. Ausreichend sind folglich auch Beweisurkunden.

Die besonderen Vorschriften über Handelsgeschäfte (§§ 346 – 372) gelten, soweit sich nicht aus dem HGB ausdrücklich etwas anderes ergibt (§§ 346, 352 Abs. 1, 353, 369 ff, 377 ff), auch für *einseitige Handelsgeschäfte*, d.h. es reicht aus, wenn ein Vertragspartner die Kaufmannseigenschaft besitzt, wie z.B. bei den §§ 347, 348, 349, 350, 354, 366. Dafür genügt grundsätzlich auch die *Minderkaufmannseigenschaft* (§ 4 Abs. 1), soweit sich nicht aus einer speziellen HGB-Vorschrift etwas anderes ergibt (§ 351).

B. Handelsbrauch

Der Handelsbrauch als die im Verkehr geltenden Gewohnheiten und Gebräuche bedeutet eine sich im Handelsverkehr herausgebildete *Verkehrssitte* im Sinne einer die betreffenden Kreise beherrschenden und allgemein als verpflichtend anerkannten, andauernden und freiwilligen Übung. Handelsbrauch ist damit keine Rechtsnorm, sondern eine vom Gericht festzustellende Tatsache, die der *Auslegung von Willenserklärungen* und sonstigem kaufmännischen Verhalten im Handelsverkehr dient. Er gilt ohne ausdrückliche oder stillschweigende Bezugnahme oder Vereinbarung, so daß auch eine Kenntnis des jeweiligen Kaufmanns im Einzelfall nicht erforderlich ist. Nicht anwendbar ist er dagegen bei eindeutiger abweichender Parteivereinbarung, durch die das dispositive Recht dann in anderer Weise als sonst durch den Handelsbrauch modifiziert wird.

Handelsbräuche, die grundsätzlich nur unter Kaufleuten, also im Rahmen von *beiderseitigen Handelsgeschäften* gelten, können allerdings schon zu einer *allgemeinen Verkehrssitte* geworden sein und deshalb auch den *Nichtkaufmann* binden.

I. Typische Handelsklauseln

Die wichtigsten nationalen Handelsklauseln werden in der nachfolgenden Tabelle nach Inhalt, Anwendungsbereich und Rechtswirkungen vorgestellt.

Begriff/ Abkürzung	Inhalt	Anwendungsbereich	Rechtswirkungen
ab Lager, ab Werk	Verkäufer hat die Ware dem Käufer an dem genannten Ort zur Verfügung zu stellen	Erfüllung, Kostentragung, Gefahrtragung	Verkäufer trägt Kosten vor Zurverfügungstellung der Sache (inklusive Verpackungskosten), Käufer die Kosten dagegen nach Zurverfügungstellung. Klausel beläßt Versendungskosten beim Käufer (vgl. § 448 BGB). Es besteht aber keine Versendungspflicht des Verkäufers und auch kein Recht des Käufers zur Selbstabholung (OLG Köln MDR 1973, 590; str.). Der Gefahrübergang erfolgt allgemein nach §§ 446, 447 BGB, wobei die Klausel den Erfüllungsort nicht zwingend an das Werk oder Lager legt. I.d.R wird sich dies aber im Zusammenhang mit den sonstigen Umständen ergeben.

Handelsbrauch

auf Abruf	Käufer kann den Zeitpunkt der Lieferung innerhalb einer angemessenen Frist bestimmen	Zeitpunkt der Erfüllung	wenn Bestimmung innerhalb der Frist: – Fälligkeit des Anspruchs auf Lieferung der Ware zu dem bestimmten Zeitpunkt wenn keine Bestimmung innerhalb der Frist: – Fälligkeit mit Ablauf der Frist – Verkäufer kann Rechte aus § 320 oder § 326 (nach Fristsetzung mit Ablehnungsandrohung und Mahnung) geltend machen
Barzahlungsklauseln	Käufer muß in Bar- oder Buchgeld leisten; evtl. Ausschluß der Kreditierung	Form und Zeitpunkt der Erfüllung	erklärte Aufrechnung unwirksam (Klausel enthält Aufrechnungsverbot) evtl. Bestimmung der Leistungszeit (sofort)
Besichtigungsklauseln = auf Besicht oder wie besichtigt	Vereinbarung einer (i.d.R. gemeinsamen) Besichtigung, bei der die Ware auf Fehler untersucht wird	Haftungsfragen	Anschluß der Gewährleistung (§§ 459 ff BGB) und der Haftung nach §§ 275 ff BGB bei Mängeln, die erkannt wurden (dann auch schon § 460 BGB) oder leicht fahrlässig nicht erkannt wurden: – kein Ausschluß der Haftung für zugesicherte Eigenschaften oder arglistige Täuschung (BGHZ 57, 292, 298) – kein Ausschluß für nicht erkennbare Fehler, wenn nach dem Sinn des Vertrages der Käufer dieses Risiko nicht zu übernehmen bereit war
Dokumente gegen Akzept (documents against acceptance = d/a)	Hingabe eines Wechselakzepts durch Käufer gegen Aushändigung der Dokumente	Erfüllung	Kaufpreisfinanzierung durch Wechselrembours (beachte: nur Leistung erfüllungshalber, § 364 II BGB)
freibleibend (sine obligo)	a. im Zweifel nur invitatio ad offerendum, allenfalls freibleibendes Angebot b. weitergehend:- keine Bindung an den geschlossenen Vertrag	Bindungswirkung	a. kein verbindliches Angebot, nur invitatio ad offerendum, in Ausnahmefällen nur Ausschluß der Bindung an das Angebot nach § 145 BGB b. regelmäßig spezieller Vorbehalt gewollt, d.h. Freizeichnung bezieht sich auf aa. Lieferverpflichtung = Befreiung von der Lieferverpflichtung für den Fall, daß Zulieferer des Verpflichteten nicht liefert (vgl. Selbstbelieferungsklausel) oder daß Verpflichteter alles getan hat, was man erwarten durfte bb. Lieferzeit (vgl. Lieferzeit vorbehalten) cc. Preise (vgl. Preise freibleibend) Wenn kein spezieller Vorbehalt gewollt ist, besteht ein allgemeines Rücktrittsrecht des Verkäufers, welches nach Treu und Glauben auszuüben ist und kein Vertragsänderungsrecht beihaltet.
Kasse (Kassa)	begündet eine Barzahlungspflicht des Käufers (siehe auch Barzahlungsklauseln)	Erfüllung	Erfüllung nur durch verfügbare Zahlungsmittel (Bargeld i.e.S., Scheck, Überweisung) Ausschluß der Aufrechnung (auch bei Zahlungsunfähigkeit des Käufers) und von Zurückbehaltungsrechten (BGHZ 23, 131, 136); Vorleistungspflicht und Fälligkeitsregelung nur, insoweit entsprechende Zusätze
Lieferung vorbehalten (freibleibend) oder Liefermöglichkeit vorbehalten	bietet Verkäufer Schutz vor unverschuldeten Leistungshindernissen	Bindungswirkung	Gewährt ein Rücktrittsrecht, soweit Verkäufer alle zumutbaren Anstrengungen zur Beschaffung der Ware und zur Lieferung unternommen hat (BGH BB 1968, 398). Ausschluß der Haftung nach § 279 BGB. Soweit Verkäufer ihm bekannte Leistungshindernisse bei Vertragsschluß verschwiegen hat, Haftung aus cic. Bei nicht ausreichender Warenmenge für mehrere Kunden zunächst Belieferung der Käufer ohne Klausel, danach anteilige Belieferung der Käufer unter Vorbehaltsklausel.

Lieferzeit (mit Zusatz Ende Nov./ Anf. Dez.)	bedeutet Lieferung bis zum 3. Werktag des zuletzt genannten Monats, verlängert Frist um 2 Werktage	Leistungszeit	Fälligkeit der Lieferforderung Eintritt des Verzugs nach § 284 II BGB
Lieferzeit vorbehalten	Ausschluß der Haftung für Verzögerungsschäden	Haftung	keine Fälligkeit, keine Verzugshaftung beachte: Klausel nur wirksam, wenn Verkäufer alles ihm Zumutbare zur Erfüllung tut, wobei die Beseitigung von verschuldeten oder vorhersehbaren Hindernissen i.d.R. zumutbar ist; soweit auch eine Freizeichnung von Verschulden gemeint ist, sind die §§ 24,9 AGBG zu beachten
Nachnahmeklauseln	begründen Barzahlungspflicht des Käufers bei Empfang der Ware	Erfüllung	Ausschluß der Aufrechnung (BGH NJW 1984, 550) Erfüllung nur mit Bar- oder Buchgeld Zahlungspflicht sofort ohne Untersuchungs- und Einwendungsmöglichkeit, d.h. auch kein Zurückweisungsrecht aus § 320 BGB bei mangelhafter Leistung
netto Kasse	begründet Barzahlungspflicht ohne Abzug von Skonto	Erfüllung	schließt Aufrechnung (BGHZ 94, 71, 76; 23, 131) und Zurückbehaltungsrechte (§§ 273, 320 BGB, 369 HGB) aus
Preis freibleibend	begründet Preisänderungsrecht des Verkäufers der zunächst unverbindlich genannten Preise	Leistungsinhalt	Bestimmung des Preises durch Verkäufer nach § 316 BGB, wobei die Bestimmung i.d.R. anhand des Marktpreises zur Lieferzeit erfolgt und der Richtpreis die unterste Grenze bildet (BGHZ 1, 353, 354). Für die Zulässigkeit einer mehrfachen Preisbestimmung ist entscheidend, wer die Lieferverzögerung zu vertreten hat.
Selbstbelieferungsklausel = Selbstbelieferungsvorbehalt	keine Lieferpflicht des Verkäufers, soweit eigener vertraglich bereits gebundener Lieferant nicht liefert (kongruentes Deckungsgeschäft)	Erfüllung	Leistungsbefreiung auch im Fall des § 279 BGB (Gattungsschuld). Verkäufer muß Rechte aus Deckungsgeschäft abtreten (OLG Hamburg BB 1955, 942; str.), wobei sich der Verkäufer durch die Abtretung aus der noch bestehenden eingeschränkten Lieferpflicht befreit (BGH DB 1973, 911).

II. Schweigen im kaufmännischen Verkehr

1. Grundsatz

Schweigen ist *keine Willenserklärung*, sondern ein Nichterklären, das keine Rechtsfolgen zu begründen vermag.

2. Rechtlich relevantes Schweigen

Ein Schweigen kann aber *ausnahmsweise rechtlich relevant* sein. *Drei Fallgruppen* sind dabei zu unterscheiden:

a. Schweigen als Element der Auslegung einer WE
Bei einem Schweigen über einzelne Punkte ist die WE im Wege der normativen Auslegung so auszulegen, wie sie der andere Teil verstanden hat.
Beispiel: Schweigen gegenüber der Einbeziehung von AGB in einen Vertrag. Das dafür nach § 2 Abs. 1 a. E. AGBG erforderliche Einverständnis liegt im Fall der Kenntnis von der mündlichen Einbeziehungsklausel in dem Schweigen begründet.
Auf die normativ ausgelegte WE sind die Regeln der Rechtsgeschäftslehre uneingeschränkt anwendbar. Der Irrtum über die Bedeutung des Schweigens ist ein Irrtum über den Inhalt der abgegebenen WE, die deshalb nach § 119 Abs. 1 BGB wegen Inhaltsirrtums anfechtbar ist.

b. Schweigen als echte WE
aa. *Schweigen als ausdrückliche WE*, weil das Schweigen aufgrund der einverständlichen Konvention der Beteiligten in einer bestimmten Situation als Erklärungszeichen mit festgelegter Bedeutung gilt (wie z.B. Abkürzung oder Code)
bb. *Schweigen als konkludente WE*, wenn sich die Erklärungsbedeutung erst aus den Umständen ergibt (sog. Konkludenzindiz):
– bisherige Gepflogenheiten im Rahmen einer Geschäftsbeziehung
– gesetzlich ausdrücklich geregelter Kontrahierungszwang
– vorvertragliche unverbindliche Festlegung des Schweigens
– Schweigen auf lediglich vorteilhaftes Angebot
cc. Die Rechtsgeschäftslehre ist uneingeschränkt anwendbar. Bei einem Irrtum über die Bedeutung fehlt das aktuelle Erklärungsbewußtsein. Das vorhandene potentielle Erklärungsbewußtsein führt zur Anfechtbarkeit nach § 119 Abs. 1 BGB.

c. Schweigen als unechte WE
Es handelt sich um ein Schweigen an Erklärungs Statt im Sinne eines normativen Schweigens. Obwohl weder objektiv noch subjektiv der Tatbestand einer WE vorliegt, mißt das Gesetz dem Schweigen die Wirkung einer WE bei (sog. fingierte WE).
Unterschieden wird dabei nach der
aa. *Fiktion der Verweigerung einer Genehmigung bei Fristsetzungen (= Ablehnung)*
§§ 108 Abs. 2 Satz 2, 177 Abs. 2 Satz 2 (*anders*: §§ 75 h Abs. 1, 91 a Abs. 1 *HGB*), 415 Abs. 2 Satz 2, 1366 Abs. 2 Satz 2, 1829 Abs. 2 BGB („... gilt als verweigert ...")
Der Grund für die Fiktion liegt darin, den von einem Schwebezu-

stand betroffenen Dritten die Möglichkeit zu geben, sich von dem Schwebezustand zu befreien (Aspekt der Rechtssicherheit).
bb. *Fiktion der Genehmigung bzw. der Annahme eines Angebots*
§§ 416, 496, 516 Abs. 2, 568, 625, 1943 BGB, *75 Abs. 1, 91 a Abs. 1 HGB* („... gilt als genehmigt/angenommen ...")
Der Grund für die Fiktion liegt in der Vertypung einer Erklärungssicherung im Interesse der Rechtssicherheit.
Die Regeln über WEen sind grundsätzlich anwendbar, weil das Schweigen nach dem Gesetz als WE zu behandeln ist. Ausgeschlossen ist allerdings eine Anfechtung wegen eines Irrtums über die Bedeutung des Schweigens.

3. *Genehmigungs-/Annahmefiktion*

Die im Handelsrecht bedeutsame Fallgruppe ist die der Fiktion einer Genehmigung bzw. der Annahme eines Angebots, wie sie zuvor unter 2. c bb vorgestellt worden ist. Bei genauerer Betrachtung läßt sie sich um einige weitere Anwendungsfälle erweitern und in *fünf Fallgruppen* aufgliedern:

a. Erklärungsfiktion wegen wissentlicher Schaffung eines Rechtsscheins
Schafft der Schweigende durch sein Schweigen bewußt einen Rechtsscheinstatbestand, muß er dafür einstehen (*Canaris*, FS für Wilburg, S. 80).
Beispiele: Duldungsvollmacht
Schweigen auf die Anfrage über die Echtheit eines Wechsels

b. Schweigen als Grundlage einer Erklärungsfiktion kraft verkehrsmäßig typisierten Verhaltens
Die Erklärungswirkung des Schweigens ist hier durch die Verkehrssitte derart typisiert, daß der Rechtsverkehr auf die Erklärungsbedeutung des Schweigens vertraut (*Canaris*, FS für Wilburg, S. 89 ff; ders., Vertrauenshaftung, S. 210).
aa. *gesetzlich geregelte Beispiele*
(1) § 362: Schweigen auf Vertragsangebot bei Geschäftsbesorgung
(2) §§ 75 h, 91 a: Schweigen als Zustimmung zu einem Vertrag, den ein nur mit Vermittlungsauftrag tätiger Handlungsgehilfe oder Handelsvertreter abgeschlossen hat
(3) §§ 496 Satz 2, 1943, 613 a BGB
bb. *durch Rechtsfortbildung, § 242 BGB und Analogie entwickelte Beispiele*

Handelsbrauch

(1) Schweigen auf ein kaufmännisches Bestätigungsschreiben
(2) Schweigen auf die „Annahme" eines freibleibend gemachten „Angebots"
(3) Schweigen auf die Schlußnote eines Handelsmaklers
c. Schweigen als Grundlage einer Erklärungsfiktion kraft kaufmännischen Betriebsrisikos
aa. *gesetzlich geregeltes Beispiel:* § 362 bei Unkenntnis vom Zugang des Angebots (str.)
bb. *in Rechtsfortbildung gebildetes Beispiel:* Anscheinsvollmacht im Handelsverkehr
d. Schweigen als Grundlage einer Erklärungsfiktion kraft widersprüchlichen Verhaltens
aa. *Übersicht über die Einzelfälle*
(1) Schweigen auf ein in einer verspäteten Annahme liegendes Angebot (§ 150 Abs. 1 BGB)
(2) Schweigen auf die falsche Interpretation eines Vertrages
(3) widerspruchslose Entgegennahme und Bezahlung einer Vielzahl von Rechnungen
bb. dogmatische Einordnung als Vertrauenshaftung
(1) Vertrauenstatbestand – > widersprüchliches Verhalten
(2) Zurechenbarkeit – > Veranlassungs- und Risikogedanke
(3) Gutgläubigkeit des anderen Teils – > (+)
(4) Vertrauensentsprechung – > (+)
e. Schweigen als Grundlage einer Erklärungsfiktion kraft Erwirkung
aa. Beispiele:
(1) § 416 Abs. 1 Satz 2 BGB
(2) fehlerhafte Satzungsänderung beim Verein
bb. dogmatische Einordnung als Vertrauenshaftung (vgl. Canaris, FS für Wilburg, S. 97 ff)

4. Erklärungsfiktionen im HGB

a. § 362 als Fiktion einer Annahme
aa. Voraussetzungen
(1) Gewerbebetrieb eines Kaufmanns, der die Besorgung von Geschäften zum Gegenstand hat (Geschäftsbesorgungskaufmann: Kommissionär, Spediteur, Lagerhalter, Verwalter, Treuhänder, Frachtführer, Makler, Bank); Geschäftsbesorgung ist die selbständige Tätigkeit wirtschaftlicher (rechtsgeschäftlicher oder tatsächli-

cher) Art für einen anderen oder in dessen Interesse. Vorschrift ist entsprechend anwendbar auf nicht kaufmännische Unternehmensträger, die ein Geschäftsbesorgungsuntenehmen betreiben (BGH NJW 1987, 1940).
(2) Fiktionsgrund
Geschäftsverbindung (Wille fortgesetzter gemeinsamer Geschäfte) zwischen dem Unternehmen und dem Dritten (§ 362 Abs. 1 Satz 1) bzw. „invitatio od offerendum" des Unternehmens an den Dritten (§ 362 Abs. 1 Satz 2); ein öffentliches Erbieten genügt anders als bei § 663 BGB nicht.
(3) Angebot des Dritten ist auf die Besorgung eines zum Geschäftsbetrieb gehörenden Geschäfts gerichtet bzw. hält sich im Fall des § 362 Abs. 1 Satz 2 im Rahmen der „invitatio ad offerendum".
(4) Zugang des Angebots (§ 130 BGB)
(5) Ablehnungspflicht
Erforderlich ist eine unverzügliche (= ohne schuldhaftes Zögern; § 121 Abs. 1 Satz 1 BGB) Antwort, um den Vertragsschluß zu vermeiden. Voraussetzung ist daher neben der Geschäftsfähigkeit und der Vertretungsmacht ein Verschulden des Kaufmanns. Das Merkmal „unverzüglich" bezieht sich also nicht nur auf die Länge der Antwortfrist. Bei Unkenntnis des Angebotsempfängers beginnt sie also erst zu laufen, wenn ihm dieser Umstand vorzuwerfen ist. Der Anbietende darf allerdings nicht bösgläubig sein.

Nicht auf das Verschuldens-, sondern auf das Risikoprinzip stellt dagegen Canaris ab (Vertrauenshaftung, S. 203; *Capelle/Canaris*, Handelsrecht, § 23 I 2 a). Danach beginnt die Antwortfrist erst zu laufen, wenn die Unkenntnis vom Angebot auf spezifischen Risiken des kaufmännischen Betriebes beruht.
(6) Rechtsfolgen
Durch das Schweigen kommt mit dem Ablauf der Antwortfrist ein Vertrag auf der Basis des Angebotsinhalts zustande, an den beide Seiten gebunden sind und auf den sich auch der Schweigende berufen kann.

Das Schweigen kann nicht mit der Begründung eines Irrtums über die Bedeutung des Schweigens (Schlüssigkeitsirrtum) angefochten werden. Dagegen besteht die Möglichkeit einer Anfechtung nach § 123 BGB, weil der Kaufmann nicht schlechter stehen darf als bei tatsächlicher Erklärung. Bei sonstigen Irrtümern ist die Rechtslage streitig. Die Meinungsvielfalt reicht von genereller Anfechtbarkeit (*Baumbach/Duden/Hopt*, HGB § 362 Rn 4; § 346 Rn 33; *Heymann/Horn*, HGB § 362, 12) bis zu deren uneingeschränkter Ablehnung (HGB-RGRK/v. *Godin*, § 362, 15), während bei Unkennt-

nis vom Zugang des Antrags (*Medicus*, Bürgerliches Recht, Rn 58) und bei dessen Fehlinterpretation (Mißverständnis) anhand des Verschuldens differenziert wird (vgl. nur *K. Schmidt*, Handelsrecht, § 18 II 2 e bb).
b. §§ 75 h, 91 a, 386 Abs. 1 als Vertragsgenehmigung eines Drittbetroffenen
aa. *§§ 75 h, 91 a (vertretener Unternehmer als Drittbetroffener)*
(1) Voraussetzungen
• Handlungsgehilfe im Außendienst bzw. Handelsvertreter mit Vermittlungsauftrag, aber ohne Abschlußvollmacht haben im Namen des Unternehmers eine WE abgegeben
• keine Kenntnis des Dritten vom Mangel der Vertretungsmacht
• Unterrichtung des Unternehmers über Abschluß und wesentlichen Inhalt des Vertrages durch den Dritten oder die kaufmännische Hilfsperson (Zugang erforderlich!)
• keine unverzügliche Ablehnung des Vertrages gegenüber dem Dritten
(2) Rechtsfolge: wie bei § 362 Abs. 1
bb. *§ 386 Abs. 1 (Kommittent als Drittbetroffener)*
Bei der Kommission sollen die Geschäfte des Kommissionärs zumindest mittelbar den Kommittenten treffen, da sie auf dessen Rechnung gehen. Verläßt der Kommissionär den durch Weisungen iSd § 385 HGB gesetzten Rahmen, so trifft den Kommittenten das Geschäft nur, wenn er es genehmigt. Diese Genehmigung wird unter den Voraussetzungen des § 386 Abs. 1 fingiert (= Parallele zu §§ 75 h, 91 a bei mittelbarer Stellvertretung).

5. *Genehmigungsfiktionen nach §§ 377 Abs. 2 und 3, 378*

Es gibt zwei Möglichkeiten, die Genehmigungsfiktionen der §§ 377, 378 zu erklären:
a. *Entweder* geht man auf der Grundlage des subjektiven Fehlerbegriffs davon aus, daß die Genehmigung des Käufers die von der vereinbarten Qualität bzw. Quantität abweichende nicht vertragsgemäße Leistung zu einer vertragsmäßigen macht. Die Genehmigung ist dann eine echte WE, nämlich die Annahme eines in der nicht vertragsgemäßen Lieferung liegenden Angebots auf Vertragsänderung.
b. *Oder* die Genehmigungsfiktion wird nur als gesetzgeberisches Mittel angesehen, so daß es auf den Willen des Schweigenden gar nicht ankommt.

Voraussetzung für die Anwendbarkeit dieser Vorschriften ist eine danach bestehende Rügelast und eine nicht rechtzeitig (unverzüglich) erhobene Rüge, was dazu führt, daß die gelieferte Ware als vertragsgemäß gilt (näher dazu unten § 14 E III).

6. Erklärungsfiktionen nach Treu und Glauben

a. Dogmatische Grundlegung

Nach Auffassung des BGH steht ein Schweigen in seiner Wirkung einer Willenserklärung gleich, wenn der Schweigende nach Treu und Glauben unter Berücksichtigung der Verkehrssitte verpflichtet gewesen wäre, seinen abweichenden Willen zu äußern (BGHZ 1, 353, 355; LM § 157 Nr. 4; st. Rspr.). Damit nimmt die Rechtsprechung für sich in Anspruch, weitere Fälle der Erklärungsfiktion in Rechtsfortbildung zu entwickeln. Da der Rückgriff auf die Formel von Treu und Glauben eine Blankettbegründung ist, wird man zur Erfassung der von der Rechtspraxis vorgenommenen Rechtsfortbildung nach Fallgruppen zu systematisieren haben.

b. Schweigen auf ein Angebot zum Vertragsschluß

Bloßes Schweigen auf ein Angebot ist grundsätzlich keine Annahmeerklärung. Daher kommt dem Schweigen, abgesehen von den Fällen beredten Schweigens, keine Erklärungswirkung zu. Ausnahmsweise ist aber, wie sich auch aus § 362 schließen läßt, dem Schweigen auf ein Angebot die Wirkung einer Annahmeerklärung beizumessen.

aa. Schweigen auf ein Angebot nach einer invitatio ad offerendum

Über § 362 Abs. 1 Satz 2 hinaus kann einem Schweigen auf ein wegen einer invitatio ad offerendum erfolgtes Angebot Erklärungswirkung haben, wenn entweder der Erklärungsgehalt des Schweigens bereits im Handelsverkehr oder auch im allgemeinen Privatrechtsverkehr typisch ist oder wenn den Schweigenden ansonsten der Vorwurf widersprüchlichen Verhaltens träfe (z.B. Schweigen auf freibleibendes Angebot; RGZ 102, 227, 229).

bb. Schweigen auf Angebot an Unternehmen mit Kontrahierungszwang (OGH BrZ Köln NJW 1950, 24)

Grund: andernfalls läge widersprüchliches Verhalten vor

cc. Schweigen auf ein Angebot nach Vorverhandlungen, wie z.B. im Falle der Einigung über alle wesentlichen Vertragspunkte (BGH LM § 151 Nr. 2)

Grund: wissentliche Schaffung eines Vertrauenstatbestandes

Handelsbrauch

dd. *Schweigen im Rahmen von Geschäftsbeziehungen*
(1) wenn bereits früher Verträge durch Schweigen zustande gekommen sind
   Grund: typisiertes Verhalten
(2) im Rahmen *laufender Geschäftsbeziehungen*
   Grund: typisiertes Verhalten
(3) bei Auflösung oder Änderung eines Vertrages, wenn der Anbietende für den Gegner erkennbar ein Interesse an baldiger Antwort hat (BGHZ 1, 353, 355)
   Grund: andernfalls läge widersprüchliches Verhalten vor
(4) bei Abwicklung eines bestehenden Schuldverhältnisses, wenn eine Partei eine *vernünftige* Abwicklung vorschlägt und der andere auf die Frage, ob er widerspreche, weiter schweigt (BGH BB 1962, 1056)
   Grund: andernfalls läge widersprüchliches Verhalten vor
ee. *Schweigen auf eine verspätete Annahme*
   sofern kein besonderer Anlaß für den Anbietenden zu einer neuen Entscheidung bestand (BGH NJW 1951, 313)
   Grund: andernfalls läge widersprüchliches Verhalten vor
ff. *Rügelos angenommene Mehrlieferung an Kaufmann* (OLG Hamm BB 1978, 1748)

c. Schweigen als Genehmigung eines vollmachtlosen Handelns
aa. Schweigen des Vertreters, der nachträglich Vertretungsmacht erlangt (OLG Frankfurt BB 1980, 10)
   Grund: andernfalls läge widersprüchliches Verhalten vor
bb. Schweigen der Ehefrau, wenn Ehemann als falsus procurator für sie aufgetreten ist (LG Hamburg WM 1977, 349)
   Grund: verkehrstypisches Verhalten
cc. Schweigen auf die Schlußnote eines Handelsmaklers (str.); *Baumbach/Duden/Hopt*, § 94 Rn 2
   Grund: verkehrstypisches Verhalten
ee. Schweigen auf Mitteilung einer Wechselfälschung (str.); nach a.A.: Erklärungsfiktion wegen wissentlicher Schaffung eines Rechtsscheins

d. Schweigen auf besondere Mitteilung

aa. *Schweigen auf modifizierte Auftragsbestätigung* ist idR keine Annahme, da die bestätigende Partei noch nicht von einer Vertragsbindung ausgeht (BGHZ 18, 212, 215; 61, 282, 285; BGH DB 1977, 1311)
bb. *Schweigen nach Rechnungserhalt*

(1) Bei Rechnungen ohne Vertragsgrundlage hat Schweigen keinerlei Erklärungswirkung.
(2) Vertragsändernde Vermerke in Rechnungen führen ebenfalls nicht zu einer Erklärungswirkung von Schweigen, da Rechnungen keinen Bestätigungscharakter haben und Änderungsvorschläge nicht in Rechnungen gehören.
(3) Die widerspruchslose Entgegennahme und Bezahlung einer Vielzahl von Rechnungen während längerer Zeit hat zur Folge, daß der Empfänger auch bei Zahlung unter Vorbehalt sein Beanstandungsrecht verliert.
   Grund: Erklärungswirkung des Schweigens unter dem Aspekt der Erwirkung
cc. *Schweigen auf Tagesauszüge, Rechnungsabschlüsse*: idR keine Erklärungswirkung des Schweigens
dd. *Schweigen auf ein kaufmännisches Bestätigungsschreiben*
(1) Persönlicher Anwendungsbereich
   Parteien müssen wie ein Kaufmann am Geschäftsleben teilnehmen.
– Empfänger: muß wie ein Kaufmann in größerem Umfang selbständig am Rechtsverkehr teilnehmen (BGHZ 11, 1, 3; NJW 1964, 1223); dieses Merkmal erfüllt der am Markt Tätige, sofern die Handlungen nicht dem Privatverkehr zuzuordnen sind
– Absender: jeder, der wie ein Kaufmann am Rechtsverkehr teilnimmt und erwarten kann, daß ihm gegenüber nach kaufmännischer Sitte verfahren wird (BGHZ 40, 42, 44; WM 1974, 1376)
(2) Vorliegen eines Bestätigungsschreibens
– Schreiben muß sich auf eine mündliche, fernmündliche oder telegraphische Vereinbarung beziehen (BGH NJW 1990, 386) und damit in einem unmittelbaren zeitlichen Zusammenhang stehen
– es müssen Vertragsverhandlungen mit Klarstellungsbedürfnis vorausgegangen sein (BGH NJW 1974, 991, 992)
– Absender muß von einem bereits geschlossenen Vertrag ausgehen, wobei unerheblich ist, ob der Vertrag bereits geschlossen worden ist (BGH NJW 1964, 1951; 1990, 386)
(3) Zugang des Bestätigungsschreibens
(4) Redlichkeit des Absenders
   Der Absender ist nicht schutzwürdig im Vertrauen auf das Schweigen des Empfängers, wenn
– er das Verhandlungsergebnis bewußt unrichtig oder entstellt wiedergibt (BGHZ 40, 42, 45)
oder

– wenn das Bestätigungsschreiben inhaltlich so weit vom Verhandlungsergebnis abweicht, daß der Absender vernünftigerweise nicht mit dem Einverständnis des Empfängers rechnen konnte (BGHZ 7, 187, 190; 93, 338, 343; NJW 1987, 1940, 1942)
(5) kein Widerspruch
Der Empfänger muß ausreichend lange nicht widersprochen, d.h. geschwiegen haben.
(6) Rechtsfolge
Der Vertrag kommt mit dem Inhalt des Bestätigungsschreibens zustande. Bei vorher bereits geschlossenem Vertrag kommt dieser nunmehr mit dem Inhalt des Bestätigungsschreibens zustande; dieses wirkt also in Verbindung mit dem Schweigen des Empfängers als Abänderungsvertrag. War der Vertrag dagegen noch nicht geschlossen, kommt er jetzt erstmals mit dem Inhalt zustande, den das als Angebot fungierende Bestätigungsschreiben hat.
(7) Bei *zwei sich kreuzenden*, inhaltlich voneinander abweichenden Bestätigungsschreiben kommt kein Vertrag bzw. kein neuer Vertrag zustande, weil jede Partei aus dem Schreiben der anderen weiß, daß diese einen abweichenden Inhalt hat, und sich deshalb ein (weiterer) Widerspruch erübrigt (BGH BB 1961, 954).

C. Laufende Rechnung/Kontokorrent (§ 355)

Wenn sich *gleichartige Forderungen*, insbesondere also Geldzahlungsverpflichtungen, gegenüberstehen, kann jede der beiden Parteien mit der ihr (als Gläubiger) zustehenden Gegenforderung gegen eine erfüllbare Hauptforderung, deren Schuldner sie also ist *(Prinzip der Gegenseitigkeit)*, die Aufrechnung erklären (§§ 387, 388 BGB). Mit der Aufrechnungserklärung gelten die Forderungen als in dem Zeitpunkt erloschen, in dem sie sich frühestens aufrechenbar gegenübergestanden haben (§ 389 BGB).

Dieser schon wegen der erforderlichen Aufrechnungserklärung und Fälligkeit der Gegenforderung umständliche Weg wird durch § 355 wesentlich vereinfacht und vereinheitlicht. Darüber hinaus besteht die Funktion des Kontokorrents noch in einer Sicherung, nicht dagegen in einer Kreditierung.

Allgemeine Vorschriften für Handelsgeschäfte (§§ 343 – 372)

I. Voraussetzungen

1. Mindestens eine Partei muß *Voll- oder Minderkaufmann* sein; auf Nichtkaufleute (uneigentliches/unechtes Kontokorrent) ist § 355 nicht entsprechend anwendbar. Soweit die gegenteilige Auffassung vertreten wird (z.B. *K. Schmidt*, Handelsrecht, § 20 II 2 b), ist nur streitig, ob auch die Ausnahme vom Zinseszinsverbot des § 248 Abs. 1 BGB gilt (so zumindest für Unternehmensträger *K. Schmidt* aaO; a.M. *Capelle/Canaris*, Handelsrecht, § 25 VII).
2. Geschäftsverbindung
3. Kontokorrentabrede
4. Kontokorrentfähigkeit der Ansprüche und Leistungen
  In das Kontokorrent können alle buchungsmäßigen Vorgänge eingestellt werden. Bei vereinbartem Geldkontokorrent zählen dazu nur Geldansprüche, die lediglich erfüllbar, nicht aber auch klagbar sein müssen. Selbst vorausabgetretene Ansprüche unterliegen der vorgehenden Kontokorrentabrede (BGHZ 70, 86, 93; 73, 259, 263) ebenso wie rückständige Einlagen bei Kapitalgesellschaften und Genossenschaften, während bei Schecks und Wechseln nur der Inkassoerlös, nicht aber auch die Forderung aus dem Papier kontokorrentfähig ist.

II. Arten

1. Der gesetzliche Regelfall ist die periodische Verrechnung (= Periodenkontokorrent), d.h., die Parteien bringen ihre gegenseitigen Ansprüche in eine laufende Rechnung ein und rechnen nach bestimmen zwischen ihnen vereinbarten Perioden ab. Dabei erfolgt nach der Ansicht des BGH (Z 49, 24, 30) eine verhältnismäßige Gesamtaufrechnung („Mosaiktheorie"), so daß der Saldo eine Vielzahl unterschiedlicher Restposten enthält, was sicherlich gekünstelt und unpraktikabel wirkt. Deshalb wendet die Lehre die §§ 366 f, 396 BGB analog an (*Capelle/Canaris*, Handelsrecht, § 25 III, 2 a; dagegen BGHZ 77, 256, 261).
2. Bei einem Staffelkontokorrent dagegen werden die Ansprüche beider Parteien sofort verrechnet, wenn sie sich verrechnungsfähig gegenüberstehen. Es erfolgt also eine zeitlich sukzessive automatische Verrechnung.

III. Wirkung der Saldierung

Mit der Aufnahme einer Forderung in das Kontokorrent treten folgende Wirkungen ein:
1. Der Anspruch ist gebunden („Lähmung") und kann nicht mehr selbständig eingeklagt werden; möglich bleibt allerdings eine Feststellungsklage. Streitig ist, ob die Bindung eine Einrede (*Baumbach/Duden/Hopt*, § 355 Rn 7) oder eine Einwendung begründet (*Heymann/Horn*, § 355, 18).
2. Eine Abtretung ist ausgeschlossen (§ 399, 2. Alt. BGB).
3. Eine einseitige Aufrechnung ist nicht mehr möglich.
4. Der Schuldner kann nicht mehr in Verzug gesetzt werden; die Verzinslichkeit der Forderung bleibt jedoch so lange bestehen, bis sie durch Verrechnung getilgt ist. Verzinslich ist auch der Saldo, und zwar auch insoweit, als er bereits Zinsen enthält (Ausnahme vom Zinseszinsverbot des § 248 Abs. 1 BGB). Der Zinssatz beträgt, wenn beide Teile Kaufleute sind, nach § 352 Abs. 1 5 %, bei einseitigem Handelsgeschäft wegen § 352 Abs. 2 und nicht nur im Fall des § 354 Abs. 2 ebenfalls 5 %.
5. Nach der von der „Mosaiktheorie" ausgehenden Rechtsprechung (s. oben 2 a) besteht die Saldoforderung aus anteiligen alten Restforderungen (= verhältnismäßige Gesamtaufrechnung). Da dies unpraktikabel ist, ersetzt die Rechtsprechung die Saldoforderung durch eine neue abstrakte Forderung (Novation) – Sicherheiten gehen nach § 356 mit über –, was aber eindeutig den §§ 356 HGB, 364 Abs. 2 BGB widerspricht. Vorzuziehen ist deshalb die neuere Lehre, die abweichend von der verhältnismäßigen Gesamtaufrechnung die §§ 366 f, 396 BGB analog anwendet und neben die kausale, durch Verrechnung entstandene Saldoforderung ein abstraktes Schuldanerkenntnis (§ 781 BGB) treten läßt.

IV. Verjährung

Die in das Kontokorrent eingestellten Forderungen sind analog § 202 BGB gehemmt (hM; vgl. statt aller *Heymann/Horn*, § 355, 20). Der neue Saldoanspruch unterliegt gemäß § 195 BGB der 30jährigen Verjährungsfrist (zuletzt OLG Oldenburg WM 1994, 378, 379, mwN zur BGH-Rechtsprechung).

D. Gutgläubiger Erwerb (§ 366)

I. Der Gutglaubensschutz im Zivilrecht

Im Zivilrecht wird grundsätzlich nur der gute Glaube des Erwerbers an das nicht bestehende Eigentum des Veräußerers geschützt (§§ 932 ff, 892 Abs. 1 Satz 1 BGB). § 892 Abs. 1 Satz 2 BGB erfaßt darüber hinaus relative Verfügungsbeschränkungen, und auch die §§ 136, 135 Abs. 2 BGB erklären die Gutglaubensvorschriften bei bestimmten Veräußerungsverboten für entsprechend anwendbar.

Damit vergleichbare Regelungen enthalten die §§ 2113 Abs. 3, 2211 Abs. 2 BGB, 7 Abs. 1, 2. Hs. KO und auch § 366 HGB, der hinsichtlich seines Anwendungsbereichs nur noch von den Art. 16 Abs. 2 WG, 21 ScheckG übertroffen wird. Diese Vorschriften schützen Gutgläubige nicht nur bei nicht bestehender Verfügungsbefugnis des Veräußerers und bei Vertretung ohne Vertretungsmacht, sondern auch bei fehlender Geschäftsfähigkeit (BGH NJW 1951, 402, 598; WM 1968, 4) und bei fehlender Identität des Veräußerers mit dem im Papier genannten Legitimierten (Schutz vor Fälschungen; *Baumbach/Hefermehl*, Art. 16 WG, 10), nicht dagegen bei fehlender Verfügungsbefugnis des Gemeinschuldners im Konkurs (§ 7 KO) und des Erben bei Nachlaßverwaltung (§ 1984 BGB; str., *Baumbach/Hefermehl* aaO, mwN).

II. Gutgläubiger Erwerb im Handelsrecht

1. Zweck und Anwendungsbereich

§ 366 dient der Erleichterung des Warenumsatzes im Handelsverkehr und ist deshalb auf bewegliche Sachen beschränkt. Die Vorschrift ist im übrigen aber sehr weit gefaßt. Sie gilt für sämtliche Kaufleute (nicht dagegen für den Scheinkaufmann, da andernfalls der Schein – unzulässig – gegen einen Dritten wirken würde), und ist hauptsächlich beim Verkauf von Kommissionsware und beim Kauf von „Warenkaufleuten", die ihre Ware unter Eigentumsvorbehalt erworben haben, anwendbar. Zu den §§ 932 ff BGB besteht ein Alternativitätsverhältnis, so daß eine Berufung auf beide Vorschriften in Betracht kommen kann. § 366 erweitert den Gutglaubensschutz der §§ 932 ff BGB nämlich insoweit, als das fehlende Eigentum des

Veräußerers bzw. des Verpfänders (§§ 1207, 932 ff) der fehlenden Verfügungsbefugnis gleichgesetzt wird, und ermöglicht in diesem Rahmen genauso wie § 936 BGB den gutgläubigen lastenfreien Erwerb (§ 366 Abs. 2).

2. *Voraussetzungen*

a. Verfügender ist Voll- oder Minderkaufmann. Nach hM gilt die Vorschrift dagegen weder für den nicht eingetragenen Scheinkaufmann (*Schlegelberger/Hefermehl*, § 366, 26; *Heymann/Horn*, § 366, 4; aM *Capelle/Canaris*, Handelsrecht, § 27 I 2 a) noch für denjenigen, der sich nach § 15 Abs. 1 weiterhin als Kaufmann behandeln lassen muß (aM *K. Schmidt*, Handelsrecht, § 22 II 1 a; *Heymann/Horn*, § 366, 4).

Beim Auftreten eines Vertreters kommt es auf die Kaufmannseigenschaft des Vertretenen an.

b. zum Handelsbetrieb gehörendes Geschäft (§§ 343 Abs. 1, 344 Abs. 1)

c. eine ohne das Merkmal der Berechtigung wirksame Veräußerung oder Verpfändung einer beweglichen Sache

d. allgemeine Voraussetzungen des gutgläubigen Erwerbs, nämlich kein Abhandenkommen (§ 935 Abs. 1 BGB) und Gutgläubigkeit des Erwerbers (§ 932 Abs. 2 BGB) an eine in Wirklichkeit nicht bestehende Verfügungsbefugnis, die rechtsgeschäftlicher (§ 185 Abs. 1 BGB) oder gesetzlichen Art sein kann (Notverkaufsrechte; str.); § 366 gilt dagegen nicht bei (nicht bestehender) Verfügungsmacht kraft Amtes (Konkursverwalter, Testamentsvollstrecker) und auch nicht bei gesetzlicher Verfügungsbeschränkungen bezüglich des eigenen Vermögens (§§ 7 Abs. 1 KO, 1984; 1365, 1369 BGB).

3. *Anwendung bei fehlender Vertretungsmacht*

§ 366 wird bei fehlender Vertetungsmacht entweder unmittelbar (*K. Schmidt*, Handelsrecht, § 22 III 1 a; ders., JuS 1987, 936, 938: kraft teleologisch-zweckmäßiger Auslegung) oder zumindest analog angewendet (*Baumbach/Duden/Hopt*, § 366 Rn 5; *Heymann/Horn*, § 366, 16; *Schlegelberger/Hefermehl*, § 366, 32), weil der Rechtsverkehr oftmals nicht zwischen dem funktionell austauschbaren Handeln im eigenen und im fremden Namen unterscheidet, was darüber hinaus schwierig abgrenzbar und beweisbar ist. Eine im Vordringen befindliche Auffassung lehnt auch eine Analogie zu § 366 ab; der Erwerber werde, so wird argumentiert, durch die Duldungs- und Anscheinsvollmacht sowie die Beweisverteilung hinreichend geschützt (*Capelle/Canaris*, Handelsrecht, § 27 I 3 d; *Medicus*, Bürgerliches Recht, Rn 567; *M. Reinicke*, AcP 189, 79 ff).

4. Gutglaubensschutz bei gesetzlichem Pfandrecht (§ 366 Abs. 3)

Der Anwendungsbereich dieser Regelung ist beschränkt auf die gesetzlichen Pfandrechte des Kommissionärs (§ 397), des Spediteurs (§ 410), des Lagerhalters (§ 421) und des Frachtführers (§ 440), die einem rechtsgeschäftlich erworbenen Pfandrecht (§ 366 Abs. 1) gleichgestellt werden. Auf das Werkunternehmerpfandrecht (§ 647 BGB) wird § 366 Abs. 3 nach ständiger Rechtsprechung (zuletzt BGHZ 100, 95, 101; 102, 95, 101) nicht entsprechend angewendet. Zur Begründung wird auf § 1257 BGB verwiesen, der ein „entstandenes Pfandrecht" voraussetzt. Abhilfe wird über die §§ 994 ff, 1000 BGB geschaffen. In der Literatur wird teilweise mit dem Hinweis auf die gleiche Interessenlage die Analogie bejaht (*Capelle/Canaris*, Handelsrecht, § 27 II 3 a; *Schlegelberger/Hefermehl*, § 366, 4).

E. Das kaufmännische Zurückbehaltungsrecht (§§ 369 – 371)

Das einen beiderseitigen Handelskauf voraussetzende kaufmännische Zurückbehaltungsrecht (ZbR) ist weitergehend als das allgemeine ZbR nach § 273 BGB, auf das sich natürlich auch Kaufleute berufen können.

I. ZbR nach § 273 BGB

Es verknüpft zwei Forderungen miteinander und schafft ein vorübergehendes (dilatorisches) Leistungsverweigerungs-, aber kein Befriedigungs-/Verwertungsrecht.

1. Gegenseitigkeit

Erforderlich sind wechselseitige, aber, anders als bei der Aufrechnung (§ 387 Abs. 1 BGB), keine gleichartigen Forderungen zwischen

Gläubiger und Schuldner; beide müssen also einander Gläubiger wie Schuldner sein. Ausnahmsweise reichen allerdings Ansprüche gegen Dritte aus, und zwar bei folgenden Fallgestaltungen:
a. § 404 BGB: ZbR kann neuem Gläubiger entgegengehalten werden, wenn Gegenforderung spätestens mit abgetretener Forderung fällig wird
b. § 334 BGB: beim echten Vertrag zugunsten Dritter gegenüber dem Dritten wegen einer Forderung gegen den Versprechensempfänger
c. § 768 Abs. 1 Satz 1 BGB: Geltendmachung des ZbR des Hauptschuldners durch den Bürgen

2. Konnexität der Forderungen

Die Forderungen müssen auf demselben rechtlichen Verhältnis beruhen, was nicht mit dem Vorliegen eines Schuldverhältnisses identisch ist. Vielmehr müssen die geschuldeten Leistungen aufgrund einer natürlichen wirtschaftlichen Betrachtungsweise zusammenhängen (st. Rspr. seit RGZ 134, 144 ff). Diese Konnexität liegt vor, wenn
a. ein innerlich zusammenhängendes, einheitliches Lebensverhältnis der Gläubiger-Schuldner-Beziehung zugrunde liegt (BGHZ 92, 194, 196) oder
b. die Trennung von Forderung und Gegenforderung den natürlichen und wirtschaftlichen Zusammenhang der beiden Ansprüche treuwidrig zerreißen würde (BGHZ 64, 122, 125).

Beispiele aus der Rechtsprechung: Konnexität

+	-
zurückzufordernde, bewirkte Leistung aus nichtigem Vertrag (BGH NJW-RR 1990, 848)	Anspruch gegen Gesellschafter aus Gesellschaftsvertrag in Zusammenhang mit vertraglichem Anspruch des Gesellschafters als Kunde (RGZ 118, 294, 300)
erbrachte Leistungen aus wegen fehlender Genehmigung oder Einwilligung unwirksamen Verträgen (RG JW 1925, 2252 ff)	Anspruch aus Versicherungsverhältnis iVm solchen aus versicherungsfremden Geschäften (OLG Hamburg VersR 1962, 1169)
beiderseitig erbrachte Leistungen aus unwirksamen Verträgen (RGZ 94, 309, 310 f)	

Herausgabeanspruch des Eigentümers an eine Gesellschaft bei gleichzeitiger Nachschußpflicht (BGHZ 64, 122, 125)

Herausgabeanspruch auf ein abgeschlepptes Kfz iVm Anspruch auf Erstattung der Abschleppkosen (OLG Karlsruhe OLGE 78, 206; aA *Dörner* DAR 1980, 105)

wechselseitige Ansprüche aus Dauerschuldverhältnissen oder fortgesetzten Vertragsabschlüssen, auch wenn die jeweiligen Leistungen nicht synallagmatisch sind (BGHZ 54, 244, 250)

korrespondierende Ansprüche aus Vertrag und daraus entstehende Schadenersatzansprüche (RGZ 66, 97, 101 f)

Grundbuchberichtigungsansprüche wegen nichtiger Auflassung gegenüber einem Erstattungsanspruch bezüglich zwischenzeitlich gezahlter Hypothekenzinsen und erbrachter Aufwendungen (RG Warn 1911, 391)

wechselseitige vermögensrechtliche Ansprüche aus ehelicher Lebensgemeinschaft bzw. eheähnlichem Zusammenleben (BGHZ 92, 194, 196; NJW-RR 1990, 134)

Ansprüche aus Wechsel/Scheck in Verbindung mit solchen aus dem Grundgeschäft (BGHZ 85, 346, 348)

Rückzahlungsansprüche gegen einen Wandlungsverpflichteten und Herausgabeanspruch gegen den Wandlungsberechtigten, wenn letzterem auf dessen Wunsch hin Waren zum evtl. Eintausch statt Wandlung übergeben worden sind

Vergütungsanspruch des Testamentsvollstreckers gegenüber Anspruch der Erben auf Herausgabe der Erbschaft und Rechenschaftslegung (OLG Düsseldorf JW 1925, 2148)

Herausgabeanspruch aus GoA gegen Ansprüche, die außerhalb der Geschäftsbesorgung entstanden sind (RGZ 160, 52, 59)

Anspruch auf Verwendungen an einem Grundstück in Zusammenhang mit dem Anspruch auf Mitwirkung bei der Löschung einer Eigentümergrundschuld (BGHZ 41, 30, 33)

Anspruch auf Zustimmung zur Auskehrung eines Versteigerungserlöses und Ansprüchen ohne Bezug auf die Zuteilung des Erlöses (BGH NJW-RR 1987, 892)

Anspruch aus § 717 II, III ZPO und dem zugrunde liegenden materiellrechtlichen Verhältnis (RGZ 123, 388, 395)

3. Durchsetzbarkeit

Der Anspruch, wegen dem zurückbehalten wird, muß fällig sein (§ 273 Abs. 1 und 2 BGB); dabei genügt es, daß der fällige Gegenanspruch gleichzeitig mit der Erfüllung der Forderung des Gläubigers entsteht (z.B. §§ 368, 371, 1223 BGB). Im übrigen muß der Gegenanspruch klagbar und wegen der Nähe zur Aufrechnung auch einredefrei (§ 390 Satz 1 BGB analog) und nicht verjährt sein (§ 390 Satz 2 BGB analog).

4. Anwendbarkeit

Das ZbR ist abwendbar durch Sicherheitsleistung iSd §§ 232 ff BGB (§ 273 Abs. 3 Satz 1 BGB), aber nicht durch Bürgschaft (§ 273 Abs. 3 Satz 2 BGB als Ausnahme zu § 232 Abs. 2 BGB).

5. Ausschluß des ZbR

a. vertragliche Abrede (s. aber §§ 552 a BGB, 11 Nr. 2 b AGBG)
b. gegenüber Unterlassungsansprüchen des Gläubigers, Forderungen aus Fixgeschäften und unpfändbaren Ansprüchen (§ 394 BGB), weil das ZbR keine Forderungen vereiteln soll
c. Unzulässigkeit des ZbR nach Treu und Glauben, wie z.B. dann, wenn die Forderung unverhältnismäßig wertvoller als die Gegenforderung bzw. diese schon anderweitig ausreichend gesichert ist, oder der Gläubiger die Schuld ohne den zurückbehaltenen Gegenstand nicht erfüllen kann
d. beachte im übrigen: §§ 175, 273 Abs. 2, 556 Abs. 2 (580) BGB, 223 KO, 19 Abs. 2 Satz 3 GmbHG

6. Rechtsfolgen

Der Schuldner kann die geschuldete Leistung wegen der eigenen Forderung gegen den Gläubiger zurückbehalten; das ZbR verleiht ihm ein Recht zum Besitz iSd § 986 BGB und im Konkurs ein Absonderungsrecht wegen der auf die herauszugebende Sache gemachten Verwendungen (§ 49 Abs. 1 Nr. 3 KO).

Die Klage des Gläubigers führt aufgrund des geltend gemachten ZbR zu einer Zug-um-Zug-Verurteilung (§ 274 Abs. 1 BGB); der Gläubiger kann die Zwangsvollstreckung jedoch auch ohne Bewirken der eigenen Leistung betreiben, wenn der andere Teil insoweit in Annahmeverzug ist (§ 274 Abs. 2 BGB).

II. Kaufmännisches ZbR

Im Verhältnis zum ZbR des BGB ist das auf bewegliche Sachen und Wertpapiere des Schuldners, mit dessen Willen sie in den Besitz des Gläubigers gelangt sein müssen, beschränkte kaufmännische ZbR hinsichtlich seiner *Voraussetzungen großzügiger* und seiner *Wir-*

kungen weiter. Nachfolgend werden deshalb nur die Unterschiede zum ZbR im BGB aufgezeigt.
1. Grundsätzlich müssen die Gegenstände dem Schuldner gehören. Gemäß § 369 Abs. 1 Satz 2 kann das ZbR jedoch auch an dem dem Gläubiger selbst gehörenden Sachen ausgeübt werden, sofern er nur, wie z.B. im Falle des Rücktritts vom zugrunde liegenden Schuldverhältnis, zur Rückübertragung verpflichtet ist. Eine weitergehende Einschränkung der Gegenseitigkeit erfolgt durch § 369 Abs. 2, wonach das ZbR auch an nunmehr Dritten gehörenden Sachen und Wertpapieren fortbestehen kann. Es muß nur zunächst an Gegenständen des Schuldners, der einem Dritten dann *nachträglich* das Eigentum durch Abtretung des Herausgabeanspruchs verschafft hat (§ 986 Abs. 2 BGB), begründet worden sein. Dasselbe gilt bei nachträglich begründetem Nießbrauch bzw. Pfandrecht (§§ 1032, 1205 Abs. 2, 1206 BGB). Das ZbR geht auch späteren Pfändungspfandrechten vor (§§ 804 Abs. 2 ZPO, 49 Abs. 1 Nr. 4 KO).
2. Die Gegenforderung des in Anspruch genommenen Schuldners muß *ausnahmsweise* dann noch *nicht fällig* sein, wenn seine Forderung deshalb gefährdet ist, weil in der Bonität seines Schuldners durch Zahlungseinstellung, Konkurseröffnung oder erfolglose Zwangsvollstreckung eine Verschlechterung eingetreten ist (§ 370 Abs. 1).
3. Eine *Konnexität* ist *nicht erforderlich*.
4. Im Konkursverfahren steht das kaufmännische Zurückbehaltungsrecht einem Pfandrecht gleich und gewährt damit generell ein Recht auf *abgesonderte Befriedigung* (§ 49 Abs. 1 Nr. 4 KO). Unabhängig davon gibt es dem Gläubiger nicht lediglich ein Leistungsverweigerungsrecht, sondern ein darüber hinausgehendes Verwertungsrecht (§ 371), das nach den für das Pfandrecht geltenden Vorschriften – regelmäßig durch Versteigerung – realisiert wird (§§ 1228 ff BGB).

F. Fälle mit Kurzlösungen

Fall 1:

Handelsvertreter (H) vereinbart mit Unternehmer (U), daß ihre gegenseitigen Forderungen verbucht werden, nach jedem Quartal verrechnet und der Überschuß ausgezahlt werden soll. U bestreitet einen Provisionsanspruch des H wegen eines bestimmten Geschäfts.

H will deswegen vor Quartalsende auf Zahlung dieser Provision klagen.
Ist das möglich?

Lösung:
Es liegt hier eine Vereinbarung eines Kontokorrentverhältnisses gemäß §§ 355 ff vor.
Wegen der Kontokorrentabrede können Einzelforderungen nicht mehr selbständig geltend gemacht werden, so daß es H an der Verfügungsbefugnis fehlt. Die Klage ist danach abzuweisen, soweit U sich auf die Kontokorrentabrede beruft („Kontokorrenteinrede").

Fall 2:
Unternehmer (U) stellt nach Saldoanerkennung fest, daß er eine an H geleistete Vorschußzahlung über DM 1.500,– bei der Abrechnung vergessen hat. Kann er diese gegenüber dem Zahlungsanspruch des H geltend machen?

Lösung:
Ein Zahlungsanspruch des H besteht aus dem Saldoanerkenntnis, einem Anerkenntnis gemäß §§ 780, 782 BGB. Eine Anfechtung dieses Anerkenntnisses durch H wegen Irrtums ist nicht möglich, da ein bloßer Motivirrtum vorliegt.
Jedoch steht ihm gegenüber dem Zahlungsanspruch des H die Einrede der Bereicherung nach § 821 BGB zu (vgl. § 812 Abs. 2 BGB).

Fall 3:
Der Dieb Neureich (N) hat vom Eigentümer (E) DM 1.500,– Bargeld sowie eine goldene Taschenuhr gestohlen. Er schenkt (und verfügt) beides an seine Freundin Lotte Leichtfuß (L). Hat L Eigentum an den Sachen erworben?

Lösung:
1. Die Taschenuhr:
a. Eine Einigung zwischen N und L bezüglich der Übereignung liegt vor.
b. Auch die gem. § 929 S. 1 BGB erforderliche Übergabe ist gegeben.
c. Es fehlt jedoch an der Berechtigung des N, da er durch den Diebstahl nicht Eigentümer der Taschenuhr werden konnte. Fraglich ist, ob ein gutgläubiger Erwerb der L gem. § 932 Abs. 1 S. 1 BGB in Betracht kommt.

aa. Von der Gutgläubigkeit der L bezüglich des „Eigentums" des N gemäß § 932 Abs. 2 BGB soll hier ausgegangen werden.
bb. Da der unmittelbare Besitz dem Eigentümer E jedoch unfreiwillig entzogen wurde (Diebstahl ist Abhandenkommen iSd Vorschrift), steht dem Gutglaubenserwerb § 935 Abs. 1 BGB entgegen.
Ergebnis: L wurde nicht Eigentümerin der Taschenuhr.
2. Das Geld
a. Einigung und Übergabe, § 929 Satz 1 BGB, liegen vor.
b. Es fehlt hier wiederum an der Berechtigung des N, welcher durch den Diebstahl nicht Eigentümer des Geldes wurde. Im vorliegenden Falle greift jedoch ein gutgläubiger Erwerb der L ein.
 Sie war gutgläubig iSv § 932 Abs. 2 BGB. § 935 Abs. 1 BGB steht nicht entgegen, da gemäß § 935 Abs. 2 BGB ein „Abhandenkommen" bei Geld und den anderen dort genannten Sachen einem Eigentumserwerb nicht entgegensteht.
 (beachte im übrigen: §§ 948, 947 BGB)
Ergebnis: L wurde Eigentümerin des Geldes.

Fall 4:

K erwirbt im Geschäft des V ein Bild, das dem E gehört und deutlich ein Schild mit dessen Namen trägt. Das Bild hatte E seinem Freund F geliehen, der es in einer Geldverlegenheit dem V in Verkaufskommission gegeben hatte. E will von K das Bild herausverlangen. Zu Recht?

Lösung:

Ein Anspruch des E besteht gemäß § 985 BGB nur dann, wenn er noch Eigentümer des Bildes ist.
1. Ein Eigentumsverlust des E durch die Leihe an F trat nicht ein.
2. Ebensowenig verlor E sein Eigentum durch den Kommissionsvertrag, den F mit V schloß.
3. Fraglich ist jedoch, ob E sein Eigentum verlor, als V den Vertrag mit K abschloß. Nach dem Vertrag sollte das Eigentum übergehen. Es sind daher die Voraussetzungen einer wirksamen Übereignung zu prüfen:
a. Einigung und Übergabe, § 929 Satz 1 BGB, liegen vor.
b. Berechtigung des V? Dies kann verneint werden, denn V hatte kein Eigentum am Kommissionsgut (es lag auch keine Ermächtigung des wahren Eigentümers E vor).
aa. § 932 Abs. 1, Abs. 2 BGB unmittelbar?
 Nein, denn K wußte (aufgrund des Schildes), daß das Bild dem V nicht gehörte. Er konnte also nicht schutzwürdig iSd § 932 Abs. 2

BGB an das Eigentum des V glauben, sondern wegen der Kommissionstätigkeit nur an dessen Verfügungsbefugnis (= Ermächtigung durch den Eigentümer gemäß § 185 Abs. 1 BGB).
bb. § 932 BGB iVm 366 HGB. Folgende Voraussetzungen müssen erfüllt sein:
(1) Der Veräußerer muß Kaufmann sein, wobei ein Minderkaufmann, § 4 Abs. 1, (nicht bloßer Rechtsscheinkaufmann; str.) genügt.
(2) Es muß sich um die Veräußerung einer beweglichen Sache handeln.
(3) Die Veräußerung muß „im Betrieb des Handelsgewerbes" erfolgen; §§ 343, 344 HGB.
(4) Der Erwerber muß gutgläubig bezüglich der Verfügungsbefugnis des Veräußerers sein, §§ 932 Abs. 1 BGB iVm § 366 Abs. 1 HGB. Die Bösgläubigkeit des Erwerbers gemäß § 932 Abs. 2 BGB müßte hier der E beweisen, was er wohl nicht kann.
(5) Auch die übrigen Voraussetzungen eines Eigentumserwerbs des K sind zu bejahen.
(6) § 935 BGB steht hier nicht entgegen.
Ergebnis: E hat sein Eigentum verloren, als V das Bild an K übereignete. Er kann das Bild nicht von K herausverlangen.

Fall 5:
V hatte im Fall 4 seinen Geschäftsbetrieb bei Erwerb des Bildes durch K bereits eingestellt, bezeichnete sich aber auf Briefen noch als Kommissionär. Eine Handelsregistereintragung liegt nicht vor.

Lösung:
In diesem Fall kommt nur ein gutgläubiger Erwerb gemäß §§ 932 Abs. 1 BGB iVm § 366 Abs. 1 HGB in Betracht.
Eine Anwendung des § 366 Abs. 1 HGB könnte in diesem Fall jedoch ausgeschlossen sein.
§ 366 Abs. 1 setzt einen *Kaufmann* voraus. Der Veräußerer muß Kaufmann gemäß §§ 1 – 6 sein. Folglich genügt es, wenn er Minderkaufmann (§ 4) oder *eingetragener Scheinkaufmann* (§ 5) ist. *Streitig* ist jedoch, ob es ausreichend ist, wenn jemand, ohne eingetragen zu sein, als Scheinkaufmann auftritt. Nach h.M. reicht, sofern nicht die Eintragung hinzukommt, der gute Glaube an die Kaufmannseigenschaft nicht aus.
In unserem Fall war der Kommissionär nicht (mehr) eingetragen. Gefolgt werden soll der h.M., denn § 356 HGB regelt den Interessengegensatz zwischen Eigentümer und Erwerber, der in diesem

Zusammenhang eine Anwendung des § 366 HGB nicht rechtfertigt, soweit ein nicht eingetragener Scheinkaufmann tätig wurde.
Ergebnis: K wurde nicht Eigentümer des Bildes.

Fall 6:
Im Fall 4 hatte F das Bild von E gestohlen. Der Sachverhalt bleibt im übrigen gleich. Eigentumsverhältnisse?

Lösung:
Auch hier scheitert ein gutgläubiger Erwerb gem. § 932 Abs. 1 BGB iVm § 366 Abs. 1 HGB. Letztere Vorschrift ist zwar grundsätzlich anwendbar, sie erweitert § 932 Abs. 1 BGB jedoch nur in Bezug auf den guten Glauben an die Verfügungsbefugnis; auch die übrigen Voraussetzungen des Eigentumserwerbs gem. §§ 929 ff BGB müssen daher erfüllt sein. Wegen des Diebstahls lag hier jedoch ein Abhandenkommen iSd § 935 Abs. 1 BGB vor, das einem Eigentumserwerb des K entgegenstand.

Fall 7:
Kommissionär V hat bei dem Eigentümer (E) Inhaberschuldverschreibungen gestohlen und verkauft sie „als Kommissionär" an Bankier K. Erwirbt dieser Eigentum?

Lösung:
Für einen Eigentumserwerb des K müssen folgende Voraussetzungen erfüllt sein:
1. Einigung und Übergabe, § 929 Satz 1 BGB, liegen vor.
2. Weiterhin müßte der V berechtigt gewesen sein, d.h. er müßte als Kommissionär verfügungsbefugt gewesen sein (Ermächtigung des Eigentümers!). Hieran fehlt es jedoch, da tatsächlich kein Kommissionsvertrag zwischen dem Eigentümer und V geschlossen wurde.
3. In Betracht kommt jedoch ein gutgläubiger Erwerb des K gem. §§ 932 Abs. 1 BGB, 366 Abs. 1 HGB. Die Voraussetzungen sind grundsätzlich erfüllt.
4. Es müssen jedoch auch die übrigen Voraussetzungen eines Eigentumserwerbs nach dem BGB vorliegen:
§ 935 Abs. 1 BGB würde eigentlich nicht entgegenstehen, da im vorliegenden Falle Inhaberschuldverschreibungen gestohlen wurden, auf die gemäß § 935 Abs. 2 BGB der Abs. 1 nicht anwendbar ist. Da V aber an einen Kaufmann, der Bankgeschäfte betrieb, verkaufte, greift hier die Ausnahme nach § 367 Abs. 1 HGB iVm § 935 Abs. 2 BGB ein. Dies hat zur Folge, daß ein gutgläubiger Erwerb durch den Bankier *nicht* möglich war, wenn seit dem Ablauf des

Fälle mit Kurzlösungen 191

Jahres, in dem die Veröffentlichung erfolgte, nicht mehr als ein Jahr verstrichen war.

Fall 8:
A hat einen Rasenmäher von X geliehen und läßt ihn von Frachtführer F in seine Heimatstadt bringen. Er bezahlt F nicht. Hat dieser ein Pfandrecht erworben?

Lösung:
1. Der Erwerb eines Pfandrechts des Frachtführers, § 440 HGB, setzt voraus, daß der Auftraggeber Eigentümer (oder Verfügungsbefugnis des Absenders) (bzw. guter Glaube des F hieran) der zu verfrachtenden Sache ist. Daran fehlt es hier.
2. Es könnte jedoch ein gutgläubiger Erwerb des Pfandrechts gemäß § 366 Abs. 1, Abs. 2 in Betracht kommen, denn F war gutgläubig bezüglich des Eigentums (oder der Verfügungsbefugnis) des A.
3. X ist die Sache auch nicht abhanden gekommen (§ 935 Abs. 1 BGB). Durch die Leihe hatte er den Besitz freiwillig aufgegeben.

Ergebnis: F hat gutgläubig ein Pfandrecht gemäß § 366 Abs. 1, Abs. 3 erworben.

Fall 9:
Kaufmann X ist Eigentümer eines Autos der Marke XYZ. An diesem hat er dem N einen Nießbrauch (= Nutzungsrecht, § 1030 BGB), eingeräumt. X verkauft das Auto an K, der vom Nießbrauch weiß, aber glaubt, daß X ohne Vorbehalt über den Wagen verfügen darf, also von der Zustimmung des Nießbrauchberechtigten ausgeht. Erwirbt K lastenfreies Eigentum?

Lösung:
1. Ein Eigentumserwerb des K ist zu bejahen, insbesondere war X auch Eigentümer, also Berechtigter im Hinblick auf die Verfügung über das Eigentum.
2. Wenn aber an einer Sache ein dingliches Recht bestellt ist – wie bei einem hier vorliegendem Nießbrauch –, so bleibt dieses dingliche Recht in der Regel auch bei einer Veräußerung durch den Eigentümer bestehen (anders als bei einem schuldrechtlichen Recht).

Ausnahmen:
a. Ein lastenfreier Erwerb, d.h. ein Erwerb ohne die dingliche Belastung, tritt dann ein, wenn an das Nichtbestehen des Rechts geglaubt wird; §§ 936 Abs. 1 BGB. Dies war im vorliegenden Falle nicht ge-

geben, da K Kenntnis von der Belastung des Eigentums mit dem Nießbrauch hatte.
b. Ein lastenfreier Erwerb tritt weiter gemäß § 366 Abs. 2 ein, wenn trotz Kenntnis des dinglichen Rechts an ein vorbehaltloses Verfügungsrecht des Eigentümers schutzwürdig geglaubt wird. Diese Voraussetzung ist hier erfüllt.
Ergebnis: K erwirbt lastenfreies Eigentum. N hat keinen Nießbrauch mehr.

Fall 10:
Kaufmann K hat an Kaufmann M am 1.6.93 eine Maschine verkauft, M hat noch nicht bezahlt. Am 1.3.94 kaufte K von M eine Ladung Mehl. M hat diesen Vertrag wegen Irrtums angefochten (die Übereignung war schon erfolgt).
Hat K ein Befriedigungsrecht gemäß § 371 HGB?

Lösung:
K hat ein Befriedigungsrecht gemäß § 371, wenn ihm ein Zurückbehaltungsrecht aus § 369 zusteht.
Voraussetzungen:
1. Verträge zwischen zwei Kaufleuten, § 369 Abs. 1 Satz 1, sind laut Sachverhalt gegeben.
2. Es handelte sich auch sowohl beim Geschäft vom 1.6.1993 als auch bei dem vom 1.3.94 um ein Handelsgeschäft, und zwar um beiderseitige Handelsgeschäfte gemäß §§ 343, 344.
3. Die fällige Forderung des K liegt in der Kaufpreisforderung vom 1.6.93.
4. Weiterhin müßte eine bewegliche Sache des Schuldners, hier des Kaufmanns M, im Besitze des K sein, § 369 Abs. 1 Satz 1: Da die Übereignung des Mehls jedoch schon erfolgt war und die Irrtumsanfechtung sich nur auf das Verpflichtungsgeschäft bezog, war K bereits Eigentümer des Mehls geworden; § 369 Abs. 1 Satz 1 greift daher nicht ein.
5. Aufgrund der Anfechtung des Kaufvertrages durch M muß K aber das Eigentum am Mehl zurückübertragen gem. § 812 Abs. 1 Satz 1, 1. Alt. BGB; § 369 Abs. 1 Satz 2 regelt für diesen Fall, daß dem Forderungsberechtigten ebenfalls ein Befriedigungsrecht zusteht.
Ergebnis: K hat ein Befriedigungsrecht gemäß § 371.

G. Fragen zur Wiederholung und Vertiefung

1. Schürf ist Inhaber einer Kiesbaggerei; im Handelsregister ist er nicht eingetragen. Gegenüber einem Abnehmer hat er eine Vertragsstrafe versprochen, die außer Verhältnis zum Wert der von ihm zu erbringenden Leistung und dem dem Abnehmer entstandenen Schaden steht. Kann diese Vertragsstrafe nach § 343 BGB auf Antrag des Schürf vom Gericht auf einen angemessenen Betrag herabgesetzt werden, wenn dieser sie noch nicht bezahlt hat?
2. Der Großbankier A verbürgt sich für eine Schuld seines Geschäftsfreundes F beim Großhändler G. Als F nicht zahlen kann, will G den A in Anspruch nehmen. Dieser wendet ein, G müsse nach § 771 BGB erst versuchen, die Zwangsvollstreckung gegen F zu betreiben. Kann G von A trotzdem sofort Zahlung verlangen?
3. Cäsar betreibt ein großes Bekleidungshaus für exklusive Damenmode. Gegenüber dem Klein verbürgt er sich mündlich für einen Kredit über DM 10.000, – , den Klein der Berta gewährt hat, damit sie als Stammkundin weiter bei Cäsar einkaufen kann.
a. Ist der Bürgschaftsvertrag wirksam zustande gekommen?
b. Wäre diese Frage anders zu beurteilen, wenn Cäsar nur Minderkaufmann wäre?
4. Wie unterscheiden sich ein Perioden- und ein Staffelkontokorrent voreinander?
5. Nennen Sie 4 Regelungen aus dem HGB, die nur für beiderseitige Handelsgeschäfte gelten?

Antworten

1. Vor Entrichtung der Vertragsstrafe kann diese, wenn sie unverhältnismäßig hoch ist, grundsätzlich durch Urteil herabgesetzt werden; §§ 343 Abs. 1 Satz 1 und 3 BGB.
   Dies ist dann nicht möglich, wenn hier § 348 eingreift. Schürf müßte dann aber Vollkaufmann sein; §§ 348 iVm 351. Schürf ist jedoch kein Vollkaufmann nach § 1 Abs. 2 Nr. 1, da er sich schon nicht mit der Anschaffung (= abgeleiteter entgeltlicher Erwerb beweglicher Sachen durch Rechtsgeschäft) beweglicher Sachen, sondern mit Urproduktion beschäftigt;

	eine in diesem Fall nach § 2 mögliche Vollkaufmannseigenschaft scheitert an der fehlenden Handelsregistereintragung.
2.	Anspruchsgrundlage: § 765 BGB
a.	Wirksamer Bürgschaftsvertrag: ja, die Schriftform gemäß § 766 Satz 1 BGB ist eingehalten worden.
b.	Grundsätzlich muß G erst gegen F die Zwangsvollstreckung betreiben, bevor er sich an A wendet, § 771 BGB (Einrede der Vorausklage).
c.	Hier greift die Ausnahme gemäß § 349 ein.
aa.	A ist Mußkaufmann nach § 1 Abs. 2 Nr. 4; er ist als „Großbankier" auch kein Minderkaufmann nach § 4 Abs. 1, so daß § 351 nicht entgegensteht.
bb.	Die Bürgschaft muß nach § 349 ein „Handelsgeschäft" für A sein. Dafür spricht die Vermutung des § 344 Abs. 1 (s. auch 3.a.).
3.a.	Gemäß § 766 Satz 1 BGB bedarf eine Bürgschaftserklärung grundsätzlich der Schriftform, so daß eine nur mündliche Willenserklärung nicht ausreicht. § 350 macht davon aber eine Ausnahme, wenn es sich bei der Abgabe einer Bürgschaftserklärung auf Seiten des Bürgen um ein Handelsgeschäft handelt. Ein Handelsgeschäft liegt nach § 343 Abs. 1 dann vor, wenn es sich um ein Geschäft eines Kaufmanns handelt und dieses zum Betrieb seines Handelsgewerbes zählt. Cäsar ist hier Kaufmann, da er Bekleidung und damit bewegliche Sachen ankauft und weiterveräußert, so daß § 1 Abs. 2 Nr. 2 gegeben ist. Er betreibt auch unzweifelhaft kein Gewerbe iSd § 4 Abs. 1. Die Übernahme der Bürgschaft zählt auch zum Betrieb seines Handelsgewerbes, da er damit Berta Geld verschafft, das sie bei ihm wieder ausgibt und er damit sein Geschäft fördert. Darüber hinaus spricht auch die Vermutung des § 344 Abs. 1 dafür. Cäsar konnte sich damit formfrei verbürgen.
b.	Für einen Minderkaufmann gilt § 350 wegen § 351 nicht, so daß sich ein Minderkaufmann nur dann wirksam verbürgen kann, wenn er bei seiner Erklärung die Form des § 766 Satz 1 BGB beachtet.
4.	Das Periodenkontokorrent ist der Regelfall des in § 355 geregelten Kontokorrents. Er bedeutet folgendes: Die Parteien bringen ihre gegenseitigen Ansprüche in eine laufende Rechnung ein und rechnen nach bestimmten zwischen ihnen ver-

einbarten Perioden ab. Vorher entsteht keine Forderung zugunsten der einen oder anderen Partei.
Im Gegensatz dazu werden beim Staffelkontokorrent die Ansprüche beider Parteien sofort verrechnet, wenn sie sich verrechnungsfähig gegenüberstehen. Es entsteht also jeweils ein Saldo, der zu verzinsen ist.

5. – Handelsbräuche (§ 346)
 – erhöhter Zinssatz (§ 352 Abs. 1)
 – Fälligkeitszinsen (§ 353)
 – kaufmännisches Zurückbehaltungsrecht (§§ 369 ff)
 – Untersuchungs- und Rügepflicht beim Handelskauf (§§ 377 ff)

§ 14 Handelskauf (§§ 373 – 382)

A. Einführung

Der Kaufvertrag ist der im Rechtsverkehr häufigste und wichtigste Vertragstyp. Die sich aus einem solchen Vertrag für Käufer und Verkäufer ergebende Rechts- und Pflichtenstellung beurteilt sich nach den §§ 433 ff, 241 ff BGB, sofern die Parteien nicht vom dispositiven Recht abweichende wirksame Individualvereinbarungen bzw. AGB-Klauseln getroffen haben. Ergänzt bzw. modifiziert wird das bürgerliche Recht nur in wenigen Bereichen durch die §§ 373 – 382. Diese besonderen handelsrechtlichen Vorschriften gelten allerdings nicht nur für den Kauf von Waren (§§ 373 ff) und Wertpapieren (§ 381 Abs. 1), sondern auch beim Werklieferungsvertrag (§ 381 Abs. 2) und beim Tausch (§ 515 BGB).

B. Annahmeverzug des Käufers (§§ 373, 374)

Nach § 374 gelten die §§ 293 ff BGB auch bei Handelsgeschäften. § 373 regelt für den Fall des Gläubiger-/Annahmeverzugs des Käufers lediglich einige Besonderheiten, nämlich:
1. Die Beschränkung der §§ 372 ff BGB auf bestimmte hinterlegungsfähige Gegenstände entfällt. Nach § 373 Abs. 1 besteht eine Hinterlegungsmöglichkeit für *jede Ware* an einem sicheren Ort, wie z.B. einen öffentlichen Lagerhaus. Diese Art der Hinterlegung hat jedoch anders als im bürgerlichen Recht *keine Erfüllungswirkung*, sondern befreit den Verkäufer, der dem Käufer für eine ordentliche Auswahl der Hinterlegungsstelle haftet, nur von den Kosten und der Last der Aufbewahrung.
2. Sämtliche hinterlegungsfähigen Waren können versteigert (Käufer und Verkäufer können mitbieten; § 373 Abs. 4) bzw., in den Grenzen des § 373 Abs. 2 Satz 1, 2. Hs., auch freihändig verkauft werden. Der Selbsthilfeverkauf erfolgt für Rechnung des säumigen Käufers (§ 373 Abs. 3), dem folglich der Kaufpreis zusteht. Der

Verkäufer kann sich daraus jedoch hinsichtlich seines eigenen Kaufpreisanspruchs befriedigen. Reicht der Erlös dafür nicht, besteht ein Restanspruch aus § 433 Abs. 2 BGB.

C. Der Bestimmungskauf (§ 375)

I. Anwendungsbereich

1. § 375 HGB ist nur auf Handelsgeschäfte iSd §§ 343, 344 anwendbar. Es genügt aber, wenn auf einer Seite des Vertrages ein Kaufmann steht.
2. Bestimmungsrecht des Käufers: Voraussetzung ist, daß das Bestimmungsrecht gerade dem Käufer zusteht. Ist dagegen der Verkäufer oder ein Dritter bestimmungsberechtigt, so sind je nach Fallgestaltung allein die §§ 315 ff BGB anwendbar.
3. Abgrenzung zur Wahlschuld gemäß § 262 BGB: Bei der Wahlschuld ist der Verkäufer zu mehreren verschiedenen Leistungen – sei es hinsichtlich des Kaufgegenstandes oder Ort und Zeit der Leistung – verpflichtet, von denen er aber entsprechend der Wahl nur die eine oder andere zu erbringen hat. Dagegen besteht beim Spezifikationskauf die Verpflichtung zur Leistung einer fest bestimmten Ware, bei der lediglich eine oder mehrere Eigenschaften bei Kaufabschluß noch nicht festgelegt sind. Die Grenzziehung ist im einzelnen umstritten und hängt davon ab, was § 375 unter „ähnlichen Verhältnissen" wie Form oder Maß versteht. Die h.M. hält sich diesbezüglich an die Wortauslegung. Danach fallen unter die „ähnlichen Verhältnisse" Farbe, Verarbeitung, Herkunft, Menge, Zusammensetzung der Grundstoffe (BGH NJW 1960, 674), nicht dagegen Leistungsmodalitäten, wie z.B. Ort und Zeit.

II. Voraussetzungen für die Ausübung der Rechte aus § 375

Der Käufer muß mit seiner Spezifikationsverpflichtung gemäß §§ 284, 285 BGB in Verzug geraten.
1. Fälligkeit der Spezifikation: Sie bestimmt sich nach den Parteiabreden unter Berücksichtigung der Handelsbräuche (§ 346) und hilfsweise nach § 271 BGB.
2. Mahnung

3. *Verschulden*: Es bezieht sich allein auf die Erklärung und Mitteilung der Spezifikation.
4. Unterläßt der Käufer auf eine Aufforderung des Verkäufers hin die rechtzeitige Spezifikation, gerät er zugleich in Annahmeverzug, sofern nur der Verkäufer selbst leistungsbereit (§ 297 BGB) ist. Dies eröffnet dem Verkäufer zusätzlich noch die Rechte aus §§ 300, 304 BGB und § 373 HGB.

III. Die Rechte des Verkäufers

Dem Verkäufer steht nach § 375 Abs. 2 ein Wahlrecht zu:

1. Selbstspezifikation

a. *Vornahme*: Mitteilung an den Käufer der von dem Verkäufer getroffenen Spezifikation, wobei der Verkäufer keine Rücksicht auf die Interessen des Käufers zu nehmen braucht. Die Schranke bildet hier allein der Rechtsmißbrauch.
b. *Fristsetzung*: Der Verkäufer hat zugleich mit der Mitteilung der Selbstspezifikation dem Käufer eine angemessene Frist zur Vornahme einer anderen Spezifikation zu setzen. Diese Fristsetzung ist in keinem Fall entbehrlich.
c. *Wirksamwerden*: Macht der Käufer von der Möglichkeit zur Nachholung der Spezifikation nicht fristgerecht Gebrauch, wird jetzt die Spezifikation des Verkäufers für den Vertrag maßgeblich (§ 375 Abs. 2 Satz 3). Der Bestimmungskauf hat sich in einen normalen (Handels-)Kauf gewandelt, an den jetzt beide Parteien gebunden sind.
d. *Verzugsschaden*: Der Verkäufer kann auch noch den aus einer Verzögerung der Spezifikation resultierenden Verzugsschaden gemäß § 286 Abs. 1 BGB ersetzt verlangen. Gegebenenfalls ist gemäß § 254 BGB zu berücksichtigen, daß der Verkäufer die Spezifikation selbst vornehmen darf.

2. Schadensersatz wegen Nichterfüllung oder Rücktritt

a. Da die Spezifikation eine Hauptleistungspflicht des Käufers ist, kann der Verkäufer, anstatt das Recht der Spezifikation auszuüben, auch nach § 326 BGB vorgehen. § 375 Abs. 2 ist Rechtsgrund-

verweisung, d.h. daß der Verkäufer dem Käufer grundsätzlich eine Nachfrist zur Nachholung der Spezifikation in Verbindung mit einer Ablehnungsandrohung setzen muß. Sie kann entfallen, wenn dies nach den allgemein für § 326 BGB geltenden Regeln zulässig ist (vgl. BGH WM 1976, 124, 125 für den Sukzessivlieferungsvertrag).
b. Setzt der Verkäufer eine Nachfrist mit Ablehnungsandrohung, so ist er hieran gebunden. Bei fruchtlosem Ablauf der Nachfrist kann der Verkäufer nur noch gemäß § 326 Abs. 1 Satz 2 BGB zwischen Schadensersatz wegen Nichterfüllung und Rücktritt vom Vertrag wählen.

D. Fixhandelskauf (§ 376)

I. Das in § 376 geregelte *relative Fixgeschäft* ist eine Sondervorschrift gegenüber § 361 BGB. Beide Vorschriften unterscheiden sich bezüglich Voraussetzungen und Rechtsfolgen voneinander:

§ 361 BGB	*§ 376 HGB*
Vor: gegenseitiger Vertrag	(*einseitiger*) Handelskauf (§ 345 HGB)
Leistung genau zu einer festbestimmten Zeit oder innerhalb eines festbestimmten Zeitraums	=
(*Klausel*: fix, präzise, genau, spätestens)	=
Zeitpunkt/Zeitraum wird überschritten, *ohne* daß Verzug (Schuldnerverzug) vorliegt	Zeitpunkt/Zeitraum wird überschritten
Rechtsfolgen: „im Zweifel": Rücktrittsrecht des anderen Teils (bis zu dessen Ausübung besteht noch der *Erfüllungsanspruch*)	1. Rücktrittsrecht 2. wahlweise Schadensersatz wegen Nichterfüllung bei Schuldnerverzug *Erfüllungsanspruch* erlischt gemäß § 376 Abs. 1 Satz 2, wenn entsprechendes Verlangen nicht *sofort* nach Zeit-/Fristablauf angezeigt wird

II. Das relative Fixgeschäft ist von dem die Unmöglichkeit begründenden *absoluten Fixgeschäft* abzugrenzen. Liegt nicht einmal ein relatives Fixgeschäft vor, greift § 326 BGB ein, der für das

Rücktrittsrecht bzw. den alternativen Schadensersatz wegen Nichterfüllung neben dem Schuldnerverzug (§§ 284, 285 BGB) noch eine Fristsetzung mit Ablehnungsandrohung erfordert, soweit letztere nicht nach § 326 Abs. 2 BGB, wegen ernsthafter und endgültiger Erfüllungsverweigerung oder aus anderen Gründen (Verzicht oder Unzuverlässigkeit des Schuldners) entbehrlich ist. Unabhängig davon ist aber ein gewisses Stufenverhältnis hinsichtlich der tatbestandlichen Voraussetzungen (und teilweise auch der Rechtsfolgen) erkennbar. Am einfachsten ist es für den Gläubiger beim absoluten Fixgeschäft, dann folgt das relative Fixgeschäft, das für einen Schadensersatzanspruch neben der Fixklausel noch den Schuldnerverzug erfordert; das „Schlußlicht" schließlich bildet der § 326 BGB wegen seiner grundsätzlich erforderlichen Fristsetzung mit Ablehnungsandrohung.

III. Das *absolute Fixgeschäft* ist ein Vertrag, bei welchem der Leistungszeitpunkt für den Gläubiger derart entscheidend ist, daß die Einhaltung dieses Zeitpunkts zum Inhalt der Leistungspflicht des Schuldners wird (Zeitschuld). Der Schuldner kann seine Leistung nur noch in diesem Zeitpunkt oder in dem idR sehr knapp bemessenen Erfüllungszeitraum erbringen. Deshalb wird sie allein nach dessen Verstreichen endgültig unmöglich. Sie wäre jetzt eine völlig andere, mit welcher der Gläubiger seinen zum Vertragsinhalt gewordenen Leistungszweck unter keinen Umständen mehr verwirklichen könnte (BGHZ 60, 14, 16; NJW 1974, 1046, 1047; 1979, 495; 1983, 1322, 1324). Die Rechtsfolgen bestimmen sich nach §§ 275 ff, 323 ff BGB. Im Einzelfall auftretende Verzögerungen sind gemäß § 242 zu würdigen und können – soweit die von ihnen ausgehenden Negativwirkungen im Verhältnis zum Gesamtgeschäft unbedeutend sind – unschädlich sein (LG Hannover NJW-RR 1988, 603).

Problematisch ist die *Abgrenzung* zum *relativen Fixgeschäft.* Auch hier vereinbaren die Parteien, daß die Leistung zu einem ganz bestimmten Zeitpunkt zu erfolgen habe, so daß das Geschäft mit der Einhaltung der Leistungszeit „steht und fällt" (RGZ 51, 347, 348; BGHZ 110, 88, 96; NJW-RR 1989, 1373). Anders als bei Vorliegen eines absoluten Fixgeschäfts wird die Leistungszeit jedoch nicht Inhalt der Leistungspflicht des Schuldners, so daß die Erbringung der Leistung auch nach Überschreitung des Erfüllungszeitraums an sich noch möglich ist, weshalb der Gläubiger seinen Erfüllungsanspruch behält. Weil er dann in aller Regel aber kein Interesse mehr an der Leistung haben wird, räumt ihm das Gesetz ein von den Anforderungen des § 326 Abs. 1 BGB gelöstes, sofortiges Rücktrittsrecht ein. Dieses ist gemäß § 242 BGB gleichfalls bei geringer (wertend:

unbedeutender) Zeitüberschreitung ausgeschlossen (RGZ 117, 354, 356).

Kann der Gläubiger nicht nachweisen, daß das Rechtsgeschäft mit Einhaltung der Leistungszeit „stehen und fallen" sollte, so bezeichnet der fragliche Leistungszeitpunkt allein das Datum der Fälligkeit der Leistung iSv § 284 Abs. 2 Satz 1 BGB; er kann somit nur unter den Voraussetzungen des § 326 Abs. 1 BGB vom Vertrag zurücktreten oder Schadensersatz wegen Nichterfüllung vom Schuldner verlangen.

Wenn aber aus dem bloßen Verstreichen des Leistungszeitpunkts bereits Unmöglichkeit folgt, sind besonders strenge Anforderungen an die Annahme eines absoluten Fixgeschäfts zu stellen. Sofern die Parteien ihr Rechtsgeschäft bzw. den fraglichen Leistungszeitpunkt nicht ausdrücklich als Fixgeschäft bezeichnet haben, ist es daher gerechtfertigt, in Zweifelsfällen gegen sein Vorliegen (BGH DB 1983, 385, 386) und allenfalls für das Bestehen eines relativen Fixgeschäfts zu entscheiden (*Nastelski*, JuS 1962, 289, 295).

Typische Klauseln, die auf das Vorliegen einer „Zeitschuld" hindeuten, sind daher „fix" (BGH DB 1983, 385), „genau", „präzise", „spätestens bis ...", „sofort" (OLG München DB 1975, 1789), „im August" (RGZ 101, 361, 364), *„Lieferung zum Verkauf für Weihnachten"* (OLG Braunschweig OLGE 43, 38). Nicht ausreichend hingegen sind Formulierungen wie „ohne Nachfrist", „cif (Bestimmungsort)" (BGH NJW 1959, 933), „prompte Lieferung/Verladung" (RG Warn 1922 Nr. 49).

Eine absolute Fixschuld kann sich auch aus der Natur des zugrunde liegenden Rechtsverhältnisses ergeben, wenn die geschuldete Leistung wegen der verstrichenen Zeit nicht nachholbar ist. *Absolute Fixgeschäfte* sind danach insbesondere Dauerschuldverhältnisse, wie die Raummiete (MüKo-*Emmerich*, § 275, 25), Arbeitsverträge (BAG NJW 1986, 1831, 1832), Energielieferungsverträge (BGHZ 10, 187, 189), Verträge über regelmäßig wahrzunehmende Wartungsarbeiten (OLG Stuttgart BB 1977, 118, 119) und die regelmäßige Lieferung verderblicher Ware (OLG Braunschweig OLGE 22, 202). Der strenge Fixcharakter ist ferner zu bejahen für *Beförderungsverträge* (Taxi zum Flughafen, um ein bestimmtes Flugzeug zu erreichen) und *Reiseverträge* (BGH DB 1983, 385). Auf der Hand liegt schließlich, daß alle *Saisongeschäfte* (Weihnachtsbäume, Osterhasen) Zeitschulden sind.

Als relative Fixgeschäfte jedoch sind anzusehen überseeische Abladegeschäfte (RGZ 88, 71, 73; BGH NJW 1991, 1292, 1293), das

„just-in-time-Geschäft" (s. dazu *Nagel,* DB 1991, 319, 320) sowie sämtliche Devisentermingeschäfte (RGZ 108, 158).

E. Gewährleistung (§§ 377, 378)

I. Einführung

Wenn der Verkäufer dem Käufer im Rahmen eines Stückkaufs eine mangelhafte (fehlerhafte) bewegliche Sache liefert, stehen dem Käufer innerhalb der sechsmonatigen Verjährungsfrist (§ 477 Abs. 1 Satz 1 BGB) mehrere Sachmängelgewährleistungsrechte alternativ zu, und zwar Wandelung (§ 462 BGB), Minderung (§ 462 BGB) und – beim Fehlen einer zugesicherten Eigenschaft bzw. arglistigem Verhalten des Verkäufers – Schadenersatz wegen Nichterfüllung (§ 463 BGB). Bei einem Gattungskauf kann der Käufer statt der Wandelung oder der Minderung (§ 480 Abs. 1 Satz 1 BGB) bzw. des Schadenersatzes (§ 480 Abs. 2 BGB) auch die Lieferung einer mangelfreien Sache aus der Gattung fordern (§ 480 Abs. 1 Satz 1 BGB).

Ob eine Sache *fehlerhaft* ist, beurteilt sich beim *Stückkauf* nach der herrschenden subjektiven Theorie. Danach ist der Kaufgegenstand fehlerhaft bei einer dem Käufer ungünstigen Abweichung der Ist- von der Sollbeschaffenheit. Beim *Gattungskauf* muß es dagegen zwangsläufig einen anderen Fehlerbegriff geben, denn es fehlt an dem konkretisierten, individualisierten Kaufgegenstand. Eine in Erfüllung eines Gattungskaufes gelieferte Ware ist jedenfalls dann fehlerhaft, wenn die gelieferte und die geschuldete Ware derselben Gattung angehören, die gelieferte Sache aber nicht von mittlerer Art und Güte ist (§ 243 Abs. 1 BGB). Streitig ist dagegen, ob bei Gattungsverschiedenheit stets eine qualitative Falschlieferung („aliud") vorliegt oder § 378 insoweit nicht analog anzuwenden ist. Dann würde eine Gattungsabweichung als Schlechtleistung – und nicht als Nicht-/Falschleistung – behandelt, sofern die Abweichung der gelieferten von der geschuldeten Gattung nicht so erheblich ist, daß der Verkäufer mit einer Genehmigung durch den Käufer nicht rechnen kann (*sog. erweiterter Fehlerbegriff*). Diese in der Lehre überwiegend vertretene Ansicht ist jedoch vom BGH mangels Analogiefähigkeit des § 378 abgelehnt worden (NJW 1992, 556, 559).

Danach kommt es in der Praxis für die Abgrenzung von Falsch-

Gewährleistung (§§ 377, 378)

und Schlechtlieferung beim Gattungskauf also allein darauf an, ob die gelieferte Ware noch gattungsgemäß ist, wobei der Inhalt und die Grenzen der Gattung von den Parteien des Kaufvertrages bestimmt werden, evtl. aber erst durch Auslegung (§§ 133, 157 BGB) ermittelt werden können.

Beispiele aus der Rechtsprechung

Falschlieferung (aliud)	*Schlechtlieferung* (peius)
Inlandsschrott statt des ausdrücklich vereinbarten Auslandsschrotts (BGH LM Nr. 12 zu § 325)	Kühlschränke kühlen wegen eines Konstruktionsfehlers viel zu tief (BGH LM Nr. 5 zu § 378)
Sommerweizen anstelle von Winterweizen (BGH LM Nr. 10 zu § 477)	chemisches Produkt durch Beimischung verunreinigt (OLG Hamburg MDR 1954, 551)
Sendai-Seide anstelle von Kawamatta-Seide (RGZ 86, 90, 91)	statt echten Rübensamens minderwertigen Rübensamen (RG DJZ 1906, 146, 147)
Lieferung einer Maschine/eines Kfz einer anderen als der vereinbarten Marke (OLG Düsseldorf DB 1956, 687)	Wellstegträger, die aufgrund vom Verkäufer falsch gewählter Norm nur in der Größe von den geschuldeten Trägern abweichen (BGH NJW 1975, 2011); nach a.A. liegt Schlechtleistung nur vor, wenn Toleranzgrenzen verletzt worden sind, bei Abweichung von der Normgröße handelt es sich dagegen um ein aliud (*Marburger*, JuS 1976, 638, 641 f)
Glykolwein vereinbarte Gattung: Wein Glykolzusatz ist gesundheitsschädlich: *Mangel* (LG Lübeck NJW-RR 1987, 243)	
vereinbarte Gattung: Auslese Glykolzusatz „verbessert" ursprünglich minderwertigen Wein auf Niveau der Gattung: *Falschlieferung* (BGH NJW 1989, 218)	

Zusammenfassend läßt sich also feststellen, daß dem Käufer unter der Herrschaft des BGB nur im Fall der Schlechtlieferung die Rechte aus den §§ 459 ff BGB zustehen, während bei quantitativer, aber auch bei qualitativer Falschlieferung jedenfalls nach der Rechtsprechung die §§ 320 ff BGB gelten, d.h. es ist noch nicht oder – bei Minderlieferung – nicht vollständig erfüllt worden, bzw. eine Mehrlieferung hat keine Erfüllungswirkung und verpflichtet folglich nicht zur Erbringung einer Gegenleistung aus § 433 Abs. 2 BGB.

II. Schlechtleistung und Falschlieferung beim beiderseitigen Handelskauf

Die §§ 377, 378 modifizieren die §§ 459 ff, 320 ff BGB, indem sie dem Käufer beim beiderseitigen Handelskauf eine Untersuchungs- und Rügeobliegenheit auferlegen (regelmäßig auch als Pflicht bezeichnet), und zwar mit der Folge, daß bei nicht rechtzeitig erhobener Rüge, sofern der Verkäufer nicht arglistig gehandelt hat (§ 377 Abs. 5), der Käufer seine Rechte nach dem BGB verliert, die Ware also als genehmigt gilt (vgl. § 377 Abs. 2 und 3).

Diese Rechtsfolge greift gleichermaßen für die Schlechtleistung (§ 377) und die qualitative bzw. quantitative (Mehr-/Minderlieferung) Falschlieferung ein (§ 378). Bei der Falschlieferung wird jedoch die schon für den erweiterten Fehlerbegriff beim Gattungskauf behandelte Einschränkung von Bedeutung, nämlich die nicht genehmigungsfähige Falschlieferung. Sie läßt die Anwendbarkeit der §§ 320 ff BGB unberührt. Bei genehmigungsfähiger Falschlieferung kommt es dagegen darauf an, ob der Käufer rechtzeitig (unverzüglich; § 121 Abs. 1 Satz 1 BGB) gerügt hat oder nicht. Für die faktische Möglichkeit einer Rüge kommt es wiederum darauf an, ob der Käufer die Ware rechtzeitig (= unverzüglich) untersucht hat (§§ 378, 377 Abs. 1). Denn nur die bei der von ihm geforderten Untersuchung erkannten bzw. – bei nicht (sorgfältig) erfolgter Untersuchung – *erkennbaren Mängel* unterliegen nach § 377 Abs. 1 der unverzüglichen Rügepflicht, wobei sich die Frist von der Ablieferung der Ware an bemißt. Für bei der Untersuchung *nicht erkennbare Mängel* gilt dagegen § 377 Abs. 3. Danach beginnt die Rügefrist für derartige Mängel von deren Entdeckung an zu laufen.

Von entscheidender Bedeutung im praktischen Fall sind daher neben dem Problem der Genehmigungs-(un)fähigkeit einer qualitativen/quantitativen Falschlieferung die Grenzen der Untersuchungsobliegenheit.

III. Untersuchungsobliegenheit bei § 377

1. Umfang der Rügepflicht

Die Grenzziehung bei der Untersuchungsobliegenheit entscheidet über die Abgrenzung des *erkennbaren (offenen) Mangels*

Mangel tritt bei Ablieferung offen auf, hätte in einer sachgemäß durchgeführten Untersuchung alsbald nach der Ablieferung festgestellt werden können (BGH LM Nr. 13 zu § 377), oder der Käufer hat davon auf andere Weise Kenntnis erlangt.

vom *verborgenen Mangel*, für den die Rügepflicht gemäß § 377 Abs. 2, 2. Hs. entfällt,

Dabei handelt es sich um einen Mangel, der sich bei ordnungsgemäßer Untersuchung nicht feststellen läßt und der dem Käufer bei der Ablieferung der Ware auch tatsächlich nicht bekannt gewesen ist (BGH NJW 1979, 1150).

und dem *verborgenen Mangel, der sich später zeigt*. Hier besteht eine unverzügliche Rügepflicht nach Entdeckung des Mangels (§ 377 Abs. 3). Ein Mangel ist jedoch nicht schon mit dem ersten auf ihn hinweisenden Ansatz als entdeckt anzusehen. Der Käufer darf aber auch nicht einfach warten, bis der Mangel offensichtlich geworden ist. Besteht ein begründeter Verdacht, daß die Ware mit einem Mangel behaftet ist, muß sich der Käufer auf dem schnellsten Wege Gewißheit verschaffen (Obliegenheit zur Nachuntersuchung; BGH LM Nr. 1 zu § 377 HGB; OLG Celle BB 1957, 595; OLG München NJW 1955, 1560, 1561).

Zieht er aus den aufgetretenen Anzeichen den Schluß auf einen wirklich vorhandenen Mangel und rügt er diesen, hat er seine Rechte nach § 377 Abs. 3 gewahrt. Wenn er untätig abwartet, bis der Verdacht sich zur Gewißheit verdichtet, ist seine nunmehr erstattete Rüge verspätet, sofern nur eine unverzüglich vorgenommene gründliche Untersuchung den Mangel zu einem früheren Zeitpunkt offenbart hätte (*Schlegelberger/Hefermehl*, § 377 Rz. 66).

Im Zentrum der Diskussion steht dabei der Begriff der ordnungsgemäßen Untersuchung, die dem Zweck dient, evtl. Mängel festzustellen (RGZ 91, 289, 290) und damit den Handelskauf möglichst schnell abzuwickeln.

2. *Ordnungsgemäße Untersuchung*

Hierbei ist zu beachten: wo, wann und wie?

a. Ort der Untersuchung

Ein bestimmter Ort ist für die Untersuchung nicht vorgeschrieben, doch führt das Gebot der unverzüglichen Untersuchung regelmäßig dazu, daß diese am Ablieferungsort vorzunehmen ist (RGZ 91, 289, 290). Nur aufgrund besonderer Vereinbarung oder aufgrund von Handelsbräuchen – z.B. fob („free on bord")-Verkauf – kann die

Untersuchungspflicht schon vor der Ablieferung und damit an einem anderen Ort beginnen (BGH DB 1981, 1816, 1817).

b. Zeitpunkt der Untersuchung

Die Untersuchung muß, wie die danach vorzunehmende Rüge, unverzüglich, also ohne schuldhaftes Zögern (§ 121 Abs. 1 Satz 1 BGB) erfolgen. Das bedeutet, daß schon eine geringe, bei objektiv ordnungsgemäßem Geschäftsgang vermeidbare Nachlässigkeit mit dadurch bedingter Verzögerung der Rüge die angedrohte Rechtsfolge auslöst (RGZ 106, 359, 360). Im übrigen bestimmt sich der Beginn der Untersuchung nach den Umständen des Einzelfalls, wie z.B. die Beschleunigung bei erheblichen Preisschwankungen oder schnellem Verderb der Ware. Jedenfalls soll die Untersuchung dem Käufer die zuverlässige Überzeugung von der Beschaffenheit der Ware verschaffen. Folglich darf er die Sache so lange und in der Wiese prüfen, daß er zu einem zuverlässigen Urteil über ihre Beschaffenheit gelangen kann (einigermaßen sichere Kenntnis von dem betreffenden Mangel).

Einen *Sonderfall* stellt dabei die *Untersuchung in Stufen* dar. Bis zum Abschluß der Untersuchung und der dadurch ermöglichten Erzielung eines zusammenfassenden Urteils über die gelieferte Ware darf der Käufer mit Mängelanzeigen warten. Er hat Mängel, die einer Untersuchung erst gar nicht bedürfen, weil sie bereits bekannt sind oder offen vorliegen, dem Verkäufer jedoch schon vorher unverzüglich mitzuteilen (*Staub/Brüggemann*, HGB, § 377 Rn. 67 f, 100).

Eine weitere Verschiebung des Rügezeitraums ist im *Streckengeschäft* (Verkäufer liefert Ware auf Geheiß des Käufers an dessen Abnehmer) zulässig, weil der Verkäufer weiß, daß die Untersuchung erst beim Abnehmer stattfindet. In einem solchen Fall reicht es aus, wenn der Abnehmer die Ware unverzüglich beim Käufer rügt und dieser die Rüge unverzüglich an den Verkäufer weiterleitet (RGZ 96, 13, 14).

c. Art und Weise der Untersuchung

Dabei geht es zunächst darum, welches Mindestmaß an Untersuchung dem Käufer obliegt (wann also ein versteckter Mangel vorliegt) und bis zu welchem Höchstmaß er die Untersuchung ausdehnen darf, ohne die Information des Verkäufers über Mängel ungebührlich hinauszuzögern. Bei der Richtung der Untersuchung dagegen ist die gezielte von der allgemeinen, der „Rundum"-Untersuchung, zu unterscheiden. Eine auf bestimmte Mängel abzielende Untersuchung ist nur dann erforderlich, wenn und sobald ein dahingehender Verdacht begründet ist (z.b. aufgrund von gleichartigen Mängeln bei früheren oder Parallellieferungen; *Staub/Brüggemann*, HGB § 377 Rn 85 f.)

Die Art und Weise der Untersuchung bemißt sich dabei nach der im Geschäftszweig des Käufers herrschenden Übung (= Tunlichkeit im ordnungsgemäßen Geschäftsgang, § 377 Abs. 1). Dieses Merkmal dient dem Schutz des Käufers, da andernfalls der mangelhaft liefernde Verkäufer das Risiko eines Vertragsverstoßes allzu leicht auf den Käufer abwälzen könnte (BGH DB 1977, 1408). Die Tunlichkeit im ordnungsgemäßen Geschäftsgang bezieht sich sowohl auf die Art und Weise als auch auf die Unverzüglichkeit der Untersuchung und bildet einen objektiven Maßstab (BGH NJW 1976, 625, 626; 1977, 1150), der die Anforderungen an einen mit kaufmännischer Sorgfalt geleiteten Betrieb zur Geltung bringt. Die tatsächliche Übung im Geschäft des Käufers spielt dagegen keine Rolle. Sowohl bei Art, Weise und Umfang als auch bei dem Zeitraum der Untersuchung sind dabei alle Umstände des Einzelfalls zu beachten, wobei insbesondere vergleichbare Unternehmen derselben Branche heranzuziehen (BGH NJW 1976, 625 f) sowie das Bestehen evtl. Handelsbräuche (BGH BB 1970, 1416 f; NJW 1976, 625 f), die wirtschaftliche Vertretbarkeit der Maßnahme (BGH BB 1970, 1416 f; NJW 1977, 1150, 1151) und die bezweckte Verwendung der Ware (BGH NJW 1977, 1150, 1151) zu berücksichtigen sind.

3. Einzelfälle

Wenn die Art und Weise der Untersuchung durch Handelsbräuche und Parteivereinbarung nicht zulässigerweise abweichend festgelegt worden sind (OLG Düsseldorf BB 1959, 250), gelten die nachfolgenden Regeln:

Der Käufer ist zum *Gebrauch der Waren* berechtigt, sofern die Qualität auf andere Weise nicht festgestellt werden kann (RG DJZ 1931, 166). Das schließt auch ein Recht des Käufers auf teilweisen *Verbrauch der Ware* ein (RGZ 68, 368, 369). Dabei wird die vom Käufer zu verlangende Untersuchung durch die Teilmenge begrenzt, deren Aufopferung ihm im Hinblick auf das Risiko, daß ein Mangel sich nicht herausstellt, er aber die Ware zum Weiterverkauf nicht mehr ungekürzt zur Verfügung hat, billigerweise zugemutet werden kann (*Staub/Brüggemann*, HGB § 377 Rn 91). Die Größe der Teilmenge variiert dabei von Fall zu Fall (vgl. z.b. OLG Hamburg ZHR 38, 208, 227). Gleiches gilt für Stichproben, die nicht ohne Beseitigung der Umhüllung oder Verpackung genommen werden können (OLG Hamburg MDR 1964, 661; 1965, 390, 391). Bei der *Lieferung kleinerer originalverpackter Mengen* kann daher die Prüfung der Unversehrtheit der Verpackung ausreichen, wenn nur dies finanziell zumutbar ist. Ist eine *Maschine* gekauft worden, kann auch ein *stichprobenweiser Gebrauch* in Betracht kommen, wie insbesondere die Fertigung der von der Maschine herzustellenden Erzeugnisse unter serienmäßigen Bedingungen.

Problematisch ist, insoweit die Untersuchungspflicht gebietet, auch *Dritte* zur Untersuchung heranzuziehen. Dabei ist zunächst zu beachten, daß für die Erfüllung der Untersuchungspflicht § 278 BGB auf Erfüllungsgehilfen des Käufers entsprechend anzuwenden ist, so daß diese nicht als Dritte im hier verstandenen Sinne anzusehen sind. Im allgemeinen muß davon ausgegangen werden, daß der Käufer die erforderliche Sachkenntnis über die Ware, mit welcher er handelt, besitzt. Ist dies nicht der Fall, hat er die im entsprechenden Handelszweig üblichen Vorkehrungen zu treffen (OLG Köln MDR 1957, 233). Dazu gehört die Heranziehung Sachverständiger dann, wenn entsprechende Mängel nur durch Sachverständige festzustellen sind (OLG Hamburg BB 1953, 98, 99), in dem betreffenden Handelszweig die Heranziehung von Sachverständigen üblich ist (RGZ 59, 43, 45) oder der Käufer konkreten Anlaß zu der Vermutung hat, daß ein Mangel vorliegt, er diesen aber nicht selbständig aufdecken kann (RGZ 99, 247, 250). Über diese Fallgestaltung hinaus besteht keine generelle Pflicht, einen Sachverständigen einzuschalten (BGH LM Nr. 6 zu § 377 HGB). Vor allem ist das dort nicht notwendig, wo standardisierte Qualitätsanforderungen bestehen und diese durch Behörden oder berufsständische Organisationen einer ständigen Kontrolle unterliegen (z.B. Etikettierungen nach dem Wein- oder Saatgutverkehrsgesetz, nicht dagegen bloße DIN-Normen). Hier darf der Käufer sich auf den entsprechenden Ausweis der Ware verlassen und braucht keinen Prüfer mehr zu beauftragen (Staub/Brüggemann, HGB § 377 Rn 98). Bei notwendiger Einschaltung eines Sachverständigen jedoch hat der Käufer dafür zu sorgen, daß ein geeigneter Sachverständiger ausgesucht wird und daß die Untersuchung auf die einfachste, rascheste und zuverlässigste Weise vor sich geht (OLG Hamburg OLGE 37, 21, 26; z.B. keine unnötige Versendung der Sache).

Besonderheiten ergeben sich bei *Massenlieferungen*, insbesondere bei Lebensmitteln, da dem Käufer nicht zugemutet werden kann, jedes einzelne Stück der Lieferung zu untersuchen. Daraus folgt aber nicht, daß der Käufer auf eine Untersuchung vollständig verzichten kann, vielmehr läßt sich deren Zweck meist durch Stichproben erreichen (BGH LM Nr. 18 und 19 zu § 377 HGB). Eine ordnungsgemäße Untersuchung verlangt, daß von der Gesamtmenge der gelieferten Waren in ausreichendem Maße Stichproben entnommen werden, die als repräsentativ für den Gesamtbefund anzusehen sind. Ergeben die Stichproben durchweg Mängel, so wird (bis zum Gegenbeweis des Verkäufers) die gesamte Lieferung als mangelhaft angesehen (RGZ 47, 12, 13). Lassen die Stichproben dagegen keine Mängel erkennen, so gelten evtl. doch vorhandene als versteckte Mängel (BGH DB 1977, 1408, 1409).

Der Einwand, auch eine durchgeführte Stichprobe hätte den Mangel nicht ergeben, es läge daher ein versteckter Mangel vor, ist nicht möglich. Eine Untersuchung muß immer tatsächlich vorgenommen worden sein (Staub/Brüggemann, HGB § 377 Rn 83).

Ausfallmuster vertreten bei entsprechender Vereinbarung die ganze Ware. Werden sie nicht beanstandet und untersucht, kann die ganze Ware nicht mehr gerügt werden (RGZ 63, 219, 221). Die zufriedenstellende Untersuchung der Ausfallmuster befreit aber nicht von der Untersuchung der Hauptlieferung, wenn an dieser Mängel auftreten, die aus den Ausfallproben nicht ersichtlich waren (OLG Köln MDR 1956, 42).

4. Beispiele aus der Rechtsprechung

– *RGZ 47, 20, 21 f*: Bei der Untersuchung von Gerste im Keimapparat ist der Käufer nicht verpflichtet, besondere Beschleunigungsmittel (hier: Untersuchung auch nachts) einzusetzen.
– *RGZ 96, 246, 247*: Bei der Lieferung von 500 Vierteltonnen Krabben entfällt die Untersuchungs- und Rügepflicht des Käufers nicht dadurch, daß der Verkäufer sich verpflichtet, ein Attest eines gerichtlich vereidigten Sachverständigen über den ordnungsgemäßen Zustand der Ware beizubringen.
– *RGZ 106, 359, 362*: Bei der Lieferung von 5000 Dosen Apfelmark ist das Öffnen von ca. 10 Dosen angemessen, was dazu führt, daß der Käufer ein Recht auf das Öffnen hat und der Wert der geöffneten Dosen nicht von dem Schadensersatz abgezogen werden kann.
– *RG LZ 1927, 1018, 1020*: Auch wenn der Käufer aus der dunklen Farbe des Mehls bereits auf die Dumpfigkeit geschlossen hat, darf

er zunächst noch eine Backprobe vornehmen, um zu sicheren Ergebnissen zu gelangen.
— *LG Aachen BB 1952, 213:* Bei Stoffballen reicht nicht die Untersuchung der jeweils ersten Meter eines Ballens.
OLG Hamburg OLGE 7, 388: Bei Lebensmitteln, die ohne Garantie gekauft werden, ist eine Stichprobe von 4 % ausreichend.
— *OLG München BB 1954, 144:* Bei in Stapeln gelieferten Lochkarten sind Proben aus den Stapeln erforderlich.
— *OLG München BB 1955, 748:* Im Obst- und Gemüsehandel (hier: Südfrüchte) ist bei Waggonladungen die Prüfung nur einiger Kisten in der Nähe der Tür nicht ausreichend.
— *OLG Hamburg MDR 1965, 390 f:* Bei dem Verkauf von Fisch-, Gemüse- und Obstkonserven besteht kein Handelsbrauch, daß der Käufer von der unverzüglichen Untersuchung der Ware entbunden ist. Selbst wenn ein solcher Brauch bestünde, wäre er als gesetzwidrig nicht zu beachten. Bei der Untersuchung von Konserven hätten für eine ordnungsgemäße Untersuchung etwa 4 % geöffnet werden müssen. Ein höherer Verbrauch war aufgrund der dadurch bedingten Unbrauchbarkeit der Ware zur weiteren Verwendung nicht zumutbar.
— *OLG Nürnberg WM 1974, 503:* Bei der Mängelrüge aufgrund von Fehlern gelieferter Aprikosen-, Nektarinen-, Pfirsich-, Kirsch- und Apfelbäume muß genau zum Ausdruck gebracht werden, welcher Teil der Lieferung als fehlerhaft gerügt werden soll (hier: Befall mit Kräuselkrankheit und fehlende Frostsicherheit). Die bloße Bezeichnung „ein großer Anteil der Bäume" genügt insoweit nicht.
— *OLG Köln OLGZ 1975, 454, 456 f:* Bei der Lieferung von Walnußbruch zur Süßwarenherstellung hat der Käufer die Ware dann zu untersuchen, wenn er durch einseitigen Akt in der Lage ist, sich sofort Gewahrsam an der Ware zu verschaffen. Daher kommt hier als Zeitpunkt der Untersuchung nur die Übernahme durch Beauftragte des Klägers im Ausland in Betracht. Darüber hinaus genügt die Untersuchung nur eines Kartons aus einer Lieferung von 400 nicht den Anforderungen an eine ordnungsgemäße Untersuchung. Dies gilt auch deshalb, weil Stichproben sich nicht auf die zuoberst liegenden Teile beschränken dürfen, sondern auch die darunter liegenden erfassen müssen (OLG Düsseldorf DB 1973, 1395 f).
— *BGH WM 1971, 1121, 1122 f:* Bei der Lieferung von hefeinfiziertem Zucker zur Limonadenherstellung ist ein eingeschalteter Zwischenhändler nicht verpflichtet, die gelieferte Ware zu untersuchen. Es besteht ein Handelsbrauch dergestalt, daß bei der Lieferung von

Zucker zur Limonadenherstellung die Zusicherung der Freiheit von schädlichem Hefebefall gegeben ist.

– *BGH MDR 1977, 836:* Bei einem Lieferumfang von 2400 Dosen Champignons genügt die Entnahme von 5 – 6 Stichproben unter Berücksichtigung des Umstandes, daß die Öffnung der Dosen zu deren Unbrauchbarkeit führt. Eine weitergehende Untersuchung ist dann nicht erforderlich, wenn sich der Mangel bereits durch eine Geschmacksprobe feststellen läßt.

IV. Genehmigungsfähigkeit einer qualitativen/quantitativen Falschlieferung

Die Genehmigungsfähigkeit fehlt, wenn die Lieferung objektiv völlig untauglich zur Erfüllung im Hinblick auf die Gattung bzw. die Menge ist. Dabei ist unerheblich, ob der Verkäufer diese Untauglichkeit erkannt hat bzw. hätte erkennen können. Maßgeblich ist vielmehr, ob ein verständiger Kaufmann auch unter Berücksichtigung der Interessen des Käufers nie versucht hätte, mit der gelieferten Ware zu erfüllen (Stichwort: ganz grobe Art- oder Mengenabweichung). Dabei bezieht sich das Kriterium „offensichtlich" nicht auf das Ausmaß der Abweichung, sondern die Wahrnehmbarkeit.

Ist die Lieferung genehmigungsunfähig, besteht keine Rügeobliegenheit des Käufers. Dasselbe gilt aber auch im Falle der Genehmigungsfähigkeit, sofern der Verkäufer dem Käufer seine Lieferschwierigkeiten mitteilt und deshalb etwas anderes liefert.

Beispiele aus der Rechtsprechung

grobe Abweichung

Sommer- statt Winterweizen (BGH LM Nr. 10 zu § 477 BGB)

Lieferung von Nickel statt Kobald (RG Warn Rspr. 1925 Nr. 57)

wilder, vermischter Samen ohne bestimmbare Sortenzugehörigkeit statt hochwertigen Samens einer bestimmten Sorte (RG LZ 1920, 895)

Wasser mit winzigen Beimischungen statt chemisch „reinem" Bittermandelöls (KG OLGE 41, 235)

keine grobe Abweichung

Sendai- statt Kawamattaseide, weil sich diese beiden lediglich durch ihre Herkunft aus unterschiedlichen japanischen Provinzen unterscheiden (RGZ 86, 90, 92)

Lieferung von Champignons in Dosen, die zu 3/4 Jauche enthielten (BGH LM Nr. 19 zu § 377)

Lieferung einer Ware, die einer anderen als der vereinbarten Norm angehört: DIN A 4 statt DIN A 5 (*Marburger*, JuS 1976, 638, 641 ff; a.A. BGH NJW 1975, 2011: nur peius)

V. Übersicht über die Rechtsfolgen bei Schlecht-, Falsch- und Minderlieferung nach BGB und HGB

BGB:	Sachmangel (Fehler)	Falschlieferung (aliud)	Minderlieferung
Haftungsbegründende Vorschriften	*Stückkauf:* § 462 BGB	§§ 320 ff. BGB	§§ 320 ff. BGB
	Gattungskauf: § 480 BGB	§§ 320 ff. BGB (auch bei genehmigungsfähiger Falschlieferung, BGH NJW 1989, 218, 219; str.)	§§ 320 ff. BGB

HGB:	Sachmangel (Fehler)	Falschlieferung (aliud)		Minderlieferung (insgesamt sehr str., vgl. Werner, BB 1984, 221)		
		genehmigungsfähige Artabweichung	nicht genehmigungsfähige Artabweichung	genehmigungsfähige		nicht genehmigungsfähige
				versteckte	offene	
Haftungsbegründung	§ 462 BGB oder § 480 BGB	§ 462 BGB oder § 480 BGB	§§ 320 ff. BGB	§§ 320 ff. BGB	§§ 320 ff. BGB	§§ 320 ff. BGB
Haftungsausschluß	§§ 377 ff. BGB	§ 378 i.V.m. § 377 HGB	§ 378 HGB nicht anwendbar	§ 378 i.V.m. § 377 HGB	§ 378 HGB nicht anwendbar	§ 378 HGB nicht anwendbar

Gewährleistung (§§ 377, 378)

VI. Übersicht über die Rechtsfolgen bei Mehrlieferung nach BGB und HGB

BGB:	Mehrlieferung		HGB:	Mehrlieferung (insgesamt sehr str., vgl. Werner, BB 1984, 221)	
	Lieferung teilbar	Lieferung nicht teilbar		nicht genehmigungsfähig	genehmigungsfähig
Rechte des Verkäufers	§ 433 II in ursprünglicher Höhe (sofern Käufer nicht einverstanden)	§ 433 II in ursprünglicher Höhe (sofern Käufer nicht einverstanden)	Rechte des Verkäufers	Wie im BGB	Rechtzeitige Rüge gem. §§ 378, 377 HGB
					§ 433 II in ursprünglicher Höhe
					Keine oder verspätete Rüge
					§ 433 II in Höhe der tatsächlichen Lieferung
Rechte des Käufers	Zurückweisung des überschießenden Teils	§§ 320 ff. und Zurückweisung der gesamten Lieferung	Rechte des Käufers	Wie im BGB	Wie im BGB
					Keine

F. Musterklausuren zum Handelskauf (§§ 377, 378)

Fall 1:
A bestellt bei seinem Gemüsehändler K 10 Zentner Einkellerungskartoffeln. Da K selbst kein Lager hat, kauft K die Kartoffeln beim Großhändler V mit der Vereinbarung, daß V die Kartoffeln gleich zu A bringen soll. V tut das. Als drei Wochen später der K von A Bezahlung der Kartoffeln verlangt, erklärt A dem K, er wolle die Kartoffeln nicht behalten, denn er habe inzwischen festgestellt, daß die Kartoffeln überwiegend angefault seien. K zeigt zugleich dem V die Mängel unter Schilderung des Zustandes der Kartoffeln an und erklärt die Wandlung. V fragt, ob das Verlangen berechtigt ist?

Lösung:
K könnte gegen V einen Anspruch auf Wandlung gemäß §§ 459 Abs. 1, 462 BGB haben.
I. Ein Kaufvertrag über die Lieferung von 10 Zentnern Einkellerungskartoffeln ist zwischen V und K (und nicht etwa zwischen V und A) zustandegekommen.
II. Die Kaufsache muß im Zeitpunkt des Gefahrübergangs fehlerhaft gewesen sein. Das ist der Fall, denn V schuldete Speisekartoffeln mittlerer Art und Güte (§ 360). Er hat jedoch Speisekartoffeln geliefert, die überwiegend angefault waren und somit nicht den Qualitätsanforderungen des § 360 genügten. Dieser Mangel lag auch schon bei der Übergabe (§ 446 BGB) an A, an den V nach Weisung des K ausliefern sollte, vor. Dieser Mangel berechtigt den K dennoch nicht zur Wandlung, wenn er eine Rügepflicht nach § 377 hatte und diese Rügepflicht verletzt hat. Bei Verletzung der Rügepflicht gilt die gelieferte Ware als die geschuldete (§ 377 Abs. 2).
1. Es müßten die die Rügepflicht eröffnenden Voraussetzungen vorliegen.
a. Vorliegen eines beiderseitigen Handelskaufs
   Dieser lag hier vor, denn V und K haben den Kauf als Kaufleute nach § 1 Abs. 2 Nr. 1 (Warenkaufleute) im Rahmen ihres Handelsgeschäftes (§ 343) getätigt.
b. Ablieferung der Ware
   Die Ablieferung muß dem Vertrag entsprechen, also vor allem zur vereinbarten Zeit und am vereinbarten Ort erfolgen; das ist hier durch die vereinbarte Übergabe an einen Dritten geschehen.
c. Mangelhaftigkeit der Ware
   Ein Qualitätsmangel ist ebenfalls vorhanden, denn angefaulte

Speisekartoffeln entsprechen nicht mittlerer Art und Güte, wie § 360 dies fordert.
d. Die *Rügepflicht* ist *nicht* gegeben, wenn der Verkäufer den *Mangel arglistig verschwiegen* hat (§ 377 Abs. 5). Dafür liegen hier allerdings keine Anhaltspunkte vor, so daß K zur Rüge nach § 377 verpflichtet war.
2. Verletzung der Rügepflicht
K müßte die Rügepflicht verletzt haben. Dies ist anzunehmen, wenn der Käufer nicht unverzüglich Anzeige macht. Dabei unterscheidet das Gesetz:
a. *Erkennbare Mängel*, d.h. Mängel, die bei einer ordnungsgemäßen Untersuchung erkennbar sind, sind unverzüglich (= ohne schuldhaftes Zögern, § 121 Abs. 1 Satz 1 BGB) nach Ablauf der Frist, die für eine ordnungsgemäße Untersuchung erforderlich ist, anzuzeigen (§ 377 Abs. 1). Diese Untersuchungspflicht, die regelmäßig neben der Rügepflicht anzunehmen ist, ist ebenso wie letztere keine Rechtspflicht, auf die der Verkäufer einen Anspruch hat, sondern nur eine Obliegenheit des Käufers, an deren Unterlassung sich für den Käufer nachteilige Rechtsfolgen knüpfen können. Entscheidend ist auch nicht die Untersuchung, sondern die Rüge. Auch wer ohne Untersuchung auf Geratewohl einen (tatsächlich vorhandenen) Mangel anzeigt, erfüllt die Rügepflicht (vgl. BGH LM Nr. 1 zu § 377 HGB).
b. *Nicht erkennbare Mängel*, d.h. Mängel, die bei einer ordnungsgemäßen Untersuchung nicht erkennbar sind, sind unverzüglich anzuzeigen, sobald sie entdeckt sind (§ 377 Abs. 3). Im vorliegenden Fall war der Mangel erkennbar, und zwar trat er sogar offen zu Tage. Wenn die Kartoffeln selbst bei K abgeliefert worden wären, hätte K unverzüglich nach Ablieferung Anzeige erstatten müssen. Wird die Ware, wie hier, vom Verkäufer unmittelbar an den Abnehmer des Käufers gesandt, so hat der Käufer dafür Sorge zu tragen, daß der Abnehmer unverzüglich untersucht und ihn sobald als möglich von dem Ergebnis der Untersuchung benachrichtigt (vgl. BGH NJW 1954, 1841). Eine Verspätung der Mängelanzeige durch den Abnehmer geht zu Lasten des Käufers, auch wenn der Abnehmer kein Kaufmann ist (vgl. RGZ 102, 91). Die Mängelanzeige des K war daher im vorliegenden Fall (mehr als drei Wochen nach Ablieferung) nicht mehr unverzüglich.

Ergebnis: Das Wandlungsbegehren des K ist daher nicht berechtigt.

Fall 2:
Großhändler G liefert an den Lebensmittel-Supermarkt L eine Kiste mit 6 Dosen Tomatenmark. L verkauft eine Dose am 18.7. Diese wird ihm am 20.7. zurückgebracht, weil sie verdorben ist. Daraufhin öffnet L die anderen Dosen, die ebenfalls alle verdorben sind. Dies teilt er dem G am 21.7. mit und verlangt eine neue einwandfreie Lieferung. Rechtslage?

Lösung:
Anspruchsgrundlage für das Begehren des L könnte § 480 Abs. 1 iVm § 459 Abs. 1 BGB sein.
I. Es ist ein Kaufvertrag über eine Gattungsschuld abgeschlossen worden.
II. Die Lieferung ist bei Übergabe mangelhaft gewesen.
III. Die Ware gilt aber nach § 377 Abs. 2 als genehmigt, wenn für L eine Rügepflicht bestand und L die Rügepflicht verletzt hat.
1. Eine Rügepflicht bestand nach § 377, denn es lag ein beiderseitiger Handelskauf vor, die abgelieferte Ware war mangelhaft und G hatte den Mangel nicht arglistig verschwiegen.
2. Eine Verletzung der Rügepflicht setzt voraus, daß L nicht unverzüglich Anzeige gemacht hat. Nach § 377 Abs. 1 hat der Käufer die Ware unverzüglich nach der Ablieferung, „soweit dies nach ordnungsmäßigem Geschäftsgang tunlich ist", zu untersuchen, und, wenn sich ein Mangel zeigt, dem Verkäufer unverzüglich Anzeige zu machen.

Welche Erfordernisse bei der Untersuchung zu beachten sind, bestimmt sich nach dem hierzu entwickelten Handelsbrauch (§ 346). Danach ist die Ware insbesondere sachgemäß zu untersuchen. Hier sind Dosen geliefert worden. Diese brauchte L nach Handelsbrauch nicht zu öffnen, weil es sich um eine kleine Menge handelte. Die Öffnung auch nur einer Dose wäre für ihn eine unzumutbare Entwertung der Gesamtlieferung (vgl. RGZ 57, 9, 10), weil ihm dadurch sein Verdienst genommen würde. Er war daher nur verpflichtet, die ordnungsgemäße Verpackung zu prüfen. Somit hat er nicht gegen seine Untersuchungspflicht verstoßen. Da L bei angemessener Untersuchung den Mangel nicht feststellen konnte (es handelte sich um einen sog. verborgenen Mangel), entstand eine Rügepflicht erst in dem Augenblick, als die Kundin die verdorbene Dose zurückbrachte. Wenn ein verborgener Mangel nicht sofort entdeckt wird, ist er gleich nach Feststellung zu rügen (§ 377 Abs. 3). Somit begann die Rügepflicht erst am 20.7. zu laufen. Hiernach mußte L unverzüglich rügen. Mit der Rüge am 21.7. hat L dieser Pflicht genügt. Er kann somit Nachlieferung verlangen.

Anders wäre der Fall zu beurteilen, wenn G dem L nicht nur eine Kiste mit 6 Dosen, sondern 500 Dosen geliefert hätte. In diesem Fall wäre eine Massensendung anzunehmen. Bei Massensendungen sind allerdings nach Handelsbrauch Stichproben erforderlich und ausreichend, zumal die vollständige Untersuchung zur Vernichtung der Ware führen würde (RGZ 57, 9 ff). L hätte in diesem Fall also die Pflicht gehabt, einige Dosen als Stichproben zu prüfen; falls er dies nicht getan hätte, wäre eine Verletzung der sofortigen Rügepflicht anzunehmen.

Fall 3:
H wollte seine Brotfabrik 1994 um einen 200 qm großen Anbau erweitern. Die Baumaterialien kaufte er selbst ein. Für die Dachkonstruktion bestellte er bei dem Fabrikanten S 40 cm hohe Wellsteg-Träger. S lieferte versehentlich 32 cm starke T-Träger, die nach der Statik nicht ausreichten. H bemerkte dies, nachdem die Träger geliefert waren und schrieb dies sofort dem S. Der Brief kam erst 6 Tage später bei S an. Kann H Wandlung verlangen?

Lösungsskizze:
Ein Anspruch auf Wandlung könnte sich für H aus §§ 459 Abs. 1, 462 BGB ergeben. Voraussetzung dafür sind ein zwischen H und S nach dem Sachverhalt abgeschlossener Kaufvertrag sowie das Vorliegen eines Fehlers zum Zeitpunkt des Gefahrüberganges.
I. Voraussetzung für einen Fehler ist zunächst eine Abweichung der gelieferten von der geschuldeten Sache. Diese Voraussetzung ist erfüllt, denn anstelle der geschuldeten Wellsteg-Träger (40 cm) wurden T-Träger (32 cm) geliefert.
II. Die Abweichung darf nicht nach §§ 377, 378 durch Verletzung der Rügepflicht genehmigt sein, denn bei Verletzung der Rügepflicht gilt die gelieferte Ware als die geschuldete.
1. Es muß eine Rügepflicht bestehen.
a. Es muß ein beiderseitiger Handelskauf vorliegen. (+)
b. Die Ware muß abgeliefert sein. (+)
c. Die Abweichung der gelieferten von der geschuldeten Ware kann auf einer mangelhaften Beschaffenheit beruhen (Qualitätsmangel, § 377). Diesem Qualitätsmangel ist für die Rügepflicht nach § 378 ausdrücklich gleichgestellt die Abweichung, die darauf beruht, daß eine falsche Menge (Qualitätsmangel) oder eine ganz andere Ware („aliud") geliefert wurde, „sofern nur die gelieferte Ware nicht

offensichtlich von der Bestellung so erheblich abweicht, daß der Verkäufer die Genehmigung des Käufers als ausgeschlossen betrachten mußte".

Diese Rügepflicht besteht also bei jedem Qualitätsmangel und bei der genehmigungsfähigen Falschlieferung (Quantitätsmangel und aliud). Im vorliegenden Fall waren die gelieferten T-Träger nicht von mangelhafter Beschaffenheit (a. M. möglich; s. oben E. I.); es lag also kein Qualitätsmangel, sondern die Lieferung eines „aliuds" vor. Die Rügepflicht bestand also nur, wenn es sich um eine genehmigungsfähige Anderslieferung handelte. Dies ist der Fall, wenn S bei objektiver Betrachtungsweise unter Berücksichtigung der Verkehrssituation des Handelsbrauchs in dem betreffenden Handelszweig damit rechnen konnte, daß H die Lieferung dieser T-Träger als Lieferung der bestellten Sache gelten lassen würde.

Einfacher ist die negative Abgrenzung: Das Aliud ist nur dann genehmigungsunfähig, wenn die Abweichung offensichtlich so erheblich ist, daß schlechterdings mit einer Genehmigung nicht gerechnet werden kann (also nur in ganz krassen Fällen). Das wäre z.B. dann der Fall, wenn dem H Latten geliefert worden wären. In diesem Fall könnten keine Gewährleistungsrechte entstehen, sondern H behielte (mit oder ohne Rüge) seinen vollen Erfüllungsanspruch.

Hier weichen die gelieferten Träger jedoch nicht so unerheblich von den bestellten Trägern ab. Sie laufen auch nicht vollständig den (mußmaßlichen) Vorstellungen des H zuwider, weil sie dem gleichen Zweck dienen. Es bestand somit für H eine Rügepflicht, es sei denn, daß S die Abweichung der Lieferung arglistig verschwiegen hatte. Dies ist jedoch nicht der Fall, denn S lieferte nur versehentlich andere Träger.

2. H hat gerügt. Die Rüge war auch rechtzeitig, denn zur Erhaltung der Rechte des Käufers genügt die rechtzeitige Absendung der Anzeige (§ 377 Abs. 4) auf geschäftsübliche Weise, was, wie hier, durch die Post geschehen kann. Damit gilt die Abweichung also nicht als genehmigt.

III. Noch nicht entschieden ist damit allerdings, ob auch ein Fehler vorliegt, der zur Wandlung berechtigt, sondern nur, daß eine Abweichung von der gelieferten zu der geschuldeten Kaufsache vorliegt und daß diese Abweichung genehmigungsfähig ist.

Wäre die Rügepflicht verletzt, dann käme es auf die Frage, ob ein Fehler iSd § 459 Abs. 1 BGB gegeben ist, nicht an. Dann würde die gelieferte Sache als die geschuldete Sache gelten. Der Streit über den Fehlerbegriff könnte also unerörtert bleiben. Da im vorliegenden Fall wirksam gerügt worden ist, muß weiter entschieden werden,

ob die Lieferung des genehmigungsfähigen Aliud als fehlerhafte Lieferung iSd Gewährleistungsrechts anzusehen ist oder nicht. Diese Frage ist streitig:
1. Nach einer Meinung greifen die Gewährleistungsvorschriften nur bei Qualitätsmängeln ein, nicht dagegen bei einer Falschlieferung. Bei einer genehmigungsfähigen Falschlieferung ist allerdings die sofortige Rüge erforderlich. Wenn diese erfolgt ist, besteht der Erfüllungsanspruch fort. Ein Rücktrittsrecht ergibt sich dann unter den Voraussetzungen des § 326 BGB (vgl. *Schmidt*, NJW 1962, 714 ff; Fabricius, JuS 1964, 46 ff).
2. Nach hM ist dagegen auch das genehmigungsfähige Aliud als fehlerhafte Lieferung iSd Gewährleistungsrechts anzusehen, so daß nur Gewährleistungsansprüche ausgelöst werden (sog. erweiterter Fehlerbegriff des Handelskaufs; vgl. BGH LM Nr. 8 zu § 377 HGB). Dies wird folgendermaßen begründet: Beim Gattungskauf fehlt es an objektiven Abgrenzungsmerkmalen dafür, was noch als gattungs- oder artgemäße Lieferung anzusehen ist. Deshalb legen schon praktische Erwägungen es nahe, auf eine Unterscheidung zwischen Sachmangel und genehmigungsfähigem Aliud zu verzichten, wie es nach dieser hM der Fall ist. Außerdem verweist § 378 auf § 377, der den Tatbestand des § 459 BGB voraussetzt. Daraus ist zu schließen, daß die Verweisung des § 378 konkludent auch die Gewährleistungsregeln der §§ 459 ff BGB betrifft.

Nach hM liegt also ein Wandlungsgrund vor. H kann somit von S die Wandlung verlangen.

G. Fälle mit Kurzlösungen

Fall 1:

Weil Händler K mit der Annahme der gekauften Fernsehgeräte in Verzug geraten ist, läßt Großhändler V die Geräte bei seinem gewissenhaften Geschäftsfreund L einlagern, wo einige Geräte gestohlen werden. V verlangt von K Ersatz der Lagerkosten und den Kaufpreis für alle „verkauften" Geräte. Zu Recht?

Lösung:
1. Erste Voraussetzung des § 373 ist, daß ein *Handelskauf* vorliegt.
   Hier waren beide Parteien Kaufleute gem. § 1 Abs. 2 Nr. 1 und das Geschäft gehörte jeweils zum Betriebe ihres Handelsgewerbes (§§ 343, 344).

2. Außerdem muß sich der Käufer in *Annahmeverzug* befinden. Dessen Voraussetzungen richten sich allein nach §§ 293 ff BGB; das HGB enthält insoweit keine Besonderheiten (§ 374). Dem K stand ein erfüllbarer Anspruch aus § 433 Abs. 1 S. 1 BGB zu. Er hatte die Annahme endgültig verweigert, so daß ein wörtliches Angebot des V gemäß § 295 BGB zur Auslösung des Annahmeverzuges genügte. V war auch bereit und imstande zu leisten. Somit befand sich K im Annahmeverzug.
3. Gem. § 373 kann der V die Ware *auf Gefahr* und *Kosten* des K hinterlegen.

Aus dem Sachverhalt ergibt sich, daß der V die Geräte bei einem gewissenhaften Geschäftsfreund eingelagert hatte. Ein Verschulden des Geschäftsfreundes ist ausgeschlossen.
Ergebnis: K muß *alle* Geräte (d.h. auch die gestohlenen Geräte) bezahlen.

Fall 2:
Im Fall 1 ist K wieder im Annahmeverzug. V droht ihm die Versteigerung an, K reagiert nicht. Daraufhin läßt V die Fernseher öffentlich versteigern. Er bietet selbst und kauft sie für DM 5.000,– . Sein Anspruch gegen K (der noch nicht gezahlt hat) beträgt DM 10.000,– . Bestehen Lieferpflicht und Kaufpreisanspruch des V?

Lösung:
I. Lieferpflicht des V
1. Mit Abschluß des Kaufvertrages hat K nach § 433 Abs. 1 S. 1 einen *Anspruch auf Übereignung und Übergabe* der Fernsehgeräte erlangt.
2. Dieser Anspruch könnte *erloschen* sein.

Der Anspruch könnte jedoch durch Erfüllung gemäß § 362 Abs. 1 BGB erloschen sein. V hat nicht unmittelbar die Leistung an den K bewirkt, es könnte aber der von V durchgeführte Selbsthilfeverkauf Erfüllungswirkung gegenüber K haben. Nach § 373 Abs. 3 erfolgt der Selbsthilfeverkauf „für Rechnung des säumigen Käufers". Daraus kann geschlossen werden, daß die Durchführung des Selbsthilfeverkaufes eine Erfüllung des Kaufvertrages durch den V darstellte. Konkret bedeutet dies, daß ein ordnungsgemäßer Selbsthilfeverkauf also nach § 362 Abs. 1 BGB den Lieferanspruch des V zum Erlöschen bringt.
Voraussetzungen:
a. Handelskauf, § 373 (+) s.o.
b. Annahmeverzug des Käufers (+) s.o.

Fälle mit Kurzlösungen

c. rechtzeitige Androhung des Selbsthilfeverkaufs (+) s.o.
d. Der Selbsthilfeverkauf muß ordnungsgemäß durchgeführt worden sein: Der V wählte die *öffentliche Versteigerung*; §§ 373 Abs. 2 Satz 1, 1. HS. HGB, 383 Abs. 3 BGB und hat den K über die anstehende Versteigerung informiert.
Die Voraussetzungen für einen wirksamen Selbsthilfeverkauf sind gegeben. Der Selbsthilfeverkauf erfolgte in Erfüllung des bestehenden Kaufvertrages.
Ergebnis: Der V ist aufgrund des Selbsthilfeverkaufs von seiner Lieferpflicht gegenüber K frei geworden.
II. Kaufpreisanspruch des V
Aufgrund des Selbsthilfeverkaufs hat der K einen Anspruch gegenüber V auf Herausgabe von DM 5.000,- (§§ 373 Abs. 3 iVm § 667 BGB).
Der V kann gegen diesen Anspruch seinen Kaufpreisanspruch iHv DM 10.000,- gemäß § 387 ff BGB aufrechnen.
Ergebnis: V hat somit noch einen Anspruch auf DM 5.000,-

Fall 3:
Der Händler K bestellt beim Großhändler V 500 Dosen „Erbsen fein". Die von V am 1.10. gelieferte Ware ist verdorben und ungenießbar. K erfährt dies von einer Kundin am 25.10. Er rügt gegenüber V noch am selben Tag. Hat K noch Mängelrechte?

Lösung:
Wandlungsrecht wegen der 500 Dosen „Erbsen fein"
Die Voraussetzungen des Wandlungsrechts nach §§ 480, 459 Abs. 1, 462 BGB sind erfüllt.
Die Wandlung könnte jedoch nach § 377 ausgeschlossen sein, wenn K eine ihm obliegende Rügepflicht verletzt hat:
1. Beiderseitiger Handelskauf (+), da Groß- und Einzelhändler (§ 1 Abs. 2 Nr. 1 HGB).
2. Die Ware ist abgeliefert worden. (+)
3. Die Ware muß mangelhaft gewesen sein (+), s.o.; § 459 Abs. 1 BGB wurde bejaht.
4. Die Rügepflicht ist entbehrlich, wenn der Großhändler den Mangel arglistig verschwiegen hat, § 377 Abs. 5 (Abs. 4 trifft ebenfalls nicht zu).
Ergebnis: Demnach hatte der Einzelhändler eine Rügepflicht nach § 377.
5. *Problem*: Hat der Einzelhändler diese Pflicht verletzt?

a. Erforderlich ist, daß der Einzelhändler den Mangel substantiert angibt.
b. Rechtzeitigkeit
beachte hier: *offene Mängel* (erkennbare Mängel; auch erst nach Untersuchung)
verdeckte Mängel (solche, die auch bei ordnungsmäßer Untersuchung nicht erkennbar sind)
Ob im vorliegenden Fall ein offener oder versteckter Mangel vorlag, richtet sich danach, ob bei einer verkehrsüblichen Untersuchung der Mangel dem K als ordentlicher Kaufmann (§ 347) *erkennbar* gewesen wäre. Prüfungsmaßstab ist hier die Handelssitte. Bei verschlossener Ware (hier: Dosen) besteht die verkehrsübliche Untersuchung in der Öffnung. In diesen Fällen besteht daher eine *Stichprobenpflicht*.

Es kann davon ausgegangen werden, daß der K keine einzige Dose aufgemacht hat, er hat also seine Stichprobenpflicht verletzt. Die Genehmigungsfiktion ist gemäß § 377 Abs. 1 und 2 eingetreten.
Ergebnis: Der Einzelhändler hat bezüglich der fehlerhaften Dosen kein Gewährleistungsrecht mehr.

Fall 4:
Händler K kauft:
1. 500 Dosen Erbsen „fein" von Händler X,
2. 500 Dosen Möhren „fein" von Händler Y,
3. einen Pkw, Renault 5, Fahrgestell-Nr. 4711, von Händler Z.
Alle drei Geschäfte wurden für seinen Betrieb abgeschlossen (§ 344).
Es wurden geliefert:
1. von Händler X 500 Dosen Erbsen „mittelfein", nicht gerügt,
2. von Händler Y 500 Dosen Kartoffeln, nicht gerügt,
3. von Händler Z 1 Pkw Mercedes 560, gerügt.
Gewährleistungsrechte des K?

Lösung:
1. Rechte des K gegen X:

Ausgangspunkt: Kaufgegenstand: Erbsen fein
geliefert: Erbsen mittelfein

Es liegt in diesem Fall keine Schlecht-, sondern eine Aliudlieferung vor. Folge: § 459 Abs. 1 BGB (-).
aber: *(h.M.)* erweiterter Fehlerbegriff, der auch die Falschlieferungen erfaßt, die i.S.d. § 378 genehmigungsfähig sind, hier: (+)

(*a.A.*) Hier liegt dagegen eine fehlerhafte Lieferung bei einem Gattungskauf nur dann vor, wenn die gelieferte Sache der vertraglich bestimmten Gattung angehört und nicht von mittlerer Art und Güte ist. Der § 378 verweist nur insoweit auf § 377, als bei den dort genannten Abweichungen den K eine Rügeobliegenheit trifft. Hier erfolgt nicht eine Erweiterung des Fehlerbegriffs. Bei einem genehmigungsfähigen sowie bei einem nicht genehmigungsfähigen Aliud bestimmen sich die Rechte des K nicht nach § 480 BGB, sondern nach §§ 320 ff BGB, hier insbesondere nach § 326 BGB.

Welcher Auffassung man folgt, ist in diesem Fall nicht von Bedeutung, da hier nicht gerügt wurde.

Ergebnis: Dem K stehen keine Gewährleistungsrechte zu.

2. Rechte des K gegen Y:
Dem Grunde nach bestehen keine Gewährleistungsrechte, auch wenn es sich hier um einen Gattungskauf handelte. K hat zwar nicht rechtzeitig gerügt, dennoch tritt hier die Genehmigungsfiktion gemäß § 378 nicht ein, da die Abweichung zwischen Möhren und Kartoffeln so groß ist, daß mit einer Genehmigung nicht mehr gerechnet werden konnte. Bei einer nicht genehmigungsfähigen Falschlieferung bestehen die allgemeinen Rechte bei Leistungsstörungen, insbesondere die §§ 320 ff BGB.

3. Rechte des K gegen Z: Es handelt sich beim Kauf des Pkw um einen Stückkauf (Fahrgestell-Nr. 4711). Bei einem Stückkauf ist streitig, ob § 378 auf eine aliud-Lieferung überhaupt anwendbar ist (ablehnend früher OLG Hamburg OLG E 24, 193; and. jetzt die h. M.: z.B. *Baumbach/Duden/Hopt*, § 378 Rn 3; *Heymann/Emmerich*, § 378 4f). Soweit man sich der h. M. anschließt, kommt es bei der Lieferung einer anderen Sache als der konkreten Vertragsgegenstand darauf an, ob die Abweichung genehmigungsfähig ist. Bei hier vorliegender nicht genehmigungsfähiger Abweichung bleibt der Erfüllungsanspruch aus § 433 Abs. 1 S. 1 BGB bestehen, während die Falschlieferung andernfalls eigentlich als fehlerhafte Lieferung behandelt werden müßte, so daß Gewährleistungsrechte nach §§ 378, 377 Abs. 2 ausgeschlossen sein könnten. Bei rechtzeitiger Rüge wäre der Käufer dann also auf die Rechte aus §§ 462, 463 BGB beschränkt. Es wäre jedoch unbillig, dem Käufer bei noch möglicher Lieferung des Stückes wegen des anwendbaren § 378 über § 377 den Erfüllungsanspruch zu nehmen und ihn stattdessen auf Wandlung oder Minderung zu verweisen. Deshalb müßten bei nach h. M. anwendbarem § 378 auf die genehmigungsfähige Falschlieferung im Rahmen eines Stückkaufs dadurch nicht die Ansprüche

aus §§ 459 ff BGB, sondern der Erfüllungsanspruch aus § 433 Abs. 1 S. 1 BGB ausgeschlossen sein (str.).

Fall 5:
Händler K hat vom Fabrikanten V Garn gekauft und sich vorbehalten, bis zu einem festgelegten Termin die Farbe des Garns zu bestimmen. Da K dies trotz Aufforderung nicht tat, möchte V seine Rechte erfahren.

Lösung:
Hier liegt ein „Bestimmungskauf" iSd § 375 vor. Die Bestimmung ist eine Pflicht (sogar eine Hauptpflicht, wie sich aus dem Verweis in § 375 Abs. 2 auf § 326 BGB ergibt) für den Käufer.
Voraussetzung: K ist in Schuldnerverzug
Folge:
a. Erfüllung der Bestimmungspflicht durch den Verkäufer mit Anzeige und Nachfristsetzung, § 375 Abs. 2 Satz 1 und 2
b. Ersatz des Verspätungsschadens bei Verzug, § 286 Abs. 1 BGB
c. gemäß § 365 Abs. 2 Satz 1 Rücktritt oder Schadensersatz wegen Nichterfüllung unter den Voraussetzungen des § 326 BGB
d. Recht auf Erfüllung der Bestimmungspflicht durch den Käufer
e. Bei vergeblicher Spezifikationsaufforderung kommt der Käufer außerdem in Gläubigerverzug (da er das ihm Gebührende nicht annimmt, vgl. §§ 295, 293 BGB). Daher bestehen gemäß § 369, 373 auch die Möglichkeiten der Hinterlegung und des Selbsthilfeverkaufs.

Fall 6:
Die Kaufland-KG bestellt am 13.12.1993 „prompt lieferbar zum 15.2.1994" bei der Glattner-GmbH 4.000 Osterhasen, Typ 7, zu je DM 3,47. Am 17.2.1994 ist immer noch nicht geliefert. Glattner begründet das mit einer Verzögerung der eigenen Belieferung. Die Kaufland-KG muß jedoch selbst unverzüglich an ihre Kunden liefern. Sie könnte sofort einen Posten von 4.000 Osterhasen vergleichbarer Qualität von der Fa. Brauner & Co. zum Preis von DM 3,97 pro Stück kaufen. Ein billigeres Angebot gibt es nicht.
Welche Ansprüche hat die Kaufland-KG gegen die Glattner-GmbH?

Lösung:
Die Kaufland-KG hat gegen die Glattner-GmbH die in § 376 vorgesehenen Rechte, da die Parteien, die als Handelsgesellschaften gemäß §§ 6 Abs. 1, 1 Abs. 2 Nr. 1 und § 13 Abs. 3 GmbHG iVm § 6 Abs. 2 Kaufleute sind, einen Handelskauf in Form eines relativen

Fixgeschäftes gemäß §§ 343, 344, 376 geschlossen haben: Die Formulierung der Fristbestimmung macht deutlich, daß das Geschäft mit der termingerechten Lieferung „stehen und fallen" soll; es liegt aber kein absolutes Fixgeschäft vor, weil die Lieferung auch am 16.2. noch vertragsgemäß wäre.

Die Rechte lauten im einzelnen wie folgt:
a. Anspruch auf Erfüllung, soweit dieser durch sofortige Anzeige gegen § 376 Abs. 1 Satz 2 geltend gemacht wird.
b. Rücktritt vom Vertrag gemäß § 376 Abs. 1 Satz 1 ohne Fristsetzung und ohne Nachweis eines Verschuldens der Glattner-GmbH.
c. Schadensersatz wegen Nichterfüllung bei Schuldnerverzug. Hier setzt der Verzugseintritt gemäß § 284 Abs. 2 BGB keine Mahnung voraus, da die Lieferzeit nach dem Kalender bestimmt ist. Verzug setzt gemäß § 285 BGB weiterhin widerlegbar vermutetes Verschulden voraus. Die Glattner-GmbH kann sich jedoch nicht entlasten, da es sich bei den Osterhasen um eine Gattungsschuld (§ 360) handelt und sie deshalb ihr Unvermögen zur Lieferung grundsätzlich gemäß § 279 BGB zu vertreten hat. Der Mindestschaden besteht hier in den Mehrkosten des Deckungskaufs bei Brauner und Co. in Höhe von DM 2.000,–.

Die Kaufland-KG wird den Schadensersatzanspruch wählen, da auch dieser sie von der Kaufpreisverpflichtung befreit und zugleich einen Ersatzanspruch für die Kosten des Deckungskaufs begründet.

H. Fragen zur Wiederholung und Vertiefung

1. Erklären sie die Unterschiede zwischen einem relativen und einem absoluten Fixgeschäft!
2. Kann bei einem Fixhandelskauf nach § 376 der Käufer ohne weiteres zurücktreten, wenn nicht rechtzeitig geliefert wird? Kann er stattdessen ohne weiteres Schadensersatz verlangen?
3.a. Besteht eine Untersuchungs- und Rügepflicht gemäß § 377 Abs. 1, wenn ein Nichtkaufmann, z.B. ein Student, von einem Kaufmann Ware erwirbt, die mangelhaft ist?
b. Muß ein Kaufmann eine Lieferung auch dann rügen, wenn er zwar eine andere als die bestellte Ware von einem anderen Kaufmann erhält, die Abweichung aber so geringfügig ist, daß die tatsächlich erhaltene Ware genehmigungsfähig ist?
4. Muß ein Kaufmann bei einer Minderlieferung und nicht rechtzeitig erhobener Rüge auch die fehlenden Teile bezah-

len? Wenn er sie bezahlen muß, kann er dann Nachlieferung verlangen?
5. Muß bei einem Kaufvertrag unter zwei Vollkaufleuten der Käufer immer unverzüglich rügen, wenn ihm zuviel geliefert wurde, um sich seine Rechte aus dem Vertrag zu erhalten?
6. Angenommen, bei einem beiderseitigem Handelskauf wird schlechte Ware geliefert:
a. Was muß der Käufer bei einem „offenen Mangel" (d.h. einem, der durch eine ordentliche Untersuchung erkennbar ist) tun, um seine Gewährleistungsrechte zu erhalten?
b. Was muß er tun, wenn er den Mangel bei einer Untersuchung nicht erkennen konnte?
7. Was bedeutet der Begriff „erweiterter Fehlerbegriff"?

Antworten

1. Nach den §§ 361 BGB, 376 HGB liegt ein relatives Fixgeschäft dann vor, wenn die Leistung genau zu einer fest bestimmten Zeit oder innerhalb eines fest bestimmten Zeitraums (Klausel: fix, präzise, genau) erbracht werden muß. Die Leistungserbringung steht und fällt also mit der Einhaltung der Leistungszeit, wird nach ihrem Überschreiten aber nicht unmöglich und verliert daher nicht ihren Sinn. Beim absoluten Fixgeschäft dagegen handelt es sich nach Fristüberschreitung nicht mehr um die vereinbarte Leistung, so daß ein Fall der Unmöglichkeit unter zeitlichem Aspekt vorliegt. Beispiele: Nichterscheinen einer Sängerin zur Premiere; Lieferung eines Weihnachtsbaumes am 1. Weihnachtsfeiertag; Taxi zum Bahnhof erscheint nach Abfahrt.
2. Ein Rücktritt ist allein wegen der nicht rechtzeitigen Lieferung möglich. Wenn der Käufer Schadensersatz haben will, müssen die Voraussetzungen des Schuldnerverzugs (§§ 284, 285 BGB) erfüllt sein.
3.a. § 377 kommt nach seinem klaren Wortlaut nur zur Anwendung, wenn ein beiderseitiges Handelsgeschäft vorliegt. Der Begriff des Handelsgeschäfts ist in § 343 Abs. 1 definiert. Danach ist erforderlich, daß ein Geschäft eines Kaufmanns gegeben ist und dieses zum Betrieb seines Handelsgewerbes zu zählen ist. Ein Nichtkaufmann kann mangels Kaufmannseigenschaft keine Handelsgeschäfte tätigen, so daß er damit auch nicht von § 377 erfaßt wird.

b. Hier ist § 378 einschlägig, der den Anwendungsbereich des § 377 auch auf (quantitative und qualitative) aliud-Lieferungen erweitert; dies gilt aber nur, soweit die Abweichung genehmigungsfähig ist. Will ein Kaufmann sich daher seine Rechte bewahren, muß er eine Lieferung auch dann rügen, wenn er eine andere als die bestellte Ware erhält, diese aber genehmigungsfähig ist.
4. Der Schlechtlieferung ist beim beiderseitigen Handelskauf über § 378 sowohl die Falschlieferung („aliud") als auch ein Quantitätsmangel gleichgestellt. Handelt es sich also um eine genehmigungsfähige Zuwenig- bzw. Zuviellieferung, ist der Käufer bei nicht rechtzeitig erhobener Rüge daran gebunden. Das bedeutet, daß er im Falle der Zuweniglieferung auch nur diese Menge bekommt und auf die Differenz zur vereinbarten Liefermenge keinen Anspruch hat. Möglicherweise ist er aber dennoch verpflichtet, den Kaufpreis für die vereinbarte Liefermenge zu zahlen. Ob das der Fall ist, hängt davon ab, ob die Zuweniglieferung erkennbar/offen war oder nicht. Im Falle einer nicht erkennbaren/offenen Zuweniglieferung jedenfalls muß der Käufer die gesamte vertraglich vereinbarte Menge bezahlen, ohne einen Leistungsanspruch auf die Differenz bis zur Zuweniglieferung zu haben.
5. Der Käufer muß nur dann unverzüglich rügen, wenn die Zuviellieferung nicht so erheblich ist, daß eine Genehmigung für den Verkäufer als ausgeschlossen erscheinen muß, § 378.
6.a. Bei einem erkennbaren Mangel muß er die Ware nach Erhalt unverzüglich untersuchen *und* dann unverzüglich die Rüge erstatten (nur unverzügliche Rüge genügt also nicht, weil die Mängel individualisiert werden müssen), § 377 Abs. 3.
b. Bei einem verdeckten Mangel genügt es, wenn nach Entdeckung des Mangels unverzüglich gerügt wird, § 377 Abs. 3.
7. Diese Formulierung ist von Bedeutung beim Fehlerbegriff des Gattungskaufs. Soweit die gelieferte und die geschuldete Gattung identisch sind, liegt ein Fehler vor, wenn der Verkäufer dem Käufer keinen Gegenstand mittlerer Art und Güte geliefert hat (§ 243 Abs. 1 BGB). Sind gelieferte und geschuldete Gattung dagegen nicht identisch, liegt nach dieser Fehlerbestimmung an sich eine Falschlieferung vor. Das scheint jedoch dann nicht gerechtfertigt, wenn die gelieferte und die geschuldete Gattung nicht so erheblich abweichen, daß mit einer Genehmigung des Käufers nicht mehr gerechnet werden konnte. Der so ermittelte erweiterte Fehlerbegriff

des BGB ist aus dem Gedanken des § 378 abgeleitet worden; der BGH hat sich allerdings erst kürzlich (NJW 1989, 218, 219) entgegen der herrschenden Literaturmeinung gegen eine Analogie des § 378 und damit gegen den erweiterten Fehlerbegriff ausgesprochen.

§15 Musterklausuren (Referendarexamen)

1. Klausur

Walter Pilz betreibt eine kleine Tankstelle unter der Geschäftsbezeichnung „Walter Pilz, Treibstoffe". Im Handelsregister ist er nicht eingetragen, weil der Geschäftsbetrieb des Unternehmens besondere kaufmännische Vorkehrungen nicht erfordert. Pilz ist des öfteren krank. Er wird dann durch seinen Neffen Max Weber (M), der die Tankstelle ohnehin einmal übernehmen soll, vertreten.

Am 1.3.1993 erscheint der Vertreter V der Mineralölfirma X bei Max. Max will Schmierstoffe im Wert von DM 300, – bestellen. V erklärt, angesichts der hohen Schulden des Pilz – diese belaufen sich zu diesem Zeitpunkt gegenüber X auf DM 1.200, – – könne nur gegen Barzahlung geliefert werden. Max erklärt daraufhin, er sei bereit, für die Zahlung der DM 300, – „geradezustehen". Daraufhin liefert X.

Im Sommer 1993 verschlimmert sich die Krankheit des Pilz so, daß er sich vom Geschäft ganz zurückzieht und dieses mit Wirkung vom 1.9.1993 dem Max gegen Zahlung von DM 2.000, – übergibt. Dieser erklärt, er wolle ganz von vorne anfangen und sei daher nicht bereit, die Schulden des Pilz zu übernehmen. Pilz, der hofft, seine Verbindlichkeiten mit Hilfe der von Max gezahlten DM 2.000, – bezahlen zu können und der außerdem noch über ein kleines Privatvermögen in etwa derselben Größenordnung verfügt, erklärt sich damit einverstanden. Die Geschäftsübernahme wird nicht verlautbart; die alte Geschäftsbezeichnung wird von Max weitergeführt.

Am 11.10.1993 erscheint der Vertreter V, dem die Geschäftsübernahme nicht bekannt ist, wiederum bei Max. Dieser bestellt Waren im Werte von DM 500, – . V erklärt, es könne nur geliefert werden, wenn wenigstens ein Teil der alten Verbindlichkeiten bezahlt werde. Daraufhin übergibt ihm Max ohne weitere Erklärung DM 300, – . Über die Bestellung im Wert von DM 500, – erhält er eine Auftragsbestätigung, die an „Walter Pilz, Treibstoffe" adressiert ist.

Anfang 1994 verlangt X von Pilz Zahlung in Höhe von DM

1.700, –. Dieser erklärt, er schulde allenfalls noch DM 1.200, –, im übrigen sei er zahlungsunfähig, da er erhebliche Beträge für Krankheitskosten habe aufbringen müssen. X möge sich an Max halten.
X fragt, wen sie in welcher Höhe in Anspruch nehmen kann.

Lösung

1. Teil: Ansprüche des X wegen der Verbindlichkeiten i.H.v. DM 1.200, – aus der Zeit vor dem 1.3.1993

A. *Ansprüche der X gegen P aus § 433 Abs. 2 BGB*

Die X könnte von P die DM 1.200, – unter den Voraussetzungen des § 433 Abs. 2 BGB verlangen.
I. Der Anspruch ist mit den Lieferungen der X an P i.H.v. DM 1.200, – entstanden.
II. Fraglich ist jedoch, ob der Anspruch nicht wieder erloschen ist.
1. Erloschen wäre der Anspruch, wenn die Voraussetzungen einer befreienden Schuldübernahme nach § 414 oder § 415 Abs. 1 vorliegen würden.
In der bloßen rein tatsächlichen Geschäftsübernahme ist jedoch keine (auch nicht stillschweigende) Erklärung des M an die X oder an den P zu sehen, die Schulden des letzteren übernehmen zu wollen (vgl. *Baumbach/Duden/Hopt*, § 25 Rn 3 B).
2. Der Anspruch der X gegen P könnte aber mit der am 1.9.1993 erfolgten Geschäftsübernahme durch M gemäß § 25 Abs. 1 Satz 1 erloschen sein, wonach der Erwerber unter den dort genannten Voraussetzungen für die bisherigen Verbindlichkeiten des früheren Inhabers haftet.
Als Fall eines gesetzlichen Schuldbeitritts ordnet § 25 Abs. 1 Satz 1 als Rechtsfolge jedoch lediglich eine Gesamtschuldnerschaft zwischen Neuerwerber und früherem Inhaber an, so daß der P unabhängig davon, ob die Voraussetzungen des § 25 Abs. 1 hier gegeben sind, weiterhin für die bisherigen Schulden i.H.v. DM 1.200, – haften würde (arg. e § 26).
3. Der Anspruch der X gegen P ist wegen der Geschäftsübernahme seitens des M auch nicht gemäß § 419 Abs. 1 BGB, welcher neben § 25 Abs. 1 grundsätzlich anwendbar bleibt (*Baumbach/Duden/Hopt*,

§ 25 Rn 19), erloschen, da § 419 Abs. 1 BGB wie § 25 Abs. 1 lediglich eine Gesamtschuldnerschaft zwischen Veräußerer und Erwerber anordnet, so daß das zu I.2. Gesagte entsprechend gilt.
4. Der Anspruch der X könnte aber gemäß § 362 Abs. 1 BGB dadurch erloschen sein, daß der M mit der Übergabe der DM 300, – an deren Vertreter V am 10.10.1993 die Voraussetzungen des § 267 Abs. 1 BGB erfüllt hat.
a. Die erste Voraussetzung des § 267 Abs. 1 BGB ist dabei zunächst, daß der Schuldner nicht in Person zu leisten hat. Dies war hier der Fall, da die Geldschuld des P keine höchstpersönliche Leistungsverpflichtung darstellt.
b. Ferner müßte M als Dritter iSv § 267 Abs. 1 BGB geleistet haben, also in der Absicht, die fremde Schuld des P zu tilgen.

Diese Absicht fehlt jedoch demjenigen, der nur in Erfüllung einer eigenen Verbindlichkeit tätig wurde; so gesehen könnte sich der M auf den Standpunkt stellen, er habe wegen seiner am 1.3.1993 abgegebenen – evtl. als Bürgschaft, kumulativer Schuldbeitritt oder Garantievertrag auszulegenden – Erklärung für die Zahlung der DM 300, – geradezustehen, eine eigene Verpflichtung und nicht die des P tilgen wollen.

Doch kommt es für § 267 Abs. 1 BGB nicht auf den inneren Willen des Leistenden, sondern darauf an, wie der Gläubiger das Verhalten verstehen durfte.

Im vorliegenden Fall konnte der V als Vertreter der X das Verhalten des M den Umständen nach, insbesondere weil die Geschäftsübernahme nicht offenbart worden war, nur so deuten, daß dieser mit der wortlosen Übergabe der DM 300, – auf eine Schuld des P zahlen wolle.

Somit hat M als Dritter iSv § 267 Abs. 1 BGB gehandelt.
c. M hat als Dritter auch die Leistung i.H.v. DM 300, – bewirkt, wobei zwischen ihm und V das Verbot der Teilleistung nach § 266 BGB zumindest stillschweigend abbedungen wurde.
d. Problematisch ist jedoch, ob der M die DM 300, – auf die vor dem 1.3.1993 gegründete Schuld i.H.v. DM 1.200, – oder auf die Verbindlichkeit des P vom 1.3.1993 i.H.v. DM 300, – zahlen wollte.

Da M keine Tilgungsbestimmungen getroffen hat, gelten die DM 300, – gemäß § 366 Abs. 2 BGB auf die ältere Schuld des P i.H.v. DM 1.200, – eingezahlt.

Ergebnis: Da mit der Zahlung durch M die Schuld des P von DM 1.200, – i.H.v. DM 300, – erloschen ist (§§ 362 Abs. 1, 267 Abs. 1 BGB), kann die X von P nur DM 900, – verlangen.

B. *Ansprüche der X gegen M*

I. aus §§ 419 Abs. 1, 433 Abs. 2 BGB
Die X könnte von M die DM 1.200,– evtl. gemäß §§ 419 Abs. 1, 433 Abs. 2 BGB verlangen.
Dies setzt zunächst voraus, daß der M mit dem Tankstellengeschäft objektiv das gesamte oder nahezu das ganze Vermögen des P übernommen hat.
Im vorliegenden Fall war die Tankstelle aber weder das einzige Vermögen des P noch dessen wesentlicher Bestandteil, denn P besaß ja immerhin noch ein Privatvermögen von DM 2.000,– .
Ergebnis: Damit scheidet ein Anspruch der X gegen M aus § 419 Abs. 1 BGB aus.

II. aus § 25 Abs. 1 Satz 1, HGB iVm § 433 Abs. 2
Die X könnte von M die DM 1.200,– aber unter den Voraussetzungen der §§ 25 Abs. 1 Satz 1 HGB, 433 Abs. 2 BGB verlangen.
1. Voraussetzung für § 25 Abs. 1 ist zunächst der Erwerb eines Handelsgeschäfts unter Lebenden.
a. Unter Erwerb versteht man dabei die rein tatsächliche Übernahme auf Zeit oder Dauer unabhängig von der rechtlichen Wirksamkeit. Diese Bedingung war mit der am 1.9.1993 erfolgten Geschäftsübernahme durch P gegeben.
b. Das erworbene Handelsgeschäft muß aber ein vollkaufmännisches sein, da § 25 Abs. 1 Satz 1 die Fortführung unter bisheriger Firma verlangt, die Vorschriften hierüber jedoch nach §§ 4 Abs. 1, 17 Abs. 1 nicht für Minderkaufleute gelten, es sei denn, der Veräußerer eines Minderhandelsgewerbes wäre im Handelsregister eingetragen (§ 5). Diese Voraussetzungen lagen hier jedoch nicht vor, da P lediglich ein minderkaufmännisches Gewerbe betrieb und dieses im Handelsregister auch nicht eingetragen war.
III. aus § 25 Abs. 1 Satz 1 analog
In Betracht könnte jedoch ein Anspruch der X auf DM 1.200,– aus § 25 Abs. 1 Satz 1 analog kommen.
1. Eine analoge Anwendung des § 25 Abs. 1 Satz 1 setzt zunächst eine planwidrige Regelungslücke hinsichtlich der Haftung des Erwerbers eines minderkaufmännischen Handelsgewerbes voraus.
a. Eine Regelungslücke liegt vor, denn die Haftung des Erwerbers eines Minderhandelsgewerbes ist weder im Gesetz noch durch Gewohnheitsrecht geregelt.
Diese Lücke wird auch nicht durch eine evtl. gegebene Haftung aus allgemeinen Rechtsscheinsgrundsätzen geschlossen, da dieses

Rechtsprinzip gleich einer Analogie schon ergänzende Funktion besitzt (*K. Engisch*, Einführung in die juristische Methode, S. 137).
b. Die Planwidrigkeit dieser Lücke scheint zwar wegen der vom Gesetzgeber für die Haftung aus § 25 Abs. 1 Satz 1 vorausgesetzten Fortführung der Firma und angesichts der Tatsache, daß nach § 4 Abs. 1 die Vorschriften über die Firma nicht für minderkaufmännische Handelsgewerbe gelten, eher zu verneinen sein; solange jedoch der Charakter des § 25 Abs. 1 als firmenrechtliche oder unternehmensrechtliche Norm nicht eindeutig geklärt ist, läßt sich eine planwidrige Lücke nicht mit Sicherheit verneinen.
2. Entscheidend für eine analoge Anwendung des § 25 Abs. 1 Satz 1 auf den Erwerb eines minderkaufmännischen Gewerbes muß daher die Frage sein, welche sachliche Bedeutung der Firmenfortführung nach Sinn und Zweck dieser Vorschrift für die Haftung zukommt.

Über diesen besteht jedoch heftigster Streit, wobei sich insbesondere folgende Ansichten herausgebildet haben.
a. Nach einer Ansicht (sog. „Erklärungtheorie"), welche sich um eine rechtsgeschäftliche Begründung der Haftung aus § 25 Abs. 1 bemüht, soll in der Fortführung der Firma die Willenserklärung liegen, für die Schulden der Veräußerers kumulativ einzustehen (so *Säcker*, ZGR 1973, 261, 272; teilweise auch die Rechtsprechung: BGH NJW 1982, 577).

Demzufolge würde sich nach dieser Ansicht eine analoge Anwendung des § 25 Abs. 1 verbieten, weil die Firmenfortführung haftungsbegründendes Merkmal für die Haftung nach § 25 Abs. 1 ist.
b. Zum gleichen Ergebnis kommt jene Ansicht, die den Grund der Haftung nach § 25 Abs. 1 in dem durch die Fortführung der Firma erweckten Anschein sieht, daß ein Inhaberwechsel nicht stattgefunden hat oder daß der neue Inhaber für die bisherigen Schulden haftet (*Nickel*, NJW 1981, 102). Somit würde auch hiernach die analoge Anwendung des § 25 daran scheitern, daß die Firmenfortführung unabdingbares Erfordernis einer Haftung aus § 25 Abs. 1 ist.
c. Einen gänzlich anderen Ansatz wählen jene, die den Grund für die Haftung aus § 25 Abs. 1 in dem Zusammengehörigkeitsgedanken von Aktiva und Passiva, wie er dem § 419 BGB zugrunde liegt, sehen (*Schricker*, ZGR 1972, 150 f).

Jedoch wäre auch nach dieser Ansicht eine analoge Anwendung des § 25 Abs. 1 auf Minderhandelsgewerbe nicht möglich, da Aktiva und Passiva nach außen nur dann als zusammengehörend erscheinen, wenn gerade die Firma im Rechtssinne fortgeführt wird.

d. Von der sog. „Haftungskontinuität als unternehmensrechtliches Prinzip" geht *K. Schmidt* (ZHR 145 (1981) 2 ff; ders., Handelsrecht, 3. Aufl., 1987, S. 213) aus; gemeint ist dabei, daß die Verbindlichkeiten mangels Rechtsfähigkeit des Unternehmens zwar nicht dieses treffen können, aber gerade deswegen den jeweiligen Unternehmensträger.

Die §§ 25 und 28 sind nach *K. Schmidt* Elemente eines einheitlichen Konzepts, wonach die Fortführung des identischen Unternehmens zur kontinuierlichen Haftung des jeweiligen Unternehmensträgers führt.

Nach dieser Ansicht liegt also nicht in der Firmen-, sondern der Unternehmensidentität der eigentliche Haftungsgrund, so daß demnach die analoge Anwendung des 25 Abs. 1 auf Minderhandelsgewerbe ohne weiteres gerechtfertigt ist.

Zum gleichen Ergebnis kommt *U. Hüffer*, der in der Firmenfortführung lediglich ein Indiz für die von § 25 Abs. 1 zu schützende Erwartung des Verkehrs sieht, daß das Unternehmen trotz Inhaberwechsel identisch sei (vgl. *Staub*, Kommentar zum HGB, § 25 Rn 84, 85).

e. Da die einzelnen Meinungen zu unterschiedlichen Ergebnissen führen, ist eine Entscheidung darüber, welcher von ihnen zu folgen ist, notwendig (unabhängig von den einzelnen dogmatischen Schwächen zur Erklärung des „Warum" der Haftung aus § 25 Abs. 1).

Für eine analoge Anwendung des § 25 Abs. 1 auf den Erwerb eines minderkaufmännischen Gewerbes spricht zunächst einmal die Tatsache, daß die Firma – unabhängig davon, ob sie auch eine im rechtlichen Sinn ist – im Verkehr vielfach als die eigentliche Trägerin der im Betrieb begründeten Rechte und Pflichten angesehen wird.

Ferner gibt es einige Fälle, in denen die Nichtanwendung des § 25 Abs. 1 zu ziemlich kuriosen Ergebnissen führt (vgl. nur die von *K. Schmidt* angeführten Beispiele). Gegen die analoge Anwendung spricht jedoch der mit § 4 Abs. 1 verfolgte Zweck, den Minderkaufmann vor gewissen Gefahren des vollkaufmännischen Verkehrs zu schützen.

Darüber hinaus ist der Minderkaufmann ja auch gar nicht registerpflichtig, so daß er mithin auch gar nicht auf den Gedanken zu kommen braucht, einen etwaigen Haftungausschluß gemäß § 25 Abs. 2 eintragen zu lassen. Letztlich sprechen gegen die Analogie der eindeutige Wortlaut sowie ferner die systematische Stellung des § 25 im 3. Abschnitt „Handelsfirma".

Ergebnis: Damit entfällt ein Anspruch der X aus § 25 Abs. 1 Satz 1 analog.

IV. aus allgemeiner Rechtsscheinshaftung
Die X könnte von M die DM 1.200, – evtl. entsprechend den allgemeinen Rechtsscheinsgrundsätzen verlangen, weil der M die ursprüngliche Geschäftsbezeichnung des P weitergeführt hat.
1. Dann müßte der M mit diesem Verhalten zurechenbar den Rechtsschein gesetzt haben, er sei Vollkaufmann.
Ob jedoch in der Fortführung der Geschäftsbezeichnung „Walter Pilz, Treibstoffe" ein derartiger Rechtsschein zu sehen ist, bleibt trotz der indiziellen Wirkung für das Vorliegen eines vollkaufmännischen Unternehmens fraglich, da auch Minderkaufleute selbstverständlich unter ihrem Namen im Handelsverkehr auftreten können und allein die firmenrechtliche Unzulässigkeit nicht den Rechtsschein eines Vollkaufmannes erzeugt.
2. Darüber hinaus fehlt – selbst bei Unterstellung des o.g. Rechtsscheins – eine Vermögensdisposition, die der X im Vertrauen hierauf getroffen hat.
Ergebnis: Damit entfällt eine Haftung des M aus allgemeiner Rechtsscheinhaftung.

2. Teil: Ansprüche der X wegen der Bestellung vom 1.3.1993
         i.H.v. DM 300, –

A.   *Ansprüche der X gegen P aus § 433 Abs. 2 BGB*

Die X kann von P die DM 300, – verlangen, wenn die Voraussetzungen des § 433 Abs. 1 BGB gegeben sind.
I. Laut Sachverhalt ist eine Einigung zwischen V als Vertreter der X und M über die Bestellung von Schmierstoffen im Wert von DM 300, – zustande gekommen.
Die diesbezügliche Erklärung des M würde aber nur dann für und gegen P wirken, falls die Voraussetzungen einer wirksamen Stellvertretung gemäß § 164 Abs. 1 BGB gegeben sind.
1. Dies setzt zunächst voraus, daß der M bei Abgabe der Erklärung in fremden Namen gehandelt hat.
Vorliegend hat der M zwar nicht ausdrücklich im Namen des P gehandelt, jedoch ergibt sich dies eindeutig aus dem Umstand, daß

die Bestellung in dessen Geschäft erfolgte, § 164 Abs. 1 Satz 2 BGB. Somit hat M die Erklärung im Namen des P abgegeben.
2. Der M hat laut Sachverhalt ferner auch die hierzu erforderliche Vertretungsmacht gehabt, so daß der Anspruch der X gegen M auf Zahlung von DM 300,– gemäß § 433 Abs. 2 entstanden ist.
II. Der Anspruch ist nicht erloschen und auch durchsetzbar.
Ergebnis: Die X kann von M DM 300,– gemäß § 433 Abs. 2 BGB verlangen

B. *Ansprüche der X gegen M*

I. aus § 25 Abs. 1 Satz 1 bzw. 25 Abs. 1 Satz 1 analog
Eine Haftung des M wegen der Übernahme des Geschäftes von P aus § 25 Abs. 1 Satz 1 oder § 25 Absatz 1 Satz 1 analog scheidet aus den oben genannten Gründen aus.
II. aus allgemeinen Rechtsscheinsgrundsätzen
Der M muß für die Zahlung der DM 300,– auch nicht nach allgemeinen Rechtsscheinsgrundsätzen haften (s.o. 1. Teil B).
III. aus § 765 Abs. 1 BGB
Die X könnte von M die DM 300,– jedoch evtl. aus § 765 Abs. 1 BGB verlangen.
1. Dann müßte zwischen den Parteien eine Einigung mit dem Inhalt des § 765 Abs. 1 BGB erzielt worden sein.
   Ein Angebot zum Abschluß eines Bürgschaftsvertrages könnte in der Erklärung des M gegenüber V als Vertreter der X zu sehen sein, für die Zahlung der DM 300,– geradezustehen. Ob es sich hierbei jedoch inhaltlich tatsächlich um ein Bürgschaftsversprechen handelt, muß durch Auslegung ermittelt werden; § 133 BGB. Denn außer einer Bürgschaft kommen als weitere Sicherungsgeschäfte noch ein Garantievertrag sowie ein Schuldbeitritt in Betracht.
a. Der Garantievertrag ist dabei ein im Gesetz nicht geregelter, aber aufgrund der Vertragsfreiheit nach § 305 BGB zulässiger Vertrag, in welchem der Garant die Verpflichtung übernimmt, dafür einzustehen, daß ein bestimmter Erfolg eintritt, oder für einen dem Gläubiger drohenden Schaden zu haften. Der Garantievertrag ist demnach also nicht akzessorisch, d.h. der Garant will für die Schadloshaltung des Gläubigers selbst dann einstehen, wenn die Hauptverbindlichkeit nicht entstanden ist.
   Demgegenüber hat der Bürge für die Erfüllung der Verbindlichkeit eines Dritten einzustehen, wobei die Bürgschaft in Bestand und Umfang akzessorisch zu der Hauptverbindlichkeit ist.

Für die Frage, ob im Einzelfall ein Garantieversprechen oder eine Bürgschaft gewollt ist, kann ein eigenes wirtschaftliches Interesse des Versprechenden an der Erfüllung der Hauptschuld oder an der Leistung des Garantienehmers einen Anhaltspunkt für eine Garantie darstellen (vgl. *Mössbauer*, BB 1988, 671).
b. Der Schuldbeitritt ist dagegen die nach § 305 BGB zulässige freiwillige Begründung einer Gesamtschuldnerschaft, §§ 421 ff BGB, die im Gegensatz zur Bürgschaft nur in der Entstehung, nicht aber im Tatbestand bzw. in der Durchsetzbarkeit von der Hauptforderung akzessorisch ist, es sei denn, daß bezüglich der Hauptforderung gesamtwirkende Umstände iSd §§ 422 – 424 BGB eintreten.

Ein eigenes wirtschaftliches oder auch rechtliches Interesse des Verpflichteten kann einen Anhaltspunkt für das Vorliegen eines Schuldbeitritts geben (BGH WM 1985, 580).
c. Im vorliegenden Fall hat der M insoweit ein eigenes wirtschaftliches Interesse an der Erfüllung der dem P obliegenden Verpflichtung, als er beabsichtigt, dessen Tankstellengeschäft später zu übernehmen. Damit scheidet ein Bürgschaftsversprechen aus, so daß nur ein Garantievertrag oder Schuldbeitritt in Frage kommt, wobei hier letzterem der Vorzug zu geben ist, da M nur dann für die DM 300, – geradestehen wollte, wenn diese Schuld des P auch tatsächlich entstanden war.
Ergebnis: Die X hat keinen Anspruch aus § 765 Abs. 1 BGB.

2. Wie oben zu III. dargelegt, kann die X die DM 300, – von M aber aus einem Schuldbeitritt verlangen (§ 305 BGB).

3. Teil: Ansprüche der X wegen
der Bestellung vom 11.10.1993 i.H.v. DM 500, –

A. *Ansprüche der X gegen P aus § 433 Abs. 2 BGB*

Die X könnte von P die DM 500, – unter den Voraussetzungen des § 433 Abs. 2 BGB verlangen.
I. Die von V als Vertreter der X und dem M erzielte Einigung über die Warenbestellung von DM 500, – würde für und gegen P nur unter den Voraussetzungen des § 164 Abs. 1 BGB wirken.
1. Dann müßte M zunächst im Namen der P gehandelt haben.

Vorliegend hat der M, welcher inzwischen das Geschäft des P ohne Verlautbarung übernommen hatte, zwar nicht ausdrücklich in

dessen Namen gehandelt; ein Handeln im Namen des P ergibt sich jedoch, wie oben bei 2. Teil A I 1, gemäß § 164 Abs. 1 Satz 2 BGB.
2. M müßte aber weiterhin auch die erforderliche Vertretungsmacht gehabt haben.
a. Eine von P erteilte Vollmacht (§ 166 Abs. 2 BGB) des M scheidet laut Sachverhalt aus.
b. Ebenfalls kommt keine Duldungsvollmacht in Betracht, denn P ließ es nicht wissentlich geschehen, daß M für ihn auftrat.
c. Möglicherweise liegen aber die Voraussetzungen einer Anscheinsvollmacht vor.

Eine solche ist gegeben, wenn der Vertretene das Handeln des angeblichen Vertreters zwar nicht kennt, es aber bei pflichtgemäßer Sorgfalt hätte erkennen und verhindern können und letztlich der Geschäftsgegner nach Treu und Glauben annehmen durfte, der Vertretene dulde das Handeln seines Vertreters.

Im vorliegenden ist dem P das Handeln des M insoweit zuzurechnen, als er weder selbst noch den M zu einer Verlautbarung der Geschäftsübernahme veranlaßt hat. Da ferner der V als Gutgläubiger im Vertrauen auf diesen Rechtsschein den Vertrag abgeschlossen hat, liegen die Voraussetzungen der Anscheinsvollmacht vor.
d. Fraglich aber ist, welche Rechtsfolge sich hieraus ergibt.

Nach h.M. (vgl. *Palandt/Heinrichs* § 173 Rn 17) steht die Anscheinsvollmacht in ihren Wirkungen der rechtsgeschäftlichen Vollmacht gleich, so daß P folglich auf Erfüllung, hier die DM 500,–, haften würde. Nach einer Mindermeinung dagegen soll die Anscheinshaftung lediglich zu einer Haftung auf das Vertrauensinteresse aus cic führen (vgl. *Medicus*, Bürgerliches Recht 16. Auflage, 1993 Rn. 100 ff).

Als Begründung hierfür wird dabei angeführt, daß im Gegensatz zur Duldungsvollmacht bei der Anscheinsvollmacht lediglich Nachlässigkeit vorliege, welche aber noch keine Willenserklärung enthalte.

Da jedoch nach den meisten Autoren dieser Mindermeinung ausnahmsweise dann die Haftung aus cic auf das Erfüllungsinteresse geht, wenn es sich, wie hier, um einen Fall der Anscheinsvollmacht im Handelsrecht handelt (vgl. Medicus aaO, Rn 101, 106), kann eine Entscheidung dieses Meinungsstreits dahinstehen.

Ergebnis: Die X kann damit die DM 500,– nach h.M. aus § 433 Abs. 2 BGB und nach der Mindermeinung aus cic verlangen.

B. *Ansprüche der X gegen M*
I. aus § 179 Abs. 1 BGB
Eine evtl. Haftung des M aus § 179 Abs. 1 BGB würde zunächst voraussetzen, daß dieser bei Vertragsschluß als vollmachtloser Vertreter gehandelt hat.
Da der M – wie oben gezeigt – jedoch Anscheinsvollmacht hatte, welche nach h.M. der rechtsgeschäftlichen Vollmacht gleicht, läge diese Voraussetzung an sich nicht vor.
Fraglich ist indes, ob nicht der entsprechend der Anscheinsvollmacht gewährte Vertrauensschutz zur Disposition des Geschäftsgegners steht mit der Folge, daß die X wahlweise entweder unter Berufung auf die Anscheinsvollmacht gegen den P aus § 433 Abs. 2 BGB vorgeht oder falls sie dies nicht tut, von M die DM 500,– gemäß § 179 Abs. 1 BGB herausverlangt, wobei letztere Möglichkeit wegen der Zahlungsschwierigkeit des P die interessantere wäre. Für eine solche Dispositionsmöglichkeit des Geschäftsgegners könnte ein Vergleich (Gesetzesanalogie) zu den §§ 407 BGB und § 15 sprechen; denn sowohl bei § 407 BGB steht es dem Schuldner frei, sich auf den ihm gewährten Schutz oder die wahre Rechtslage zu berufen, als auch bei § 15 der Dritten nach dem sog. Prinzip der „Meistbegünstigung". Gegen eine derartige Dispositionsmöglichkeit sprechen jedoch folgende Tatsachen:
Zum einen geht der Vergleich mit § 407 BGB insoweit ins Leere, als § 407 BGB den Schuldner, die Anscheinsvollmacht aber den Gläubiger schützen will.
Andererseits würde eine Analogie zu § 15 im vorliegenden Fall dem Schutzzweck des § 4 Abs. 1 widersprechen, da P und M als Minderkaufleute gar nicht registerpflichtig waren.
Ferner besteht für eine Haftung des M aus § 179 Abs. 1 BGB keinerlei Bedürfnis, wenn schon der P aus Vertrag haftet.
Letztlich ausschlaggebend muß aber die Erwägung sein, daß bei Annahme einer Dispositionsmöglichkeit des Geschäftsgegners der bloße Rechtsschein der Anscheinsvollmacht eine weitergehende Wirkung erzeugen würde, als wenn P den M tatsächlich bevollmächtigt hätte.
Ergebnis: Damit scheidet ein Anspruch der X gegen M gemäß § 179 Abs. 1 BGB aus. Diejenigen Bearbeiter, die sich vorher nur für eine Haftung aus cic bei der Anscheinsvollmacht entschlossen haben, müssen hier zur Haftung aus § 179 BGB kommen, wobei dann das Verhältnis des Anspruchs aus § 179 Abs. 1 BGB gegen M zu dem gegen P aus cic fraglich ist.

II. aus cic
Die X könnte von DM die DM 500, – evtl. aus cic verlangen.
1. Dann müßte zwischen X und M ein vorvertragliches Schuldverhältnis bestanden haben.
Führt ein Vertreter des Geschäftsherrn die Vertragsverhandlungen oder nimmt jemand als Sachwalter für den Geschäftsherrn Aufgaben wahr, so wird ausnahmsweise nicht der Geschäftsherr, sondern der Vertreter oder Sachverwalter Partner des vorvertraglichen Schuldverhältnisses, wenn gerade ihm besonderes Vertrauen entgegengebracht wird oder er bei wirtschaftlicher Betrachtungsweise in Wahrheit Partei ist.
Vorliegend war der M als Vertreter des P bei wirtschaftlicher Betrachtungsweise die eigentliche Vertragspartei, da er im Sommer 1993 das Geschäft des P übernommen hatte. Damit ist zwischen ihm und der X ein vorvertragliches Schuldverhältnis zustande gekommen.
2. Der M hatte auch gemäß § 242 BGB die Pflicht, den V als Vertreter der X darüber aufzuklären, daß er inzwischen das Geschäft des P übernommen hatte. Diese Pflicht hat M auch zumindest fahrlässig verletzt.
Ergebnis: X kann von M die DM 500, – aus cic iVm §§ 249 ff BGB verlangen

2. Klausur

Der Bäckermeister Broll aus München, der Inhaber einer Großbäckerei ist, möchte sein Warenangebot erweitern. Er beabsichtigt, gefüllte Königin-Pastetchen herzustellen. Er wendet sich an die Formosa-Import-GmbH, Bremen, mit der Bitte, ihn über die Bezugsmöglichkeiten von Champignons zu informieren. Der Geschäftsführer der GmbH sagt zu, zur Vorbereitung eines Geschäftsabschlusses den regional zuständigen Sachbearbeiter Marler vorbeizuschicken.

Marler besucht daraufhin Broll und empfiehlt diesem die Formosa-Import-GmbH als besonders sorgfältige Lieferantin von Champignons. Er stehe mit dieser Firma schon seit Jahren in Kontakt und vermittle ihr vereinbarungsgemäß laufend Geschäftsabschlüsse. Marler verläßt Broll mit der Bemerkung, die Preise müsse Broll selbst mit der Formosa-Import-GmbH aushandeln. Auch zur Entgegennahme von Bestellungen sei er nicht befugt.

Broll verhandelt daraufhin mehrfach mit dem Prokuristen der Formosa-Import-GmbH über die Konditionen der Lieferung von Champignons. Dabei wird insbesondere über Preise und Quantitäten gesprochen. Broll entschließt sich am 20. Dezember 1993, 300 Kisten à 10 Dosen zu bestellen. Dies teilt Broll dem Prokuristen telefonisch mit, worauf dieser erwidert, er nehme die Bestellung vorbehaltlich einer schriftlichen Bestätigung seitens seiner Firma an. Am 23. Dezember 1993 erhält Broll folgendes Schreiben von der Formosa-Import-GmbH:

„Wir bestätigen Ihnen unsere telefonische Absprache über Lieferung von 300 Kisten à 10 Dosen zum vereinbarten Preis von 9,- DM pro Dose, zuzüglich Frachtkosten zu ihren Lasten, und werden die Lieferung umgehend veranlassen. Es gelten die beigefügten Allgemeinen Geschäftsbedingungen. Aushändigung der Ware gegen Dreimonatsakzept."

In den allgemeinen Geschäftsbedingungen heißt es unter anderem:

„Die Ware wird, wie bemustert, gesund und handelsüblich geliefert. Mängelrügen müssen, sofern nicht kürzere Fristen üblich sind, innerhalb von 6 Tagen nach Empfang der Ware erfolgen. Ansprüche auf Wandlung, Nachbesserung, Nachlieferung und Schadensersatz sind ausgeschlossen. Bei vom Verkäufer zu vertretenden Mängeln steht dem Kunden ein Minderungsrecht zu."

Broll ist über dieses Schreiben verwundert, da er davon ausgeht, daß ursprünglich die Einbeziehung von Allgemeinen Geschäftsbedingungen nicht vereinbart worden sei und die Frachtkosten zu Lasten der Formosa-Import-GmbH gehen sollten. Da er sich aber nicht ganz sicher ist, entschließt er sich, zunächst einmal die Lieferung abzuwarten.

Ende Januar werden anstelle der vereinbarten 300 nur 200 Kisten geliefert. Broll öffnet zur Kontrolle der Qualität einige Dosen und prüft die Ware geruchlich und geschmacklich. Nachdem er sie für gut befindet, unterschreibt er als Bezogener einen Wechsel (Dreimonatsakzept) über 18.000,- DM, der von der Formosa-Import-GmbH ausgestellt worden ist. Er übergibt diesen an den Frachtführer, der ihn an die Formosa-Import-GmbH weiterleitet.

Als Broll nach zwei Wochen bei Beginn seiner Pastetchenproduktion die Saucen zusammenkocht, muß er feststellen, daß der überwiegende Teil der Champignons einen ekelerregenden Geschmack und Geruch entwickelt, der erst durch den Kochvorgang entdeckt werden konnte. Die Champignons sind ungenießbar. Broll ruft am gleichen Nachmittag bei Marler an, wobei er sich erregt beschwert:

„Ich habe Pilze bestellt, hingegen nicht diesen ungenießbaren Mist! Ich werde den Wechsel sofort sperren lassen und fechte das ganze Geschäft an!"
Als der Geschäftsführer der Formosa-Import-GmbH kurze Zeit danach hiervon durch Marler erfährt, erhebt er vor dem Landgericht München durch Rechtsanwalt Rau im Namen der Formosa-Import-GmbH gegen Broll Klage auf Bezahlung des Kaufpreises von 18.000,- DM nebst Frachtkosten mit dem Hinweis, Broll habe die Ware als Erfüllung angenommen. Broll wendet sich gegen die Klage. Er erwägt, im Wege der Widerklage die Herausgabe des Wechsels zu erreichen.

Vermerk für den Bearbeiter: In einem Gutachten sind die Erfolgsaussichten der Klage und der von Broll beabsichtigten Widerklage zu erörtern. Hierbei ist auf alle aufgeworfenen Rechtsfragen einzugehen. Des weiteren ist die Frage zu prüfen, ob Marler ein Provisionsanspruch gegen die Formosa-Import-GmbH zusteht.

Lösung

1. Teil: Die Klagen der
Formosa-Import-GmbH (F-GmbH) gegen Broll (B)

A. Zulässigkeit der Klage auf Zahlung des Kaufpreises
I. Allgemeine Prozeßvoraussetzungen
1. Von einer ordnungsgemäßen Klageerhebung gemäß § 253 Abs. 1 und 2 ZPO ist auszugehen.
2. Örtliche Zuständigkeit: Gemäß §§ 12, 13 ZPO ist München als Wohnsitz des beklagten B allgemeiner Gerichtsstand. Auch aus § 29 ZPO i. V. m. §§ 269 Abs. 1, 270 Abs. 4 BGB folgt München als besonderer Gerichtsstand des Erfüllungsortes, da die streitgegenständliche Geldforderung am Wohnsitz des Schuldners B zu erfüllen ist.
3. Sachlich zuständig ist gemäß §§ 23 Nr. 1, 71 Abs. 1 GVG das Landgericht, da der Streitwert 10.000 DM übersteigt.
4. Funktionell kann die Klage vor der Kammer für Handelssachen gemäß § 95 Abs. 1 Nr. 1 GVG verhandelt werden, soweit dies die Klägerin nach § 96 Abs. 1 GVG beantragt.
5. Die F-GmbH ist als juristische Person (§ 13 Abs. 1 GmbHG) nach § 50 Abs. 1 ZPO parteifähig.
6. Die Klägerin muß sich aber durch ihren Geschäftsführer (gesetz-

licher Vertreter nach § 35 Abs. 1 GmbHG) vertreten lassen, da sie nicht prozeßfähig i. S. des § 51 Abs. 1 ZPO ist.
7. Die GmbH ist auch postulationsfähig, da sie gemäß § 78 Abs. 1 ZPO durch einen Rechtsanwalt vertreten wird.
II. Besondere Prozeßvoraussetzungen
Die besonderen Prozeßvoraussetzungen des Urkunds- bzw. Wechselprozesses (§§ 592 ff bzw. 602 ff ZPO) sind nicht zu beachten, da die Wechselforderung nicht geltend gemacht wird.

B. Begründetheit
Die Klage ist begründet, wenn die F-GmbH einen Anspruch auf Bezahlung von 18.000,- DM gegen B hat. Ein solcher Anspruch könnte sich aus § 433 Abs. 2 BGB ergeben.
I. Dazu müßte ein wirksamer Kaufvertrag zwischen der Klägerin und dem Beklagten zustandegekommen sein.
1. Eine Einigung zwischen B und Marler (M) wurde bei dessen Besuch bei B nicht erzielt. M lehnte einen Vertragsschluß ausdrücklich ab.
2. Ein Vertrag über 3.000 Dosen Champignons à 9,- DM könnte aber Mitte Dezember durch die telefonische Bestellung des B bei dem Prokuristen der F-GmbH zustande gekommen sein. Es liegt ein hinreichend bestimmtes Angebot (§ 145 BGB) des B vor, da seine Bestellung offenbar unter Bezugnahme auf die vorangegangenen Verhandlungen erfolgte. Eine Annahme (§ 146 BGB) durch den Prokuristen der F-GmbH, der in ihrem Namen handelte und sie nach § 164 Abs. 1 und 3 BGB i. V. m. § 48 Abs. 1 HGB vertreten kann, wäre wirksam, denn die Bestellung von Champignons gehört zu den außergerichtlichen Geschäften, die der Betrieb eines Handelsgewerbes mit sich bringt (§ 49 Abs. 1 HGB).
Problematisch ist aber, ob die Erklärung des Prokuristen wirklich eine Annahme i. S. d. § 146 BGB darstellt, da er nur unter dem Vorbehalt einer schriftlichen Bestätigung annimmt. Dies könnte gemäß §§ 133, 157 BGB als Ablehnung (noch keine Bindung gewollt), als Ankündigung der Annahme oder als abändernde Annahme (Hinzufügung einer Bedingung i. S. v. § 158 Abs. 1 BGB) verstanden werden:
a. Entscheidet man sich für eine *Ablehung*, so ist noch kein Vertrag zustande gekommen. Das dürfte hier die zutreffende Lösung sein, weil der Prokurist seiner Firma dadurch erkennbar die Möglichkeit zur Änderung von Nebenpunkten offenhalten bzw. sich erst Klarheit über die Marktpreise oder Liefermöglichkeiten verschaffen will.

(Vgl. RGZ 105, 8, 13 f.; *Palandt/Heinrichs*, BGB, 53. Auflage 1994, § 148 Rn 1; *Soergel/Wolf*, BGB, 12. Auflage 1988, vor § 158 Rn 28.).

b. Legt man den Bestätigungsvorbehalt als bloße *Ankündigung* einer schriftlichen Annahme aus (so *Erman/Hefermehl*, 9. Auflage 1993, § 150 Rn 3), so kommt man hier (und wohl auch sonst) dazu, daß das Angebot nach § 147 Abs. 1 BGB erlischt und das Schreiben somit ein neues Angebot ist. Auch nach dieser Variante liegt mit dem Telefonat kein Vertragsschluß vor.

c. Nimmt man hingegen eine *abändernde Annahme* an, so ist dies nach § 150 Abs. 2 BGB als Ablehnung verbunden mit einem Angebot zum Anschluß eines bedingt wirksamen Vertrags zu verstehen. Bedingung ist dann die schriftliche Bestätigung des mündlichen Vertrages.

(Ob es sich dabei wirklich um eine Bedingung i. S. v. § 158 Abs. 1 BGB handelt, ist strittig. Ein Teil der Lehre verneint dies, weil in Wahrheit noch keine Bindung gewollt sei, vgl. Soergel/Wolf vor § 158 Rn 28, während ein anderer Teil der Lehre die Zulässigkeit einer Wollensbedingung unter Berufung auf § 495 BGB bejaht, vgl. *Staudinger/Dilcher*, BGB, 12. Auflage 1979, vor § 158 Rn 17 oder anstelle einer Bedingung die Vereinbarung eines Gestaltungsrechts zulassen will, vgl. *Larenz*, AT, 7. Auflage 1989, § 25 I. Die Rechtsprechung lehnt zwar Wollensbedingungen als noch nicht bindend und damit unwirksam ab, RGZ 72, 385; 136, 132, 135, legt sie bei gegenseitigen Verträgen aber inkonsequent als zulässige Potestativbedingungen aus, vgl. RGZ 104, 98, 100; BGHZ 47, 387, 391).

Dann ist weiter zu prüfen, ob B dieses Angebot angenommen hat (vertretbar, obwohl der Sachverhalt nichts hergibt) und ob die schriftliche Bestätigung als Eintritt der Bedingung bewertet werden kann, obwohl sie zusätzliche Punkte enthält. Zumindest letzteres müßte man wohl ablehnen.

(Wer selbst das noch bejaht, muß dann weiter unten prüfen, ob der Vertrag durch die widerspruchslose Hinnahme des Bestätigungsschreibens abgeändert worden ist.)

Damit kommt man zu dem Ergebnis, daß bei jeder denkbaren Auslegung ein mündlicher Vertragsschluß bei dem Gespräch zwischen B und dem Prokuristen entweder nicht oder (wegen Bedingungsausfall) nicht wirksam zustande gekommen ist.

3. Ein Vertrag könnte aber durch das Schreiben von 23. 12. 1993 zustande gekommen sein. Nach der hier vertretenen Ansicht handelt es sich um ein neues Angebot i. S. v. § 145 BGB.

Allerdings hat B gegenüber der F-GmbH weder ausdrücklich

noch konkludent die Annahme erklärt. Da er überhaupt keine Annahme erklärt sondern geschwiegen hat, kann auch § 151 Satz 1 BGB nicht eingreifen. Schweigen ist keine Willenserklärung.

Möglicherweise kann B sein Schweigen aber *wie* eine Willenserklärung (Annahme) zugerechnet werden, wenn die Grundsätze über das kaufmännische Bestätigungsschreiben hier zur Anwendung kommen. Im kaufmännischen Verkehr gilt die widerspruchslose Entgegennahme von Bestätigungsschreiben über vorausgegangene Verhandlungen in der Regel als Annahme. Der Abschluß muß vorher nicht perfekt gewesen sein. Er wird dies durch das Schreiben, sofern kein unverzüglicher Widerspruch erfolgt. Das bedeutet, daß ein lediglich mündlich geschlossener Vertrag ergänzt oder noch nicht (ganz) abgeschlossene Vertragsverhandlungen beendet werden, so daß der Inhalt des Bestätigungsschreibens den maßgeblichen Vertragsinhalt darstellt (*Palandt/Heinrichs* § 148 Rn 18).

Zu prüfen ist daher, ob die Voraussetzungen des kaufmännischen Bestätigungsschreibens hier vorliegen:

(Siehe dazu *Palandt/Heinrichs* § 148 Rn 8 ff; MünchKomm/*Kramer*, 3. Auflage 1993, § 151 Rn 11 ff; *Erman/Hefermehl* § 147 Rn 5 ff; *Medicus*, Bürgerliches Recht, Rn 59 ff; *K. Schmidt*, Handelsrecht, § 18 III; *Baumbach/Duden/Hopt*, HGB, § 346 HGB 16 ff; *Heymann/Horn*, HGB, 1. Auflage 1990, § 346 HGB Rn 49 ff)

a. Es müssen (zumeist mündliche) Vorverhandlungen stattgefunden haben, bei denen inhaltlich eine Übereinkunft erzielt wurde. Dabei ist nicht erforderlich, daß wirklich ein Vertrag geschlossen wurde. Es reicht aus, daß das Bestätigungschreiben einen Vertrag als einen schon geschlossenen bestätigt und erkennbar den Zweck hat, das Ob und Wie eines Vertragsschlusses einem zukünftigen Streit zu entziehen. (MünchKomm/*Kramer* § 151 Rn 27; *K. Schmidt*, § 18 III 3 b; BGHZ 7, 187, 189 f). Dabei ist es auch ausreichend, wenn auf eine telefonische Offerte schriftlich geantwortet wird (BGHZ 54, 236, 240; 93, 338, 341.) Diese Voraussetzungen liegen hier ersichtlich vor.

b. Auf Adressatenseite ist erforderlich, daß der Empfänger entweder Kaufmann ist oder wie ein Kaufmann am Geschäftsleben teilnimmt. B ist Kaufmann gemäß § 1 Abs. 1, Abs. 2 Nr. 1 HGB, da er als Bäcker Rohwaren anschafft und diese als Fertigprodukte (Brot, Semmeln usw.) weiterveräußert (vgl. *Baumbach/Duden/Hopt* § 1 Rn 25).

Auf die Streitfrage, ob auch ein Minderkaufmann Empfänger sein kann (dazu differenzierend BGHZ 11, 1, 3 und *Baumbach/Duden/Hopt* aaO), kommt es hier nicht an, da Broll Inhaber einer Großbäckerei ist und damit nicht unter § 4 Abs. 1 HGB fällt.

c. Die F-GmbH ist nach § 6 Abs. 2 HGB i. V. m. § 13 Abs. 3 GmbHG Formkaufmann und damit geeigneter Absender für ein kaufmännisches Bestätigungsschreiben.

Somit kann auch die umstrittene Frage, ob der Bestätigende eine Privatperson sein kann (so *Baumbach/Duden/Hopt* § 346 Rn 19) oder gleiches wie auf Empfängerseite gilt (so *Palandt/Heinrichs* § 148 Rn 10; MünchKomm/*Kramer* § 151 Rn 45) hier offen bleiben.

d. Das Schreiben muß unmittelbar nach den Verhandlungen zugehen und erkennbar den Zweck verfolgen, das Ergebnis vorausgegangener Verhandlungen bzw. Vereinbarungen zu fixieren. Diese Voraussetzungen sind hier gewahrt.

e. Es darf auch kein unverzüglicher (Legaldefinition in § 121 Abs. 1 S. 1 BGB) Widerspruch gegen das Bestätigungsschreiben erhoben worden sein. Hier war B laut Sachverhalt zwar verwundert, aber einen Widerspruch hat er nicht erhoben.

f. Weiterhin darf der Absender nicht bewußt ein unzutreffendes Verhandlungsergebnis wiedergeben, subjektive Grenze. Ein solches arglistiges Verhalten ist dem Sachverhalt nicht zu entnehmen.

A. A. hinsichtlich der AGB vertretbar. Siehe unten.

g. Auch unterhalb der Schwelle arglistigen Verhaltens darf sich der Absender inhaltlich nicht so weit vom Verhandlungsergebnis entfernen, daß mit einen Einverständnis des Empfängers nicht gerechnet werden kann, bzw. keine neuen Bedingungen einführen, mit denen der Empfänger nicht zu rechnen braucht; objektive Grenze.

aa. Eine neue Bedingung, mit der B eventuell nicht zu rechnen brauchte, könnte die Belastung mit den Frachtkosten sein. Dieser Punkt war möglicherweise in den Verhandlungen so wie von B erinnert besprochen worden. Es ist aber typischer Inhalt eines Bestätigungsschreibens, diesen Punkt zu fixieren, um die beiderseitige Unsicherheit hinsichtlich solcher Nebenpunkte zu beseitigen. Nach § 448 Abs. 1 BGB sind Frachtkosten grundsätzlich auch vom Empfänger zu tragen. Daher liegt keine überraschende oder unzumutbare neue Bedingung vor.

bb. Die zusätzliche Erklärung der F-GmbH, auch einen Wechsel zu akzeptieren, stellt ebenfalls eine genehmigungsfähige neue Abrede dar, da sie zum einen im kaufmännischen Verkehr üblich ist und zudem eine Möglichkeit zu unbarer Zahlung eröffnet, die für den B nur günstig ist.

Zwischenergebnis: Mangels eines Widerspruchs ist durch das

kaufmännische Bestätigungsschreiben ein wirksamer Kaufvertrag zustande gekommen. Der Anspruch auf Zahlung des Kaufpreises nebst Frachtkosten ist damit entstanden.
II. Der Anspruch dürfte aber auch nicht erloschen sein.
1. Der Anspruch könnte durch die Hingabe des Wechsels gemäß §§ 362, 364 Abs. 1 BGB erloschen sein.
a. Die Wechselhingabe hat aber grundsätzlich keine Wirkung an Erfüllungs Statt, da lediglich eine neue Verbindlichkeit i. S. des § 364 Abs. 2 BGB geschaffen wird (*Palandt/Heinrichs* § 364 Rn 6; BGHZ 96, 182, 186.)
b. Etwas anderes würde nur gelten, wenn der Rückgriff auf die Kaufpreisforderung mit der Wechselhingabe ausgeschlossen werden sollte (*Palandt/Heinrichs* aaO). Davon ist hier aber nicht auszugehen.
c. Da die Hingabe des Wechsels hier nur eine Leistung erfüllungshalber ist, ist die Forderung damit nicht erloschen. Die Wechselhingabe bewirkt lediglich, daß die Kaufpreisforderung gestundet wird, bis die Erfüllung eingetreten ist oder feststeht, daß die Befriedigung aus dem Wechsel nicht möglich ist.

Da ein Wechsel – anders als ein Scheck – nicht gesperrt werden kann, kann sich B möglicherweise auf die Stundungseinrede berufen. Doch darauf käme es allenfalls an, wenn der Anspruch noch besteht und B ihn nicht zum Erlöschen bringen kann.

2. Die Forderung könnte aber durch Anfechtung gemäß § 142 Abs. 1 BGB erloschen sein.
a. Eine entsprechende Anfechtungserklärung nach § 143 Abs. 1 BGB liegt vor. Dabei ist auch unter Beachtung der §§ 133, 157 BGB von einer wirklich gewollten Anfechtung auszugehen.
b. Fraglich ist jedoch, ob Marler der richtige Adressat der Anfechtungserklärung war. Gemäß § 143 Abs. 2 BGB mußte die Anfechtung gegenüber der F-GmbH als Vertragspartnerin erfolgen. Marler gegenüber konnte die Erklärung nur dann wirksam abgegeben werden, wenn er nach §§ 164 Abs. 3 BGB i. V. m. § 91 Abs. 2 Satz 1 HGB Empfangsvollmacht für die GmbH hatte. (§ 91 Abs. 2 Satz 1 HGB gilt ausdrücklich auch für den Vermittlungshandelsvertreter.) Ob § 91 Abs. 2 Satz 1 HGB auch für die nicht erwähnten Anfechtungserklärungen gilt, ist umstritten. Ein Teil der Lehre beruft sich auf den Wortlaut und verneint die Frage (*Baumbach/Duden/Hopt* § 91 Rn 1 mit Verweis auf § 55 Rn 9), während die überwiegende Auffassung auf den Zweck der Vorschrift abstellt und die Frage zutreffen bejaht (*Heymann/Sonnenschein* § 91 Rn 7 mit Verweis auf § 55 Rn 17 m.

w. N.). Doch letztlich muß die Frage hier nicht entschieden werden, denn Marler berichtet dem Geschäftsführer kurze Zeit später von dem Anruf des Broll, so daß er zumindest als Erklärungsbote aufgetreten ist.
c. Die Anfechtung scheitert aber daran, daß kein Anfechtungsgrund vorliegt. Weder ein Irrtum gemäß § 119 Abs. 1 BGB noch ein Fall des § 123 BGB liegt vor. Und eine auf § 119 Abs. 2 BGB gestützte Anfechtung wegen Mangelhaftigkeit der Ware ist nicht möglich, weil die §§ 459 ff BGB jedenfalls nach Gefahrübergang vorrangig sind (*Palandt/Putzo*, vor § 459 Rn 9; *Medicus*, Bürgerliches Recht, Rn 342.). Beim Gattungskauf (kein Gefahrübergang mangels Konkretisierung! – vgl. *Soergel/Huber* § 480 Rn 11) gilt dasselbe ab Übergabe, weil sonst die Verjährungsvorschrift des § 477 Abs. 1 BGB unterlaufen werden könnte. (Im übrigen muß eine Anfechtung nach § 119 Abs. 2 BGB auch daran scheitern, daß keineswegs feststeht, daß *alle* Dosen der vereinbarten Gattung ungenießbare Pilze enthalten.) Es fehlt somit an einem Anfechtungsgrund.
III. Der Anspruch der F-GmbH müßte auch durchsetzbar sein.
1. Möglicherweise steht dem jedoch die Einrede des nichterfüllten Vertrags (§ 320 Abs. 1 BGB) entgegen.
a. Die Marler gegenüber erklärte Anfechtung läßt sich auch als Zahlungsverweigerung auslegen (§§ 133, 157 BGB) oder umdeuten (§ 140 BGB). Im Zweifel wird B die Einrede im Prozeß (gegebenenfalls nach Hinweis, § 139 ZPO) noch geltend machen.

Nach einer Mindermeinung ist § 320 Abs. 1 BGB schon von Amts wegen zu beachten (so *Esser/Schmidt*, Schuldrecht AT, 7. Auflage 1991, § 16 II 2 c; ähnlich *Larenz*, Schuldrecht I, 14. Auflage 1987, § 15 I). Wenn die F-GmbH im Zusammenhang mit dem im Sachverhalt geschilderten Hinweis auf die Annahme als Erfüllung auch die Mangelhaftigkeit der Ware und die Reaktion von Broll in den Prozeß eingeführt hat, muß das Gericht § 320 Abs. 1 BGB in jedem Fall beachten (vgl. MünchKomm/*Emmerich* § 320 Rn 43.)

b. Die Voraussetzungen des § 320 Abs. 1 BGB liegen aber nicht schon deswegen vor, weil die F-GmbH nur eine Teilleistung erbracht hat, obwohl sie nach § 266 BGB kein Recht dazu hatte. Denn wenn B die Ware dennoch annimmt, so muß er grundsätzlich zumindest diesen Teil als Erfüllung gegen sich gelten lassen, wie sich aus § 363 BGB ergibt.
c. B kann die Zahlung der eingeklagten 18.000,- DM auch nicht deswegen verweigern, weil die letzten 1.000 Dosen mit Champignons noch ausstehen. Dies ergibt sich allerdings nicht aus § 320 Abs. 2 BGB, der nur dann anwendbar wäre, wenn die F-GmbH den

Gesamtpreis von DM 27.000,- DM einklagen würde. Es ergibt sich aber daraus, daß B eine Teilleistung als Teilerfüllung angenommen hat und nur im Umfang der Teilleistung auf die Gegenleistung in Anspruch genommen wird. In diesem Fall zerfällt der Vertrag in zwei Teile und der Gläubiger ist zur Erbringung der entsprechend dem Umfang der Lieferung bemessenen Gegenleistung verpflichtet (vgl. MünchKomm/*Emmerich* § 320 Rn 37).
d. Die Einrede des § 320 Abs. 1 könnte B aber hinsichtlich dieses Teilanspruchs zustehen. Dazu müßte die *tatsächlich* erbrachte Teillieferung von 2.000 Dosen mit Champignons *rechtlich* als Nichterfüllung zu werten sein. Nach § 362 Abs. 1 BGB erlischt eine Forderung, wenn die *geschuldete* Leistung an den Gläubiger bewirkt wird. Nun hat die F-GmbH zwar 2.000 Dosen mit Champignons geliefert, doch war dies nicht die geschuldete Leistung, da die Champignons nicht von mittlerer Art und Güte waren, wie es § 243 Abs. 1 BGB vorschreibt. Der Erfüllungsanspruch des B auf Lieferung von 3.000 Dosen mit ordnungsgemäßen Champignons besteht daher nach wie vor (vgl. *Palandt/Heinrichs* § 362 Rn 2; Soergel/Huber vor § 459 Rn 157; a. A. *Palandt/Putzo* vor § 459 Rn 5.).
e. An sich könnte sich B daher auf § 320 Abs. 1 BGB berufen. Doch das Gesetz enthält in § 480 Abs. 1 Satz 2 BGB eine *modifizierende* Sonderregelung für den (Nach-) Lieferungsanspruch. Dieser kann nach Übergabe und Annahme einer mangelhaften Gattungssache nur noch nach Maßgabe der §§ 464 bis 466, des § 467 S. 1 und der §§ 469, 470, 474 bis 479 BGB geltend gemacht werden.
aa. Aus § 480 Abs. 1 Satz 2 i. V. m. § 478 Abs. 1 Satz 1 BGB könnte sich daher ergeben, daß die bis zur Lieferung der mangelhaften Gattungssache bestehende Einrede aus § 320 Abs. 1 BGB mit der Übergabe durch die allgemeine Mängeleinrede verdrängt wird. (Die allgemeine Mängeleinrede wird in § 478 Abs. 1 Satz 1 BGB zwar nicht näher beschrieben, aber als gegeben vorausgesetzt.) Dann könnte sich B wegen der Annahme der Champignons vorliegend nicht auf § 320 Abs. 1 BGB berufen (dafür anscheinend *Palandt/Putzo* vor § 459 Rn 5).
bb. Andererseits ist nicht einzusehen, warum der Käufer bei einem Fehler, der nicht sofort entdeckt werden kann, wie es hier der Fall ist, schlechter stehen soll, als bei einem offensichtlichen Fehler, der zur sofortigen Zurückweisung der Ware führt und ihm die Einrede des § 320 Abs. 1 BGB erhält. (Vgl. auch die Wertung in § 377 Abs. 2 HGB.) Diese Erwägung spricht dafür, dem Käufer die Einrede der nichterfüllten Vertrags bei einem nicht ordnungsgemäß erfüllten Gattungskauf auch nach Übergabe zu gewähren.

Zudem ist zu berücksichtigen, daß die Mängeleinrede sich ja nur auf die Rechte auf Wandelung und Minderung stützt, während dem Gattungskäufer zusätzlich noch der Erfüllungsanspruch zusteht. Und auf diesen Erfüllungsanspruch stützt sich die Einrede des nichterfüllten Vertrages. Dieses Nebeneinander zweier unterschiedlicher Einreden ist damit die logische Konsequenz des Nebeneinander von Erfüllungs- und Gewährleistungsansprüchen, wie es § 480 Abs. 1 Satz 1 BGB vorsieht. Diese Sichtweise überzeugt. § 320 Abs. 1 BGB ist hier anwendbar. (Vgl. RGRK/Ballhaus, 12. Auflage 1976, § 320 Rn 19; *Palandt/Heinrichs* § 320 Rn 9; *Soergel/Huber* § 480 Rn 16; *Soergel/Wiedemann* § 320 Rn 52; MünchKomm/*Emmerich* § 320 Rn 4.)

Wer die Gegenansicht vertritt und B nur die allgemeine Mängeleinrede aufgrund eines Wandelungsrechts gewähren will, muß kurz begründen, daß die Champignons in dem Zeitpunkt, in dem bei einer Stückschuld die Gefahr übergegangen wäre, mangelbehaftet waren und dem Käufer (B) deshalb nach §§ 480 Abs. 1 Satz 2 BGB das Recht zur Wandelung zusteht. Nach der hier vertretenen Ansicht ist die Mängeleinrede erst nach der Einrede des § 320 Abs. 1 BGB zu prüfen.

f. Die Berufung auf § 480 Abs. 1 Satz 1 i. V. m. § 320 Abs. 1 BGB könnte B jedoch durch § 377 Abs. 2 HGB verwehrt sein. Danach *gilt* bei einem beiderseitigen Handelsgeschäfts eine mangelhafte Ware als genehmigt (ordnungsgemäß), wenn der Käufer einen bei Untersuchung der Ware erkennbaren Mangel nicht unverzüglich rügt.
aa. Der Kaufvertrag über die Champignons war ein beiderseitiger Handelskauf (§ 343 Abs. 1 BGB).
bb. B hat die Ware nach der Ablieferung unverzüglich untersucht. Er hat aber keinen Fehler entdeckt und die Ware daher nicht unverzüglich beanstandet. Damit würde die Ware als genehmigt gelten, es sei denn, daß der Mangel bei der Untersuchung nicht zu erkennen war (§ 377 Abs. 2 HGB).
cc. Die Erkennbarkeit des Mangels richtet sich nach dem Umfang der durchzuführenden Untersuchung. Im vorliegenden Fall ist entscheidend, ob eine bloße Öffnung einiger Dosen als Untersuchung ausreichend war oder ob bei Anwendung der erforderlichen Sorgfalt eine Probeverarbeitung zu verlangen war. Der BGH (BB 1977, 1019) hat für Pilzkonserven die Öffnung und Prüfung in kaltem Zustand ausreichen lassen. Ein Erhitzen sei nicht erforderlich. Anders sei es nur, wenn die Probeverarbeitung der einzige Weg zur Mängelfeststellung ist.

Selbstverständlich mußte B auch nicht alle Dosen öffnen, sondern konnte sich auf wenige, sinnvoll verteilte Stichproben beschränken,

weil mit der Probe die Ware praktisch wertlos wurde und eine vollständige Kontrolle auch gar nicht möglich war.
BGH BB 1977, 1019 hielt die Entnahme von 5 Dosen bei einer Lieferung von 2.400 Dosen für ausreichend. Ähnlich urteilte bereits RGZ 106, 359, 362, wonach die Prüfung von 10 Dosen aus einer Lieferung von 5.000 Dosen ausreichend ist.

Damit hat B unverzüglich nach Anlieferung der Dosen eine ausreichend gründliche Untersuchung durchgeführt. Da bei dieser Untersuchung der Mangel nicht zu entdecken war, greift der Ausschlußtatbestand des § 377 Abs. 2 HGB nicht ein.

g. Auch die Genehmigungsfiktion des § 377 Abs. 3 HGB greift hier nicht ein, weil B den Mangel unverzüglich nach der Entdeckung bei M gerügt hat und M kraft Gesetzes (§ 91 Abs. 2 Satz 1 HGB) zur Entgegennahme dieser Rüge ermächtigt war, so daß mit der Vernahme durch M zugleich Zugang bei der F-GmbH zu bejahen ist, § 164 Abs. 3 BGB. Unschädlich ist die emotionale Ausdrucksweise von B, denn die F-GmbH konnte seiner Äußerung den Grund seines Anrufs entnehmen, §§ 133, 157 BGB.

h. Die Einrede des nichterfüllten Vertrags wäre B aber abgeschnitten, wenn der Anspruch auf Nachlieferung durch die Sätze 3 und 4 der AGB wirksam ausgeschlossen worden wäre bzw. aufgrund des Satzes 2 der AGB die Rügefrist auch für versteckte Mängel drei Tage nach Ablieferung der Ware betragen hätte.

Dazu müßten die AGB Bestandteil des zwischen B und der F-GmbH geschlossenen Vertrags geworden sein und einer inhaltlichen Kontrolle standhalten. Problematisch erscheint aber bereits die wirksame Einbeziehung der AGB durch das Bestätigungsschreiben.

Zunächst ist zu beachten, daß die Beteiligten Kaufleute sind und die Vorschriften des § 2 AGBG damit wegen § 24 S. 1 Nr. 1 AGBG keine Anwendung finden, sondern reduzierte Einbeziehungsvoraussetzungen gelten. Grundsätzlich können AGB unter Kaufleuten daher durch ein Bestätigungsschreiben in den Vertrag einbezogen werden (BGHZ 7, 187, 189 f; 54, 236, 242.). Es gelten aber auch für AGB die oben genannten subjektiven und objektiven Grenzen.

aa. Arglistiges Verhalten kann der F-GmbH allerdings nicht vorgeworfen werden.

Die gegenteilige Auffassung ist zumindest hinsichtlich der Bezugnahme auf die AGB der F-GmbH gut vertretbar (vgl. *Schack/Westermann*, AT, 6. Auflage 1991, Rn 381; *K. Schmidt*, Handelsrecht, § 18 III 3 b; *Lieb*, JZ 1971, 135, 137). Die herrschende Auffassung akzeptiert die Einbeziehung von AGB durch Bestätigungsschreiben aber grundsätzlich (vgl. BGHZ 7, 187, 189 f; 54, 236, 242.).

bb. Allerdings könnte in der Einbeziehung der AGB eine Abweichung liegen, mit der B nicht zu rechnen brauchte. In diesem Fall würden die AGB der F-GmbH nicht Vertragsbestandteil geworden sein. (BGH NJW 1982, 1751; BGHZ 61, 282, 286 f; 93, 338, 343; *Erman/Hefermehl* § 147 Rn 7 a. E.). Im übrigen bliebe der Vertrag aber wirksam, § 6 Abs. 1 AGBG.

Wann eine derartige Abweichung anzunehmen ist, kann angesichts des noch nicht gefestigten Meinungsstandes in Rechtsprechung und Lehre noch nicht mit Bestimmtheit gesagt werden. Folgende Ansätze sind zu finden:

– AGB in Bestätigungsschreiben werden unter anderem dann nicht Vertragsbestandteil, wenn sie erhebliche Abweichungen vom dispositiven Recht enthalten und der Absender nicht auf das Einverständnis des Empfängers vertrauen darf (*Ulmer/Brandner/Hensen*, AGBG, 6. Auflage 1990, § 2 Rn 89; *Erman/Hefermehl* § 147 Rn 7 a. E.; *Soergel/Wolf* § 147 Rn 36.)

– Entscheidend seien die konkreten Vorverhandlungen und die Branchenüblichkeit. Der Maßstab sei aber jedenfalls strenger als der des § 9 Abs. 1 AGBG (*K. Schmidt*, HaR, § 18 III 3 b a. E.; ähnlich *Heymann/Horn* § 346 HGB Rn 63).

– Die AGB dürften jedenfalls keine für den Empfänger entscheidenden Punkte beseitigen (BGHZ 93, 338, 343; OLG Düsseldorf, NJW 1965, 761, 763.).

Angesichts der Tatsache, daß die von der F-GmbH verwendeten AGB erheblich vom dispositiven Recht abweichen und entscheidende Bedeutung der Qualität der Champignons für die beabsichtigte Pastetenherstellung im Rahmen der Vorverhandlungen deutlich geworden ist, spricht viel dafür, die AGB nicht zum Inhalt des Vertrags zu rechnen. (Vgl. BGH BB 1977, 1019, 1020.)

Andererseits könnte man argumentieren, daß B erstens die beigefügten AGB sofort und in Ruhe hätte lesen können und zweitens im Rahmen der rechtsgeschäftlichen Prüfung inhaltliche Aspekte noch keine Rolle spielen, sondern erst in einem weiteren Schritt geprüft werden sollten.

Der Bearbeiter steht hier vor einem Dilemma: Gegen die erste Lösung sprechen vor allem klausurtaktische Erwägungen, denn die Inhaltskontrolle nach § 9 AGBG, auf die der Sachverhalt offensichtlich abzielt, kann nach dieser Lösung eigentlich nicht mehr vorgenommen werden. Andererseits wäre es wenig konsequent, eine wirksame Einbeziehung gegen den Inhalt der *konkret* geführten Vorverhandlungen zu bejahen und die AGB dann bei *generalisierender* Betrachtung im Rahmen des § 9 AGBG für unangemessen zu erklären. Zudem enthält § 3 AGBG (von § 24 AGBG nicht erfaßt) schon bei der Frage der wirksamen Einbeziehung von AGB (auch) eine inhaltliche Kontrolle. Richtigerweise muß man deshalb von einem streng logischen Aufbau abweichen und in einer offenen Abwägung sowohl Einbeziehung und als auch Inhaltkontrolle verbinden.

cc. Zwar spricht mehr für die erste Lösung, doch kann die Frage letztlich offenbleiben, wenn die AGB gegen § 9 Abs. 1 AGBG verstoßen würden.

(1) Wäre B nicht Kaufmann, so wäre die Abkürzung der Rügefristen für Mängel in Satz 2 der AGB nach § 11 Nr. 10 lit. e AGBG und der (teilweise) Ausschluß der Mängelgewährleistung in Satz 3 und 4 der AGB nach § 11 Nr. 10 lit. a AGBG nichtig.

(2) Da B aber Vollkaufmann ist, können die AGB nur anhand der Generalklausel des § 9 Abs. 1 AGBG kontrolliert werden (§ 24 Satz 1 Nr. 1 AGBG). Dennoch sind die Wertungen der §§ 11 und 10 AGBG bei der Kontrolle nach § 9 Abs. 1 AGBG zu beachten, wobei zugleich auf die im Handelsverkehr geltenden Gewohnheiten und Gebräuche angemessen Rücksicht zu nehmen ist (§ 24 Satz 2 AGBG).

(3) Wendet man diese Grundsätze auf die Sätze 3 und 4 der AGB an, so ergibt sich in Verbindung mit § 9 Abs. 2 Nr. 1 AGBG, daß diese Regelungen nichtig sind, denn der grundsätzliche Ausschluß jeder Gewährleistung widerspricht den Grundgedanken der §§ 286 ff, 320 ff, 459 ff, 480 BGB. Dasselbe gilt auch für die Minderungsregelung, weil sie entgegen der verschuldensunabhängigen Sachmängelhaftung (§ 459 Abs. 1 BGB) Verschulden voraussetzt. Die Wertung des § 11 Nr. 10 lit. a AGBG bestätigt dieses Urteil.

(4) Was Satz 2 der AGB betrifft, so entfaltet § 11 Nr. 10 lit. e AGBG hier zwar keine Indizwirkung, weil § 377 HGB für Kaufleute eine abweichende Sonderregelung enthält. Dennoch ist die Klausel nach Maßgabe des § 9 Abs. 2 Nr. 1 AGBG als nichtig zu betrachten, weil sie entgegen dem Grundgedanken des § 377 HGB dem Wortlaut nach auch für verborgene Mängel gilt.

(5) Man kann freilich auch der Ansicht sein, daß die Klausel nach § 5 AGBG für verborgene Mängel keine Abweichung zu § 377 HGB enthält, weil sie unklar ist (vgl. BGH BB 1977, 1019, 1020). Dann ist die Klausel nicht nach § 9 Abs. 1 AGBG nichtig, spielt für die Fallösung aber keine Rolle mehr.

Somit ergibt sich, daß die im Bestätigungsschreiben angeführten AGB (zumindest die Sätze 3 und 4) einer rechtlichen Kontrolle nicht standhalten und entweder gar nicht Vertragsbestandteil geworden

oder nichtig sind oder (Satz 2 bei Anwendung des § 5 AGBG) für die Fallösung keine Rolle spielen.
2. B kann sich wahlweise auch auf die Mängeleinrede berufen, da die gelieferten Champignons bei Gefahrenübergang (bzw. dem Zeitpunkt, bei dem bei einer Stückschuld die Gefahr übergegangen wäre) mit einem Fehler i. S. d. § 459 Abs. 1 Satz 1 BGB behaftet waren, der ihn gemäß §§ 480 Abs. 1, 462 BGB zur Wandelung berechtigt hätte. Hinsichtlich des § 377 HGB gilt das oben Gesagte.
3. Als Ergebnis kann somit festgehalten werden, daß die Klage der F-GmbH in vollem Umfang unbegründet ist, wenn B sich auf § 320 Abs. 1 BGB oder auf die kaufrechtliche Mängeleinrede beruft. Die Klage hat daher keine Aussicht auf Erfolg.
C. Zulässigkeit der Klage auf Zahlung der Frachtkosten
   Zur Zulässigkeit der Klage gilt das eben Gesagte. Die beiden Klagen können im Wege der objektiven Klagenhäufung (zwei Streitgegenstände!) gem. § 260 ZPO geltend gemacht werden, weil B in beiden Fällen der Beklagte ist, dieselbe Prozeßart (normales Urteilsverfahren gem. §§ 253 – 510 b ZPO) zulässig ist und das Landgericht München auch für die Klage auf Zahlung der Frachtkosten zuständig ist, weil es sich um eine bloße Nebenforderung handelt (§ 4 Abs. 1 ZPO, vgl. *Stein/Jonas/Roth*, ZPO, 21. Auflage 1993, § 4 Rn 23 und 25.).
D. Begründetheit
   Wie oben bereits festgestellt, hat B durch sein Schweigen auf das Bestätigungsschreiben der F-GmbH vertraglich die Frachtkosten übernommen. Der F-GmbH sind auch Frachtkosten entstanden. Da die Lieferung aber rechtlich gesehen Nichterfüllung bzw. Schlechterfüllung darstellt, muß B die Frachtkosten nicht bezahlen, wenn er sich auf die Einrede des nichterfüllten Vertrags oder die Wandelungseinrede stützt (vgl. § 467 Satz 2 BGB sowie *Erman/Grunewald* § 448 Rn 1 und BGH NJW 1985, 2697, 2698). Daher hat auch die Klage auf Zahlung der Frachtkosten keine Aussicht auf Erfolg.

2. Teil: Die Widerklage von B gegen die F-GmbH

A. Zulässigkeit
I. Allgemeine Prozeßvoraussetzungen der Widerklage
1. Eine ordnungsgemäße Klageerhebung ist auch mündlich nach § 261 Abs. 2 ZPO möglich. (Im übrigen gilt § 253 Abs. 1 und 2 ZPO.)

2. Die örtliche und sachliche Zuständigkeit des Landgerichts München ergibt sich aus § 33 Abs. 1 ZPO, weil ein Zusammenhang i. S. v. § 273 BGB zwischen den gegen die Klage vorgebrachten Verteidigungsmitteln und dem mit der Widerklage verfolgten Gegenanspruch besteht. Wird die Zahlungsklage nämlich abgewiesen, dann steht damit fest, daß der Wechsel einen (noch) nicht bestehenden Abspruch sichert und damit der Sicherungszweck verfehlt wurde.

Vielfach ist zu lesen, daß BGHZ 40, 185, 187 und BGH NJW 1975, 1228 mit der früher herrschenden Meinung in § 33 ZPO nicht nur eine Gerichtsstandsregelung (zusätzlicher Gerichtsstand für die Widerklage) sehen würden, sondern eine besondere Regelung für die Zulässigkeit von Widerklagen schlechthin erblicken (so etwa *Thomas/Putzo*, ZPO, 18. Auflage 1993, § 33 Rn 1 und *Zöller/Vollkommer*, ZPO, 19. Auflage 1995, § 33 Rn 2). Das hätte dann die Konsequenz, daß eine Widerklage bei dem Gericht der Hauptklage bei fehlender Konnexität selbst dann *nicht* erhoben werden könnte, wenn dieses Gericht nach den §§ 12 – 32a ZPO ohnehin für die (Wider-) Klage zuständig ist. (Eine „normale" Klage wäre natürlich zulässig.) Schon angesichts der Regelung des § 145 Abs. 2 ZPO kann der früher herrschenden Ansicht aber nicht zugestimmt werden, weil die Vorschrift sonst keinen Anwendungsbereich mehr hätte – es gäbe dann nämlich keine Widerklagen, die nicht mit dem in der Klage geltend gemachten Anspruch in rechtlichem Zusammenhang stehen (so auch *Zöller/Stephan*, § 145 Rn 9; *Stein-Jonas/Roth*, ZPO, 21. Auflage 1994, § 145 Rn 9). Der BGH hat diese Ansicht im übrigen auch nie vertreten (so zutreffend *Stein/Jonas/Schumann*, § 33 Rn 7 mit Fn 12).

3. B muß sich anwaltlich vertreten lassen, § 78 Abs. 1 ZPO.

II. Besondere Prozeßvoraussetzungen der Widerklage
1. Die (Haupt-) Klage den F-GmbH ist bereits rechtshängig.
2. Die Widerklage kann bis zum Schluß der letzten mündlichen Verhandlung über die Hauptklage erhoben werden (BGH NJW-RR 1988, 1085).
3. Die Prozeßart der Widerklage ist dieselbe wie die der Klage (Urteilsverfahren), weil von keiner Seite aus dem Wechsel geklagt wird, § 592 ZPO. Die Vorschrift des § 595 Abs. 1 ZPO steht daher nicht entgegen.
4. Es besteht Parteiidentität.

B. Begründetheit
B könnte einen Anspruch aus §§ 465, 467 Satz 1, 346 Satz 1 BGB auf Herausgabe des Wechsels haben.
I. Sobald B und die F-GmbH sich über die Wandelung des Kaufes einigen oder diese Einigung durch ein Urteil ersetzt wird (sog. Theorie vom richterlichen Gestaltungsakt) entsteht ein Rückgewähr-

schuldverhältnis aus dem bisherigen Vertragsverhältnis. Grundsätzlich sind Sicherheiten, wie z. B. Wechsel, dann zurückzugewähren (MünchKomm/Janßen vor § 346 Rn 36). Etwas anderes gilt nur dann, sich durch Auslegung aus der Sicherungsabrede ergibt, daß die Sicherheit auch für die Rückgewähransprüche des Sicherungsnehmers haften soll (BGHZ 51, 69, 73 f). Das kann hier aber nicht angenommen werden, da der Sachverhalt keine diesbezüglichen Hinweise enthält.

II. Bis zur Rückgabe der gelieferten Dosen kann die F-GmbH aber ein Zurückbehaltungsrecht aus § 369 Abs. 1 Satz 1 HGB an dem Wechsel geltend machen, was nach § 274 Abs. 1 BGB aber nicht zur Abweisung der Klage, sondern zu einer Zug-um-Zug-Verurteilung führen würde.

Gegebenenfalls könnte sich die F-GmbH bei Nichtrückgabe der restlichen Dosen auch aus den Wechseln befriedigen, § 371 Abs. 1 Satz 1 HGB, wozu sie aber ein Urteil benötigt, § 371 Abs. 3 Satz 1 HGB.

Für die Rückgabe der bereits verarbeiteten Champignons ist B aber entgegen § 352 BGB nicht verantwortlich, denn die bestimmungsgemäße Verarbeitung erfolgte, bevor B von seinem Wandelungsrecht Kenntnis erlangte, § 467 Satz 1, 2. HS BGB (vgl. auch *Soergel/Huber* § 467 Rn 65 f).

3. Teil: Der Provisionsanspruch des M gegen die F-GmbH aus § 87 Abs. 1 Satz 1 HGB

I. M ist offenbar selbständiger Vermittlungsvertreter der F-GmbH gem. § 84 Abs. 1, 1. Alt HGB. Da infolge seiner Vermittlungstätigkeit ein Geschäftsabschluß zwischen der F-GmbH und B zustande gekommen ist, hat er nach § 87 Abs. 1 Satz 1, 1. Alt HGB einen Provisionsanspruch dem Grunde nach erworben.

II. Es liegen auch die übrigen Voraussetzungen für die Entstehung des Provisionsanspruchs vor. Zwar muß dazu grundsätzlich das Geschäft auch durchgeführt werden, § 87 a Abs. 1 Satz 1 HGB, doch nach § 87 a Abs. 3 Satz 1 HGB gilt das gleiche, sobald die endgültige Nichtdurchführung des Geschäfts feststeht, und das ist spätestens mit der zu erwartenden Wandelung durch B der Fall. Dem steht auch § 87 a Abs. 3 Satz 2 HGB nicht entgegen, weil die F-GmbH die Mangelhaftigkeit der Pilze nach § 459 Abs. 1 BGB zu vertreten hat.

III. Die Höhe der Provision bemißt sich nach § 87 b HGB. Die Fälligkeit bestimmt sich nach § 87 a Abs. 4 i. V. m. § 87 c Abs. 1 HGB.

Stichwortverzeichnis

Abnahmefiktion 170 f.
Abruf
 auf – 167
Abschlußvertreter 121, 124 f.
AG
– Firma 60
– Namensschutz 69 ff.
– Vertretung 95 f.
Artvollmacht 96, 98 ff.
Annahmeverzug 196 f.

Barzahlungsklausel 167
Bekanntmachung 33
Besichtigungsklausel 167
Bestimmungskauf 197 ff.
Bevollmächtigter 83
BGB-Gesellschaft
– Kaufmannseigenschaft 14 f.
– Vertretung 96

Delkredereprovision 127

Eigenhändler s. Vertragshändler
Eintragung im Handelsregister
– deklaratorisch 7, 35
– konstitutiv 7, 35
Einzelkaufmann
– Firma 47, 49 f.
Entgeltlichkeit 3
erfolgsabhängige Provision 126, 127 f.
Erklärungsfiktion 171 ff.
Etablissementsbezeichnung 47 f.

Falschlieferung 3, 20
– Genehmigungsfähigkeit 211
– Rechtsfolgen 212
Fehlerbegriff
– erweiterter 202 f.

Fiktivkaufmann s. Kaufmann kraft Eintragung
Filiale 51
Firma
– Arten 48
– Begriff 47
– Fortführung 50, 52 ff.
– Schutz 67 ff.
– Zusätze 49
– Zweigniederlassung 51
Firmenausschließlichkeit 50
Firmenbeständigkeit 52 ff.
Firmeneinheit 50 f.
Firmenklarheit s. Firmenwahrheit
Firmenwahrheit 49 f.
Firmenöffentlichkeit 51 f.
Fixgeschäft s. Fixhandelskauf
– absolutes 199 ff.
– relatives 199 f.
Fixhandelskauf 199 ff.
Fixklausel 201
Fixum 126
formelles Registerrecht 33 f.
Formkaufmann 6, 8
Frachtführer
– Frachtvertrag 159 f.
– Haftung 161 ff.
– Kaufmannseigenschaft 120
– Pflichten 160 f.
– Rechte 160 f.
– Vertragsbeziehungen 159
freibleibend 167

Garantieprovision 126
Gattungsvollmacht 96, 98 ff.
Genehmigungsfiktion 170 f., 173
Generalvertreter 122
Generalvollmacht 96, 98 ff.

Stichwortverzeichnis

Genossenschaft
- Firma 61
geschäftliche Bezeichnungen 72 ff.
Geschäftsbezeichnung 47
Gewährleistung s.
 Sachmängelgewährleistung
Gewerbebegriff 6
GmbH
- Firma 51, 55, 61
- Namensschutz 69 ff.
- Vertretung 95 f.
GmbH + Co.KG (OHG)
- Firma 50, 55, 64 ff.
Grundprinzipien des Handelsrechts 3
Grundsätze des Firmenrechts 48 ff.
gutgläubiger Erwerb 180 ff.

Handelsgeschäft
- allgemeine Vorschriften 165 ff.
- beiderseitig 7, 166, 204
- einseitig 7, 165, 199
- Handelskauf 196 ff.
- Vermutung 165
Handelsbrauch 166 ff.
Handelsgewerbe 6
Handelsklauseln 166 ff.
Handelsregister 32 ff.
Handelsvertreter
- angestellter 83
- Arten 121, 122
- Charakteristika 122 f.
- Pflichten 123 f.
- Rechte 123 f.
- Vertragsbeziehungen 121 f.
- Vollmacht 124 f.
Handlungsbevollmächtigter 83
- Arten von Geschäften 143
- Ausgleichsanspruch 127
- Begriff 142
- Provision 126 ff.
- Vertretungsmacht, 130 f.
- Wegfall der Provision 128 f.
- Wettbewerbsverbot 129 f.
Handlungsgehilfe 83, 84 ff.
- Vertretungsmacht 94 f.
- Wettbewerbsverbot s. dort

Handlungslehrling 83
Handwerk 14
Hauptniederlassung 51

Inkassoprovision 127

Kannkaufmann 6, 8
Karenzentschädigung 91 f.
Kasse/Kassa 167
Kaufleute 6 ff.
Kaufmännischer Geschäftsbetrieb 9 ff.
Kaufmännisches
 Bestätigungsschreiben 176 f.
Kaufmann kraft Eintragung 6, 8
KG
- Eintritt 47, 59 f.
- Firma 47
- Namensschutz 69 ff.
- Vertretung 96
- Vollkaufmann 7, 14
KGaA
- Firma 61
- Vertretung 95 f.
Kommissionär
- Abwicklungsgeschäft 139 f.
- Arten von Geschäften 143
- Ausführungsgeschäft 138 ff.
- Begriff 142
- Kaufmannseigenschaft 120
- Pflichten 137 ff.
- Rechte 137 ff.
- Vertragsbeziehungen 136 f.
Konnexität 183 f.
Kontokorrent 177 ff.

Ladenangestellter 95
- Vollmacht 97 f.
Lagerhalter
- Kaufmannseigenschaft 120, 156
- Vertragsbeziehungen 156
- Lagervertrag 157
- Rechte 157 f.
- Pflichten 157 f.
laufende Rechnung s. Kontokorrent
Lieferungsvorbehalt 169
Lieferzeit 168

Lohnfabrikation 13 f.
Mehrlieferung 213
Minderkaufmann 7, 14 ff., 36, 48, 165, 178
Minderlieferung 212
Mosaiktheorie 179
Mußkaufmann 6, 8, 165

Nachfolgevermerk 53
Nachnahmeklausel 168
nachträglicher Provisionsanspruch 127
Name s. Firma
– bürgerlicher 69 ff., 75
Namensänderung 52
Negativattest 32
Nichtbevollmächtigter 83 ff.
Novation 179

OHG
– Vollkaufmann 7, 14
– Firma 47, 59 f., 61 f.
– Eintritt 55, 58
– Namensschutz 69 ff.
– Vertretung 96

Periodenkontokorrent 178
Pfandrecht
– Gutglaubensschutz 182
Prioritätsprinzip 50
Prokura
– Erteilung 38, 97
– Erlöschen 38
– Umfang 97 f.
Prokurist 83
s. auch Handlungsgehilfe
Publizität
– des Handelsregister 32, 34 ff.
Pseudonym 69

Rechtssystematischer Standort 1 f.
Rechtsscheinkaufmann s. Scheinkaufmann
Regelungsbereiche 4 f.

Sachmängelgewährleistung 202 ff.
– Schlechtlieferung 203
– Rechtsfolgen 212

Saisongeschäft 201
Schadensersatzanspruch 67 ff.
Scheinkaufmann 6 f., 8 f.
Schlechtlieferung 203 f.
– Untersuchungsobliegenheit 204 ff.
– offener/erkennbarer Mangel 204 f.
– versteckter/verborgener Mangel 205
Schuldschein 165
Schweigen 168 ff.
Schuldnerverzug 200
Selbstbelieferungsvorbehalt 168
Sollkaufmann 6, 8
Sonderprivatrecht 2
Spediteur
Sperrabrede 93 f.
Spezialvollmacht 96, 98 ff.
– Kaufmannseigenschaft 120, 151
– Vertragsbeziehungen 151
– Begriff 151
– Speditionsvertrag 152 f.
– Fixkostenspedition 153
– Sammelladung 153
– Rechte 154
– Pflichten 154
Staffelkontokorrent 178
Streckengeschäft 206

Tatsachen 35 f.

Überhangprovision 126
Unterlassungsanspruch 67 ff.
Unternehmensveräußerung
– Firma 53 f.
– Haftung für Altschulden 56 f., 59
– Gläubigerstellung für Altforderungen 57 f., 59
Untersuchungsobliegenheit 204 ff.

Verein
– Vertretung 95 f.
Vertragshändler
– Kaufmannseigenschaft 120
– Vertragsbeziehungen 140, 141
– Rechte 140

- Pflichten 140
- Anwendung des Handelsvertreterrechts 141 f.
- Begriff 142
Vertragsstrafe 93
Vertretungsmacht
- allgemein 95 ff., 99
- Gutglaubensschutz 181
Verwässerungsgefahr 74 f.
Verwechslungsgefahr 48, 67
Vollkaufmann 7, 14 ff.
Volontär 83

Warenbezeichnung 75

Warenkaufmann 13
Wettbewerbsverbot
- Handlungsgehilfe 86 ff., 90 ff., 129 f.
- Handelsvertreter 129 ff.
- nachvertragliches 90 ff.

Zeichenschutz 73 f.
Zurückbehaltungsrecht
- allgemeines 182 ff.
- Ausschluß 185
- kaufmännisches 185 f.